A RECEITA DO PRAZER

"Aloha" *versus* "Haole"

Haole – O esgotamento mental e físico de milhões de pessoas estressadas ou sobrecarregadas de trabalho na sociedade moderna leva ao que os polinésios chamam de uma "vida *haole*" (*ha* = sopro, *ole* = sem). A vida *haole* é uma existência premente e ofegante à procura de "algo melhor", que escapa e deixa a pessoa sem vínculos e cansada.

Aloha – Os oceânicos ensinavam que uma vida alegre e saudável se baseia em seguir nosso "sétimo sentido" ou *aloha*, o impulso instintivo de fazer o que é prazeroso e saudável. *Alo* significa partilhar, e *ha* quer dizer sopro – portanto, *aloha* literalmente significa dar e partilhar o sopro da vida.

A Receita do Prazer versa sobre redescobrir nosso sentido de *aloha* – literal e metaforicamente, "apreender o seu sopro". (Para descobrir o quanto há de *aloha* na sua vida neste momento, passe à página 48 e faça o "Teste de Aloha".) Quando você o integrar na sua vida, descobrirá que o verdadeiro relaxamento, a felicidade, a saúde e a longevidade advêm de dar e partilhar esse sopro vital.

Paul Pearsall

A Receita do Prazer

AMAR, TRABALHAR, DIVERTIR-SE ...
A VIDA EM EQUILÍBRIO

Tradução
ALÍPIO CORREIA DE FRANCA NETO

EDITORA CULTRIX
São Paulo

Dedicatória

Para minha *ku'uipo wahine* (dedicada mulher), Celest Kalalani, que salvou-me a vida, que enche essa vida de prazer e ensina a todos os que a conhecem o sentido de *aloha*, e para meus filhos Roger e Scott, fonte de nosso orgulho e alegria.

Título do original: *The Pleasure Prescription*

Para maiores informações entre em contato com:
Hunter House Inc., Publishers
P. O. Box 2914
Alameda, CA 94501-0914

Edição	Ano
1-2-3-4-5-6-7-8-9	99-00-01-02-03

Direitos de tradução para a língua portuguesa
adquiridos com exclusividade pela
EDITORA CULTRIX LTDA.
Rua Dr. Mário Vicente, 374 — 04270-000 — São Paulo, SP
Fone: 272-1399 — Fax: 272-4770
E-mail: pensamento@snet.com.br
http://www.pensamento-cultrix.com.br
que se reserva a propriedade literária desta tradução.

Impresso em nossas oficinas gráficas.

Sumário

Agradecimentos 7
Nota Importante para o Leitor 8
Introdução 9

Parte Um: O Paradigma do Prazer

Capítulo 1: Tomar Fôlego e Salvar Sua Vida 17
Capítulo 2: Prazer – O Sétimo Sentido 32
Capítulo 3: O Teste de Aloha 43
Capítulo 4: Seu Convite para o Paraíso 54
Capítulo 5: O Reencantamento da Vida Cotidiana 70
Capítulo 6: "Pontos G" do Crânio: A Psiconeurologia do Prazer 85

Parte Dois: Aprendendo Aloha

Capítulo 7: O Prazer da Paciência – o Estilo Aloha do Sucesso 103
Capítulo 8: O Ciclo da Ligação – Como Superar a Ilusão da Separação 119
Capítulo 9: O Poder da Amabilidade – Nenhuma Felicidade, Nenhuma Conquista 132
Capítulo 10: A Magia da Modéstia – Silenciar o Eu, Salvar a Alma 148
Capítulo 11: O Dom de Dar – Tentar Pequenos Gestos de Ternura 164

Parte Três: Viver Aloha

Capítulo 12: Criar uma Parceria Agradável 183
Capítulo 13: Criar Famílias Felizes em Tempos de Pressão 192
Capítulo 14: Trabalhar com Amor: Cura e Equilíbrio no Local de Trabalho 202
Capítulo 15: Amar os Tempos Difíceis e Aprender com Eles 211
Capítulo 16: Alegria para o Mundo: Zelar pelo Nosso Planeta Encantado 222

Notas 230
Glossário Polinésio 246
Bibliografia 248

Todos os números-índice no texto referem-se às notas
que se encontram no final do livro
organizadas por capítulos.

Agradecimentos

Toda a sabedoria presente nestas páginas advém do espírito gracioso e do profundo *aloha* do *kanaka maoli* (do vigoroso povo havaiano). Desejo o meu mais caro *mahalo* a todos os meus mestres havaianos, incluindo *kumu* Frank Kawaikapuokalani Hewett, *kupuna* Tia Betty Kawoniokalani Jenkins, ao seu marido Jack, e a sua mãe Elizabeth (Tutu Mamma) Nalani Ellis, Fred Cachola da Kamehameha Schools, e Clay Park, todos da Ilha de O'ahu. *Mahalo* também para Charles e Nina Maxwell e Keali'i Reichel da ilha de Mauí, onde morei, e para o mestre de estudos havaianos Pua Case Lapulapu, Kia Frond (produtor de inhame de Waipio Valley), e o Pai *'ohana* de Honokohauiki, todos da Grande Ilha do Havaí, e a Sabra Kauka e Kai'opua Fyfe da Ilha de Kaua'i. *Mahalo* também a minha mãe Carol, a meu irmão Dennis e à memória de meu pai, Frank, que me ensinaram a energia de amor de *'ohana*. Cada uma dessas pessoas me ajudou a escrever esta receita do prazer – e a encontrar o encanto em cada momento da vida.

Meu mais terno *aloha* também a todo o *'ohana* da Hunter House Publishers, inclusive à minha revisora afável e atenciosa, Lisa Lee, a meu editor, Kiran Rana, pessoa paciente, e à minha enérgica agente de publicidade, Corrine Sahli. *Mahalo nui loa* a todos vocês por ter fé em meu trabalho. Espero que nossos esforços tenham resultado num livro que ajudará muitas pessoas a encontrar mais saúde e prazer na vida, e que possamos, como dizemos no Havaí, *hana hou!* (fazer isso de novo).

Nota Importante para o Leitor

As informações neste livro têm por objetivo dar uma visão geral das implicações da saúde e da cura próprias das tradições e práticas das culturas polinésias, e das pesquisas científicas e médicas relacionadas com isso, sobretudo no campo da psiconeuroimunologia. A pesquisa é amplamente recomendada a leitores que querem estar a par de mais investigações. Fez-se todo o esforço possível para transmitir informações exatas e fidedignas; contudo, o leitor deve ter consciência de que os profissionais podem expressar opiniões diferentes sobre as implicações da pesquisa, e de que a mudança sempre está ocorrendo. Qualquer sugestão para as técnicas, tratamentos ou mudança no estilo de vida descritos no livro deve ser usada com a orientação de um terapeuta ou de algum profissional habilitado na área da saúde. O autor, os editores de texto e o editor não podem ser responsabilizados por quaisquer conseqüências envolvendo o uso das idéias e sugestões deste livro num programa de tratamento para si mesmo ou sob o cuidado de um profissional habilitado. As idéias, sugestões e técnicas deste livro não devem ser usadas em lugar de outras terapias médicas.

Introdução

Considere estas imagens rápidas da vida de apenas algumas das pessoas "bem-sucedidas" de hoje:

- ▼ O jovem treinador do time de basquete Runnin' Rebels da University of Nevada em Las Vegas é levado às pressas para o hospital.[1] Dias depois, ele abre mão do emprego que procurara em toda a sua vida, alegando o esgotamento e a tensão que envolvem ter de vencer como seus motivos para deixar o cargo. Ele diz que não pode agüentar a pressão e que não encontra mais "nenhuma alegria em viver".
- ▼ Depois de ter trabalhado a maior parte da vida aspirando assumir a posição prestigiosa de presidente da Harvard University, Neil Rudenstine começa a cochilar durante as reuniões principais. No auge de sua carreira, ele descansa para "encontrar algum prazer na vida lendo Lewis Thomas, ouvindo Ravel e passeando com minha mulher numa praia do Caribe".
- ▼ O Promotor Público de Los Angeles, William Hodgman, leva a mão ao peito enquanto milhões de pessoas assistem ao seu pronunciamento de abertura no julgamento de O. J. Simpson. Depois, é levado às pressas para o hospital, sofrendo do que a mulher dele chama de "motor fundido, em função do trabalho excessivo, sem dispor de nenhum tempo para si mesmo".
- ▼ A contadora Marge Smith desiste do emprego logo depois de ser promovida a sócia integral na firma em que trabalha, uma posição que buscara desde a faculdade. Ela afirma que está confusa com "tentar tirar proveito de tudo e terminar com a impressão de que tudo o que eu tenho são as minhas tentativas disso". Ela vende o Mercedes Benz novo que comprou com o adiantamento de seu novo salário, põe sua casa à venda e reúne os filhos para embarcar num avião para o Caribe. Ela diz ao balconista, "Vamos cair fora daqui. Eu e as crianças não agüentamos mais. Nunca vamos nos lamentar por causa disso. Vou vender equipamentos de pesca na Jamaica e aproveitar a praia com meus filhos antes que seja tarde demais".

Essas pessoas estão sentindo algo com que um número cada vez maior de gente em todo o mundo está se batendo todos os dias: O sucesso "nocivo", falta de alegria na vida, e as doenças que vão de mãos dadas com o trabalho excessivo ou com a falta de lazer. E todas essas pessoas estão sendo espicaçadas inconscientemente pelo seu "sétimo sentido", uma consciência que está além dos sentidos físicos e psíquicos. Esse sétimo sentido nos atrai ao que é básico e necessário para uma vida verdadeiramente saudável e abençoada, e nos leva para longe das coisas que nos solapam a capacidade natural para o prazer.

Em todo o mundo, há diversas abordagens para lidar com o problema do "esgotamento" ou da fadiga em função do *stress*. O mundo ocidental projetou várias técnicas para lidar com o *stress*, mas fracassa no que concerne a enfrentar as *fontes* do *stress*. Em conseqüência disso, a redução do *stress* torna-se apenas mais uma obrigação estressante que temos na vida. A cultura oriental considera essa condição uma falha na iluminação de si mesmo, e alega que a introspecção pode minorá-la. Em conseqüência do tempo maior que a pessoa passa se voltando para dentro de si mesma, contudo, relacionamentos pessoais íntimos vêm a ser negligenciados, e a solidão é o que resta à pessoa que pratica a contemplação e à sua família. Os japoneses chamam o esgotamento de *karoshi*, que significa trabalhar até a morte, e no Japão atualmente essa é a principal causa de mortes. Muitos japoneses tentam lidar com o trabalho excessivo tirando férias rápidas e vibrantes a que chamam de "a semana de ouro".

Este livro identifica a causa fundamental de nossas reações ao *stress*, com sua variedade de nomes, e mostra de que modo transformá-las seguindo um caminho inteiramente diferente: a receita do prazer.

Os livros, os gurus que aparecem na tevê, as manchetes nas revistas e os pretensos terapeutas esperam atualmente tentar nos persuadir sobre como os exercícios físicos, o regime alimentar, as abordagens que promovem a diminuição do *stress* e as estratégias para uma atitude continuamente positiva nos farão mais felizes, mais saudáveis e melhores. A estratégia deles visa assustar-nos ou preparar-nos para a saúde. Este livro apresenta um caminho inteiramente novo para o bem-estar, baseado no "hedonismo iluminado" em vez de no "saudismo terrível". Não se trata de um livro sobre eliminar algo, desistir de algo ou conservar alguma coisa sob controle. Não é um livro sobre como ser mais feliz... sempre. Em vez disso, *A Receita do Prazer* é uma receita para ouvir as mensagens do seu corpo e da sua mente para encontrar a saúde e a felicidade. Ele diz respeito ao modo como equilibrar infelicidade e felicidade na vida cotidiana para satisfazer nosso desejo básico de sentido e união. Se a completude é a cura, então precisamos das lições de nossos momentos de infelicidade, bem como precisamos estar abertos a nossos momentos de alegria. Carecemos de independência quanto à busca incansável de felicidade ou quanto à evitação da dor, e de uma aceitação equilibrada do caos natural da vida.[2] O autor David Shaw destaca que a vida é uma condição sexualmente transmitida, com uma taxa de mortalidade de cem por cento – ninguém escapa a ela com vida. Assim, é-nos dado aprender, amar e ter prazer tanto quanto possível, e enquanto nos for possível.

A Inspiração Para Este Livro

A prescrição do prazer que ofereço ao leitor vem da Polinésia e se baseia na idéia de que somos feitos para a alegria partilhada, de que as coisas que trazem alegria trazem também vida, e de que a alegria não é apenas o entusiasmo, mas um tipo de obstinação espiritual equilibrada que nos permite auferir prazer de cada aspecto da vida cotidiana. Ela é uma dádiva que nos permite aprender com todos os estados emocionais para que tenhamos a graça de lidar mais harmonicamente com o nosso mundo tumultuado e de ajudar a melhorá-lo. O filósofo Ding Ling escreve, "A felicidade envolve assumir a batalha em meio à tempestade, e não dedilhar o alaúde ao luar, tampouco declamar poemas em meio à floração".[3]

Em todo este livro, refiro-me à estética da ciência ocidental e às suas grandes descobertas quanto à pesquisa na área de medicina e psicologia, a par das visões agudas da orientação espiritual do Oriente. Estas são as duas filosofias que exercem a influência mais forte sobre o modo como vivemos atualmente. Valho-me delas a fim de contextualizar o segredo da receita do prazer: os cinco princípios de vida baseados nas tradições das culturas oceânicas. Também reporto-me às descobertas médicas e científicas feitas recentemente, para mostrar ao leitor, de maneira exata, como e por que a receita do prazer funciona.

A Polinésia não é apenas um grupo de minúsculas ilhas paradisíacas espalhadas no Pacífico. O que alguns chamam de "Meganésia", numa referência mais exata quanto ao seu tamanho, é definido pelos mapas modernos como estendendo-se do arquipélago de Hawai'i Nei (as ilhas havaianas), no norte do Equador, ao norte, até Rapa Nui (Ilha de Páscoa) ao sudeste, e até Aotearoa, dois vastos fragmentos continentais e duas ilhas pequenas situadas ao largo que compõem a Nova Zelândia a sudoeste.[4] Pelo fato de as ilhas cortarem os oceanos, refiro-me a suas culturas como oceânicas. Elas não constituem o oposto das tradições orientais e ocidentais do continente; compõem uma terceira perspectiva diferente.

Tanto a tradição ocidental como a oriental exaltam o indivíduo, quer na busca da satisfação pessoal quer na procura da iluminação. A tradição oceânica ou polinésia valoriza o Todo. A maioria dos livros sobre saúde foi escrita a partir da orientação cultural do Ocidente, do Oriente ou de uma mistura de ambas. Embora aceitemos e adotemos ambas as tradições, muitos de nós sentimos certa necessidade que não foi satisfeita, certa ânsia de um vínculo espiritual mais forte. Com este livro, espero que o leitor descubra um modo de aplacar esse anseio.

Primeiramente, espero que, a despeito de muitas advertências sobre como vivemos, o leitor ache este livro *agradável*. Se o que você ler não lhe trouxer alegria, terei fracassado com meu objetivo máximo. Espero que o leitor perceba de que modo a Polinésia, como o prazer em si mesmo, não é apenas um lugar agradável de visitar, mas oferece um modo radical de pensar e de viver baseado numa sabedoria de dois mil anos, que antecipou nossas rupturas científicas mais recentes. Este livro apresenta cinco das doutrinas mais antigas no mundo sobre uma vida alegre, saudável e longa, e as fundamenta com as descobertas mais novas e importantes acerca de nosso complexo sistema imunológico de natureza sensorial e relacionado com as reações.

O livro se divide em três partes, seguidas de notas, de um glossário de termos polinésios usados em todo o livro, e de uma bibliografia. A primeira parte, O Paradigma do Prazer, apresenta a idéia do "hedonismo esclarecido" como o principal caminho para a saúde e o bem-estar. Essa parte analisa nossa abordagem atual da vida no contexto de nossas necessidades evolutivas, biológicas e espirituais. Também apresenta os novos campos da psiconeuroimunologia (PNI) e da psiconeurocardiologia (PNC), as ciências modernas que estão revelando o poder da receita do prazer. O último capítulo na Parte Um versa sobre acalmar a mente "egoísta" e reivindicar os caminhos naturais para o prazer e o nosso sétimo sentido, que foram seqüestrados pelo gosto adquirido de nosso cérebro pelos neuro-hormônios da urgência.

A segunda parte, Aprendendo Aloha, apresenta os cinco princípios de *aloha* pormenorizadamente. Cada um dos cinco capítulos nessa seção apresenta descobertas científicas atuais que conferem validade aos conceitos polinésios que compõem *aloha*, e cada um termina com uma lição específica para pôr em prática os componentes de *aloha* no seu dia-a-dia. A terceira parte, Viver Aloha, revela ao leitor o modo como usar a receita do prazer nos vários desafios da vida.

Se você está sentindo um decréscimo na sua capacidade de prazer a essa altura de sua vida, por causa de uma doença, de problemas no trabalho ou de conflito familiar, é provável que queira começar com a leitura do capítulo na Parte Três que diz respeito às suas obrigações imediatas. Se você for o tipo de leitor que gosta de saltar trechos do livro e correr os olhos aqui e ali, pode preferir primeiramente tomar o seu "pulso de prazer" fazendo o Teste de Aloha no Capítulo Três. Se possível, faça-o com alguém que o conheça bastante, discuta com essa pessoa os resultados e então passe aos capítulos específicos que dizem respeito a suas necessidades e interesses. Se você for um profissional da área da saúde, talvez queira começar pela Parte Um, que aborda as bases teóricas e medicinais para o paradigma do prazer. Mas se você gosta de ler livros do começo ao fim, nada o impede de fazer isso.

No final do livro, há um glossário, que começa com uma explanação da pronúncia polinésia e apresenta definições breves para os termos polinésios usados aqui.

Em todo o livro, incluí vários testes e usei fórmulas e macetes que sintetizam idéias complexas. Também incluí as palavras verdadeiras colhidas de entrevistas com cem *kupuna* (anciãos) polinésios e *kahuna* (curadores). Essas palavras são pedras de toque e, suponho, orientarão o leitor através de algumas lições difíceis para aprender a seguir a receita do prazer. Peço ao leitor que leve em conta a existência de muitos aspectos complexos da cultura polinésia que não podem ser abordados neste livro. O Havaí é o meu lar, mas viajei por toda a Polinésia. Conquanto haja muitas diferenças nas ilhas, o único tema comum entre elas são os cinco elementos do modo de vida chamado *aloha*: paciência, unidade, amenidade, humildade e ternura para com os outros.

Uma palavrinha sobre a leitura deste livro: a receita do prazer versa sobre ligação – entender de que modo o seu corpo, sua mente e seu espírito funcionam conjuntamente, e como a sua saúde e a sua felicidade não estão apenas ligadas entre si, mas também ao mundo que nos cerca. Pelo fato de as idéias que fundamentam a receita do prazer e da pesquisa que as corrobora estarem ligadas numa rede de caminhos, em vez de numa progressão linear, falo sobre elas de um modo holístico, relacionado de maneira semelhante. A receita do prazer não é algo que seja "engolido" como uma pílula; é algo a se entender e interiorizar. Passando em revista essas idéias em diversos contextos, espero que o leitor possa se familiarizar com elas, reconhecer a experiência que tem delas, e vir a conhecê-las de dentro para fora.

Como um outro objetivo deste livro, espero que os que atuam no tratamento da saúde em todas as suas especialidades – professores, padres e qualquer um em condições de oferecer orientação profissional e bem-estar aos outros – acrescentem os ensinamentos do paradigma oceânico às suas próprias teorias no tratamento da saúde. Faço votos para que aumentem sua consciência do sétimo sentido e seu sentimento de responsabilidade com relação a isso, além de considerar a receita desses princípios de *aloha* em seu trabalho.

A Receita do Prazer não é um livro de auto-ajuda, apenas de leitura agradável. Ele é um curso para um novo caminho ao bem-estar, uma "*hula* saudável", se você quiser: trata-se de aprender a dançar com os outros no ritmo alegre e harmonioso da vida cotidiana.[5]

Mahalo nui loa (muito obrigado a você) por dispor-se a pensar num novo caminho para o bem-estar.

PARTE UM

O Paradigma do Prazer

Nesta seção, você aprenderá...

- A diagnosticar a "Síndrome da Deficiência do Prazer".
- A descobrir o seu próprio "sétimo sentido" para o prazer saudável, que leva a uma vida mais longa, mais sadia e feliz.
- Que uma vida longa e feliz depende muito menos do regime alimentar, dos exercícios físicos, da diminuição do *stress* e da obtenção do sucesso do que de uma vida de hedonismo esclarecido, moderado e partilhado.
- A receita do prazer, que envolve uma grande dose de otimismo para dar esperança e aprender com os tempos difíceis, uma pitada de pessimismo para impedir as atitudes cômodas durante os tempos de muita alegria, o realismo necessário para distinguir as coisas sobre as quais temos controle daquelas que vão além de nosso domínio. Aprenderá tudo isso, aliado ao prazer partilhado de estar vivo.
- Um terceiro caminho para o bem-estar, baseado nos cinco componentes do *aloha* polinésio – os elementos principais da receita do prazer.
- De que modo os novos campos da psiconeuroimunologia (PNI) e da psiconeurocardiologia (PNC) estão confirmando a cura e os princípios que aumentam a imunidade, próprios do *aloha.*
- A neurologia da satisfação, e como o hábito é natural e necessário para a cura completa.

CAPÍTULO UM

Tomar Fôlego e Salvar Sua Vida

"Não temais que a vida chegue a um fim;
temei, em vez disso, que ela nunca
tenha um começo."

— CARDEAL JOHN HENRY NEWMAN

Uma nova praga assola o mundo. Ela é a causa de mais de uma entre quatro enfermidades nos Estados Unidos, a causa principal de morte no Japão, e se enquadra entre os cinco motivos principais pelos quais as pessoas consultam um médico, além de direta ou indiretamente contribuir para a morte precoce mais do que qualquer outro fator.[1] Trata-se de um assassino silencioso que não só destrói sua vítima como também atinge a família, os amigos e a comunidade da vítima. Essa epidemia moderna é ainda mais assustadora porque mata aos poucos, conseguindo espalhar-se pelo seu hospedeiro durante anos sem que ele tenha conhecimento, a não ser quando for tarde demais e a vítima estiver matando aos poucos as pessoas que ama.

Esse assassino letal não é um vírus nem uma bactéria, embora enfraqueça gravemente as defesas do corpo contra esses invasores. Ele não é a conseqüência de um regime alimentar deficiente, da falta de exercícios nem da incapacidade de diminuir o *stress*. Ele é a falta de alegria, a falta de um sentimento de satisfação plena no dia-a-dia, para que se tenha a saúde psicológica e física, e eu o chamo de "síndrome da deficiência do prazer".

O Exame da Síndrome da Deficiência do Prazer

Antes de falarmos sobre o "Terceiro Caminho" da vida que pode nos trazer diariamente o prazer, por que você não faz um exame para ver se tem em certa medida a Síndrome da Deficiência do Prazer? Quanto dos sintomas arrolados a seguir – cada qual começando com a letra C – você apresenta?

1. *Cansaço crônico*, comumente acompanhado da dificuldade de dormir ou de ataques de insônia (cair no sono de imediato, acordar algumas horas depois e então não ser capaz de voltar a dormir).
2. *Constrição*, cuja experiência comum é a de certa rigidez na "tríade de músculos tensos" da testa, do pescoço e da parte superior dos ombros.
3. "*Cronofobia*", certo medo que envolve ter muita coisa para fazer em pouco tempo.
4. *Consumismo*, uma necessidade constante de ter mais coisas, coisas melhores e mais novas.
5. *Conflito*, quando a pessoa se sente dividida entre a necessidade de estar com o parceiro, com a família e com os amigos e, ainda assim, cumprir as obrigações do trabalho.
6. *Conservar-se à margem*, quando a pessoa se vê presa entre as obrigações do dia-a-dia e os sonhos da vida que não foram buscados.
7. *Controlar as coisas*, quando a pessoa tem a sensação de que deve permanecer em posição privilegiada, caso contrário será ultrapassada, ou de que os outros estão tentando tirar vantagem dela ou dominá-la.
8. *Comprometer-se com desafios*, quando a pessoa deve submeter a si mesma a provas constantes, caso contrário, alguém mais pode "ocupar o espaço" dela.
9. *Cometer erros por falta de atenção*, quando a pessoa comete equívocos até mesmo nas atividades mais simples e triviais.
10. *Cinismo*, atitude que se expressa no sarcasmo, na falta de disposição para confiar nas pessoas e na dificuldade de usufruir o que seriam atividades agradáveis, pelo fato de estas parecerem amenas ou de diversão.

Quanto mais você apresenta esses sintomas, mais está sofrendo da Síndrome da Deficiência do Prazer. Felizmente, há uma cura para isso: doses diárias de prazer!

Qual é a natureza desse tratamento mágico? Não se trata de um remédio, de uma poção, de um exercício para curar tudo, nem de um amuleto. Trata-se de um modo fundamental de vida, muito mais uma maneira de "ser" do que uma outra coisa a fazer. Assim, antes que você aprenda a usar a receita do prazer, é necessário compreender por que a sua atual abordagem da vida pode não estar lhe trazendo o bem-estar e a alegria que você espera. Neste capítulo e no seguinte, examinaremos o conflito entre o seu estilo de vida e as necessidades e desejos instintivos do seu corpo. A partir disso, você poderá perceber de que modo uma abordagem alternativa do dia-a-dia pode fornecer-lhe as chaves para a saúde física, mental e espiritual.

O Uso da Receita do Prazer

Será que você está aproveitando ao máximo o fato de que vive no paraíso? Seria a sua vida um verdadeiro prazer para você, e para os que estão a sua volta? Você se sente tranqüilo com você mesmo, e os outros se sentem bem com você? Mais do que os resultados de qualquer exame médico, as suas respostas a essas perguntas prognosticam a duração, a felicidade, a saúde e a alegria da sua vida e da vida dos que o cercam.

A pesquisa mostra que o que você pensa sobre a sua saúde e sobre o quanto espera viver pode ser mais importante do que qualquer quadro clínico apresentado pelo seu médico. Os que sentem prazer em viver e esperam usufruir a vida por muito tempo apresentam três vezes menos possibilidades de morrer jovens do que os que esperam uma morte precoce. Isso é corroborado pela pesquisa que mostrou que as pessoas diagnosticadas pelos médicos como tendo uma saúde frágil, porém uma crença de que eram saudáveis, sobreviveram numa taxa mais elevada do que as que aceitavam o ponto de vista do seu médico.[2]

A maioria de nós viverá muito mais do que nossos avós, porém, será que estamos vivendo melhor? Estamos vivendo de modo mais alegre do que eles? Com a sua "bruxaria" científica, a ciência ocidental fez contribuições milagrosas para nosso bem-estar físico; contudo, fez muito menos contribuições para o nosso bem-estar espiritual e emocional. À proporção que a tecnologia se desenvolve mais velozmente, cada vez mais separamos nossa saúde física de nosso eu físico e espiritual. Em conseqüência disso, sofremos de um sem-número de enfermidades físicas e emocionais, e de certo desencanto com a vida cotidiana.

Com *A Receita do Prazer*, mostrarei a você de que forma é possível irradiar saúde — o que os polinésios chamam de *lamalama ka'ili* — e aproveitar cada momento da sua jornada a esse estado maravilhoso, até quando você não está feliz ou quando se sente doente. As abordagens descritas neste livro oferecem uma coisa que pode lhe salvar e fortalecer a vida: ajudar-se a si mesmo e aos outros quanto a usufruir os prazeres simples da vida em vez de os evitar, e mergulhar nas maravilhas do mundo do modo como ele é.

Os oceânicos ensinavam que uma vida alegre e saudável se baseia em seguir nosso sétimo sentido, um impulso instintivo ao que é saudável e agradável, manifestado no que eles chamam de *aloha. Alo* significa partilhar, e *ha* significa sopro vital. A receita do prazer versa sobre "tomar fôlego" e, depois que tiver feito isso, encontrar o relaxamento, a felicidade e a longevidade que advêm do ato de dar e partilhar esse sopro.

Tomar Fôlego

Antes de você embarcar nessa viagem que é a receita do prazer, tenho mais uma sugestão a fazer. Se você estiver muito ocupado, distraído, e não tiver muito tempo disponível para atividades prazerosas neste momento, poderá se viciar nos hormônios do *stress* que lhe embotam o sentido do prazer. Antes de avançar, eu lhe sugiro que tome fôlego.

Sente-se num lugar tranqüilo, feche os olhos e inspire o ar algumas vezes. Respire bem fundo pelo nariz, até que seu abdômen se dilate. Pense na palavra *alo* ou diga-a num tom de voz um tanto baixo. Lembre-se: *alo* significa partilhar. Depois disso, expire o ar, pronunciando delicadamente a palavra *ha*, que significa sopro.

Imagine que está numa praia na Polinésia, logo depois de acordar pela manhã. Sinta a brisa cálida, do começo do dia, vindo do oceano, e ouça o ruído das ondas se quebrando na praia branca e arenosa. Sinta o cheiro do ar puro e tropical, que sempre dá a impressão do ar depois que cessa a chuvinha delicada, e atente para os odores sutis e mutáveis de todas as flores frescas se confundindo à sua volta. Sinta o pulsar do seu coração, e deixe que ele represente o som dos tambores profundos do pacífico percutindo delicadamente seu ritmo saudável dentro de você. Visualize os arco-íris que sorriem sobre as montanhas em mais um dia de frescura na Polinésia.

Quando você se sentir um pouco menos *haole*, ou sem ar, ponha-se de pé e espiche o corpo. Procure a presença de alguém de sua consideração e diga-lhe que você vai começar a ter um pouco mais de prazer saudável na sua vida e que, felizmente, vai levar esse prazer à vida dessa pessoa, e ao mundo em geral. Lembre-se: o simples ato de tomar fôlego não basta para sentir toda a bênção de *aloha*. O verdadeiro sentido de *aloha* requer o catalisador de uma partilha contínua do sopro vital.

Dançar Neste Momento

No seu livro *Full Catastrophe Living*, o psicólogo Jon Kabat-Zinn se concentra na importância de prestar atenção a tudo o que a vida tem a oferecer, e ele cita Nadine Stairi, de oitenta e cinco anos, que lhe disse, "Oh, eu tive os meus momentos, e se eu tivesse de fazer as coisas novamente, eu teria mais deles. De fato, não teria nada mais. Só momentos, um depois do outro, em vez de viver tantos anos à frente de cada dia".[3]

De muitas formas, esse pensamento é a essência da receita do prazer; entretanto, este não é só um livro sobre viver "um dia de cada vez" – a vida não é tão simples assim. Quando eu estava lutando contra o câncer, dezenas de profissionais na área da saúde e de visitantes bem-intencionados disseram, "Só tente viver um dia de cada vez". As pessoas dentre nós que estiveram próximas da morte sabem que a vida é constituída de momentos, não de dias. Pense nas suas lembranças mais agradáveis, e você descobrirá que elas são momentos, não dias específicos; na forma de experiências, não de acontecimentos com o momento de começar e acabar.

Observei pela primeira vez o poder da receita do prazer e de sua alegria concernente a cada momento por meio dos altos e baixos da vida, enquanto observava uma jovem dançarina *hula* havaiana. Percebi que ela estava chorando. Ela sorria e balançava o corpo graciosamente ao som de um cântico e de uma música doce, mas as lágrimas lhe escorriam pelas faces e umedeciam o *lei* floral em torno do pescoço. Depois da dança, eu disse, "Você dançou belamente hoje. Seus gestos foram maravilhosos, ainda que você parecesse triste". Ela sorriu, enxugou uma lágrima no canto do olho, e disse "Estou muito triste. Acabo de saber que estou com um tumor no seio. Este é o melhor momento para dançar. Dançar é fácil quando você está feliz, mas é saudável e necessário quando está infeliz. A vida é *hula*, e você deve aprender a amar e a partilhar *hula*, independentemente do que a vida lhe tem dado. *Hula* me ajuda a conservar a harmonia na vida, até mesmo quando a música que a natureza toca para mim não é bela. Quando você *hula* você sempre se desloca à direita e à esquerda. O lado direito é muito mais importante do que o esquerdo. A *hula* é um modo de estar em *pono* (equilíbrio) e de ficar em *pololei* (ligação)".[4]

Será que você dança vida afora, ou só passa pelos movimentos? Você é um autômato adaptado, ou uma alma em aprendizagem e luta? Desloca-se em harmonia, com equilíbrio e união, ou se precipita ao passo seguinte? O que é que o impede de dançar no momento? Você é tão saudável quanto poderia ser?

Fuja ao Terrorismo da Saúde

O Complexo de Cassandra. Na lenda clássica, Cassandra, a profetiza da antiga Tróia, foi condenada a jamais ser digna de confiança. Levava consigo muitas revelações, e fez previsão atrás de previsão. Em parte, devido simplesmente ao número de suas profecias, as pessoas deixaram de lhe dar ouvidos. Nosso sistema de tratamento da saúde passou a ser uma Cassandra moderna, bradando conselhos e mais conselhos sobre a saúde, muitos dos quais se afiguram contraditórios. Incapazes de distinguir a especulação da realidade, e atordoados pela rápida sucessão de más novas, não confiamos mais nessas profecias e admoestações. Ou vivemos com medo, tentando constantemente evitar as conseqüências terríveis antecipadas pela medicina moderna, ou as resolvemos ignorar de maneira incauta, negando o que talvez seja verdadeiramente importante para o nosso bem-estar.

Quando nos sentimos afastados da medicina moderna, podemos nos voltar com desespero para as assim chamadas abordagens médicas "alternativas". Com muita freqüência, contudo, essas abordagens nos desapontam, porque nós as desapontamos. Não aprendemos, não respeitamos nem praticamos as perspectivas filosóficas e culturais a partir de que se originaram esses sistemas. Procuramos uma pílula mágica, e quando o ato de tomá-la não faz efeito, passamos à seguinte. Perguntamo-nos por que tantas pessoas que ignoram os conselhos sobre saúde parecem saudáveis, ao passo que outras que seguem esses conselhos parecem morrer cedo demais. Por que há santos doentes e réprobos extremamente saudáveis?[5] Em parte, isso se dá porque a saúde é a conseqüência de um processo complexo e dinâmico, um processo que leva nosso corpo, nossa mente, nossas emoções, nossa espiritualidade e nosso relacionamento aos outros e ao mundo que nos cerca.

Até mesmo os médicos mais conservadores concedem que a maior parte do que causa a doença ou do que resulta na cura é ainda muito desconhecida, e que o que contribui para a saúde não é apenas uma simples "pílula mágica". O médico James McCormick, escrevendo no respeitado jornal médico *Lancet*, adverte sobre o "puritanismo da saúde" que acaba com o prazer da boa forma. Ele diz, "Os médicos agem melhor encorajando as pessoas a ter uma vida de hedonismo modificado, para que elas possam ser capazes de usufruir ao máximo a única existência que podem ter".[6]

O médico Arthur Caplan, Diretor do Centro de Bioética na Universidade da Pensilvânia, está preocupado com o novo "Cassandrismo" da medicina ocidental. Ele sugere que as funções antigamente desempenhadas pelas idéias abstratas de inferno, limbo e danação eterna encontraram uma expressão secular nas idéias um tanto abstratas da pressão sangüínea alta, do colesterol elevado e do peso ideal. Ao aderir religiosamente às profecias da pesquisa científica, elevamos a medicina além do físico e criamos um sistema de crença que rege o modo como vivemos. Ironicamente, a despeito de todas as suas boas intenções e "provas" científicas, essa abordagem da vida logra apenas fazer com que nossos números pareçam mais satisfatórios — ela não nos faz verdadeiramente nos *sentirmos* melhores.

Alguém certa feita salientou que as estatísticas da medicina são como um biquíni. O que revelam é interessante, mas o que encobrem é vital. Ocultas por trás do poder estatístico impactante da ciência moderna estão as lições notáveis e negligenciadas de nosso espírito, e um sétimo sentido capaz de nos guiar ao que nos alimenta e protege. E o que faz isso é o *prazer*.

Numa pesquisa de projeto cuidadoso e em desenvolvimento, o psiconeuroimunologista Arthur Stone da State University of New York descobriu que os acontecimentos positivos exercem um impacto positivo mais forte sobre a função imunológica do que o efeito negativo dos acontecimentos que causam contrariedade.[7] As atividades simples e agradáveis, tais como ter alguns amigos diversas vezes para jantar, ou estar em companhia da pessoa amada num pôr-do-sol, podem ter conseqüências imediatas tais como o fortalecimento do sistema imunológico e temporariamente diminuir a pressão sangüínea.

Ficar preocupado à toa. Lemos sobre os riscos à nossa saúde todos os dias, mas raramente lemos sobre os "fatores de robustez", esses aspectos da vida que são muito divertidos e levam à boa saúde. Raramente lemos que, apesar das doenças inoportunas, passageiras e, como o leitor verá posteriormente neste livro, necessárias, por que todos passamos, a maioria das pessoas geralmente são saudáveis por grande parte da vida, quer tenham ou não um regime alimentar equilibrado ou façam exercícios apropriadamente. Dessa forma, o que aconteceu conosco? Tornamo-nos pessoas preocupadas sem razão de ser, concentradas no medo e avaliando os sintomas, engolindo vitaminas e passando horas na sala de espera do médico para muitas vezes voltar para casa, no melhor dos casos, com um estímulo, "Vai melhorar", ou, no pior, com medicamentos desnecessários que começam a perder a eficácia em função do uso excessivo.

Grande parte de nossa preocupação com a saúde diz respeito a um estilo de vida sem alegria e paranóide. Muitos de nós nos sentimos cada vez mais incapazes de controlar nosso destino. Em nossas tentativas malogradas de encontrar certo sentido de segurança na vida e controle em nosso mundo, sentimo-nos sempre mais vulneráveis. Temos a impressão contínua de que o perigo nos ameaça, quer na forma de água ou comida contaminada, quer na de uma nova bactéria que superou nossos medicamentos mais eficazes, mas também na forma de um motorista embriagado, de um viciado em drogas, capaz de nos matar para sustentar o vício, ou de uma bala perdida, vinda da arma de um trabalhador descontente. Para continuarmos a viver num mundo de crescente ameaça (que nós mesmos ajudamos a criar), temos de nos afastar dele. Temos também de nos voltar para dentro de nós a fim de dirigir e proteger a única coisa que pensamos podermos controlar — nosso próprio corpo; mas estamos cegos ao fato de que não há nada que se pareça com "a cura de si mesmo". A saúde e a cura são dinâmicas – agem entre si. Ambas derivam de dentro de nós e de fora de nós. Só uma abordagem que promova a ligação, baseada no respeito, no amor e no zelo por nós mesmos, pelos outros e pelo mundo a nossa volta é que nos pode salvar.

Em vez de nos tornarmos "curadores harmoniosos do mundo", tornamo-nos guerreiros sós, aborrecidos, lutando para continuar vivos enquanto possível numa sociedade cada vez menos civilizada. Tentamos conservar nossa força para a guerra tomando o pulso, checando nossa pressão sangüínea, controlando nossas calorias, observando o peso e fazendo exercícios para ficar em forma, a fim de podermos ser os mais aptos a sobreviver ao conflito incessante entre os que têm e os que não têm. Não compreendemos que nossas doenças físicas e nossas doenças sociais estão relacionadas.

Saúde e felicidade não se compram. Como estamos nos ocupando de nossa saúde e de nossa felicidade? De que forma atacamos os problemas a nossa volta? Os pesquisadores têm mostrado que o dinheiro não compra a felicidade.[8] O dinheiro também não conseguiu nos comprar a saúde nem a satisfação com nosso sistema de tratamento da saúde. Gastamos mais de dois bilhões de dólares por dia e novecentos bilhões de dólares por ano em um dos sistemas de tratamento da saúde mais avançados do mundo. Despendemos sete bilhões de dólares por ano só em cirurgias para o implante de marcapassos. Infelizmente, como indica a Harvard School of Public Health Report, a maior parte de nossos investimentos financeiros com vistas a comprar a saúde não conseguiu nos dar aquilo por que pagamos – uma vida mais longa, mais feliz e mais saudável.[9]

Não admira que a maioria de nós se sinta lograda. O Dr. Michael Allukian, Presidente da American Public Health Association, afirma que terminamos com um sistema de tratamento da saúde que não promove a saúde, não parece tratar de nada e que não constitui exatamente um sistema. Segundo a estatística atual, nosso sistema médico constituirá quase metade do nosso produto interno bruto por volta do começo do próximo milênio, mas 89 por cento dos americanos alegam que estão descontentes com o tratamento da saúde.[10] Dos dez países mais avançados do mundo, ocupamos a nona posição no que concerne à satisfação com nosso sistema de saúde. A exemplo de pessoas arrumando de novo as espreguiçadeiras num *Titanic* que está afundando, estamos tentando de maneira urgente fazer um cruzeiro rápido pela vida parecer melhor, mas o problema real que deparamos é o de saber se estamos no barco certo.

Um desvirtuamento global alarmante ocorreu na nossa qualidade de vida. Temos desprezado tanto viver em cooperação com o nosso planeta Terra que agora quase não podemos pagar para reparar os danos ecológicos que causamos. Por exemplo, os programas de prevenção ao câncer custam cerca de 750 mil dólares por ano; contudo, fazer com que as fábricas parem de liberar produtos químicos tais como benzeno e formaldeído, que ocupam o primeiro lugar entre os causadores de câncer, custaria, pelos preços de hoje, mais do que dois milhões e meio de dólares para esse mesmo período de tempo.

É claro que não podemos comprar uma solução para o problema que criamos. De pouco adianta gastar mais de 21 bilhões de dólares por ano com medidas drásticas para a salvação de vidas quando estamos criando um planeta com um ambiente envenenado, no qual a vida em breve não será digna de ser vivida. Algo deve ser feito para que recuperemos o equilíbrio. Sendo assim, o que você já fez para melhorar esse estado de coisas?

Roleta da sorte. Perplexos por todos os gastos e aborrecimentos, muitos de nós se tornaram jogadores da saúde. Às vezes, escapamos ao nosso estilo de vida confuso "roubando alguns momentos", distanciando-nos do ambiente que nós mesmos tornamos tão exigente e ameaçador. Ou nos seqüestramos na segurança do escritório em casa, carecendo do contato social do lugar de trabalho, comunicando-nos pela Internet em vez de praticarmos a interação, e tornando nossos lares locais de negócios em vez de um recanto para a bênção.

Muitos de nós não descobriram que a verdadeira alegria só se dá por meio do prazer partilhado. Também apostamos numa "roleta da sorte", onde só há uma boa conseqüência possível – a boa saúde, do modo como é prometida pela medicina – e centenas de ruins, em que nos concentramos à proporção que rodopiamos no torvelinho da vida. O médico Larry Dossey escreve, "É como se todos os pensamentos em potencial fossem uma roleta de possibilidades, com uma única ranhura positiva em meio a milhares de negativas".[11]

Se caímos na negativa e ficamos doentes, precisamos de reparos. Julgamos que podemos ser "consertados" pela medicina, mas, como o escritor médico René Dubos afirmou, "Para precaver-se da doença ou recuperar a saúde, o homem via de regra acha mais fácil depender dos curadores do que tentar a tarefa mais difícil de viver de maneira sensata". Fazer isso é a tarefa que temos à mão, e, onde procurar conselhos acerca de viver sensatamente se não nos que viveram muito e de maneira bem-sucedida antes de nós?

Um *kahuna* havaiano (curador) descreveu o modo oceânico de "viver de maneira sensata" quando disse, "Saúde é harmonia. Para vivermos em harmonia com nossa *'aina* (terra), temos de aprender que somos como partes do seu corpo. A terra é viva, e somos os seus órgãos. Asseguramos a nós mesmos muita infelicidade quando vivemos como células cancerígenas se multiplicando de modo egoísta sem consideração a todo o sistema de órgãos chamado terra".[12]

Segredos Para uma Vida Longa

Como primeiro "capítulo" da receita do prazer, eis aqui vinte descobertas que são produto de pesquisa e desafiam o "terrorismo da saúde" e o medicalismo de hoje. Espero que ofereçam alívio dos "riscos" em função dos quais você perdeu suas horas de prazer na tentativa de evitá-los. Que essas poucas boas novas afastem o medo da morte precoce de sua vida cotidiana, e substituam esse medo pela recompensa de viver com plenitude o dia de hoje. Cada um se baseia em estudos levados a efeito por pesquisadores respeitados que estão desafiando o complexo de Cassandra da medicina moderna.

Vinte Descobertas Felizes Sobre os Riscos à Saúde

1. *Não se preocupe com os resultados de testes médicos usados com mais freqüência.* A pressão sangüínea baixa e os níveis de colesterol não são os melhores indicadores da saúde e da longevidade.[13]

2. *Não se preocupe com a quantidade de sal que você ingere, relacionando-a a sua pressão sangüínea.* Mais de noventa por cento de nós não são "sensíveis ao sal" e não reagem a ele apresentando pressão sangüínea alta.[14]

3. *Não se preocupe com o câncer.* Existem mais pesquisadores, pessoas que trabalham no cuidado com a saúde, terapeutas, administradores e pessoas que trabalham no ramo de seguros, envolvidos na batalha contra o câncer do que pessoas com câncer. A maior parte das pessoas com diagnóstico de câncer melhoram. Eu mesmo sou uma delas. De fato, sobrevivi ao linfoma em estágio IV, que se espalhara pelo meu corpo, e a três períodos de quimioterapia, radiação no corpo inteiro e um transplante de medula óssea. As pessoas a quem o câncer não perdoa por vezes se tornam mais felizes e apresentam mais vitalidade do que antes do câncer, ainda mais do que as pessoas que nunca tiveram câncer.[15] Travamos uma batalha contra essa doença, mas ainda não aprendemos a usufruir a paz diária da vida abençoada, que poderia reduzi-la significativamente e nos ajudar a curar, quando sentimos essa paz.

4. *Não se preocupe com o impacto dos acontecimentos negativos na sua vida.* Experiências agradáveis apresentam efeitos sobre a saúde muito mais poderosos do que as experiências negativas, e podem neutralizar a maior parte dos efeitos destas últimas.[16] Além disso, você *precisa* dos desafios da vida para ser capaz de apreciar a dádiva de estar vivo.

5. *Não se preocupe com o* stress *em sua vida.* Você precisa dele para viver. Ele não lhe faz tanto mal, assim como lhe disseram; aliás, ele é essencial para a saúde e para a longevidade. Os que sentem mais *stress* freqüentemente desenvolvem certa "resistência ao *stress*", que os ajuda quando alguma doença grave se manifesta.[17] Enquanto uma reação ao *stress* demasiado "acalorada" não lhe faz bem, uma reação "fria", de muita isenção ao *stress*, pode atrapalhar o desenvolvimento de um fisiologia equilibrada de adaptação. A vida sem *stress* não seria a mesma. Na verdade, por vezes somos tão pressionados a evitar o *stress*, que nos escapa o prazer que advém do *stress* positivo, o qual envolve desafio, e que os psicólogos chamam de *eustress*.

6. *Não se preocupe com a sua dieta.* Fazer dieta não é bom para você; nenhuma dieta funciona por muito tempo, e os alimentos de gosto agradável geralmente *são* bons, caso contrário, o seu corpo não viria a considerá-los assim. Um pouco de gordura, açúcar e colesterol é essencial para a vida. Adquirir um pouco mais de peso à medida que você envelhece é natural e também lhe faz bem. Comer de vez em quando carne gorda não vai lhe fazer mal. Na verdade, um pouco de carne uma vez ou outra ajuda a diminuir o seu colesterol com aquilo que ela tem de "gordura saudável". Uma dieta rica em fibras também não é necessária. Às vezes, regalar-se com um *milk-shake*

saturado de gordura de leite pouco faz para aumentar o colesterol. Até mesmo o temível fator de risco da dieta, o sorvete, pode diminuir o seu colesterol.[18] Tão importante quanto *o que* você come, ou ainda mais importante, é comer na alegre companhia das pessoas que você estima, o que acarreta benefícios saudáveis no que concerne à nutrição. Ou, como esse poeminha expressa,

> *Those who eat beer and franks,*
> *With cheer and thanks,*
> *Will be healthier than those who eat*
> *Sprouts and bread, with doubts and dread.* *[19]

7. *Observe os sintomas, mas não se preocupe com eles.* A maior parte das doenças passa em alguns dias, e ficar doente de vez em quando é essencial para que o sistema imunológico se desenvolva; o que causa os seus sintomas são os processos que podem na verdade ser essenciais para que você se cure. A maior parte dos sintomas não deve desaparecer rápido demais – o sistema imunológico é fortalecido e desenvolve novas defesas, enfrentando e derrotando doenças tais como sarampo e catapora.[20] Coriza, febre baixa e tosse forte contribuem com funções de cura importantes e essenciais. Quase todas as doenças se regulam a si mesmas; no entanto, os consultórios dos médicos, sempre agradáveis, cheios de gente, tediosos e de iluminação fraca, apresentam um sem-número de pessoas que se preocupam à toa, a quem escapa o brilho do sol ao ar livre, que poderia fazer com que se sentissem melhor. Não se esqueça: uma das melhores formas de desviar a atenção do seu corpo é se interessar pelo corpo de alguém mais!

8. *Não se preocupe com estar um pouco deprimido.* A infelicidade não é uma doença. Conquanto a depressão crônica e profunda requeira ajuda profissional imediata, um pouco de depressão pode ser bem saudável. Pode funcionar como um "refrigerante" emocional para um estilo de vida agitado. A depressão injeta certa dose de realidade necessária, que pode ajudar a fazer com que nossos sonhos se realizem, e promove o equilíbrio em nossos pensamentos e em nossa fisiologia. Como se vê na introdução deste livro, a receita do prazer não se baseia numa atitude positiva, mas num equilíbrio combinado de otimismo, pessimismo e realismo. Por vezes, o estado de depressão é acompanhado de contemplação aguda e de exaltação, e as pessoas deprimidas amiúde são muito perspicazes e têm mais contato com a realidade do que aquelas que se iludem a si mesmas com uma pseudofelicidade.[21]

---

* Quem bebe "ceva" e come lombo a toda hora/Mas se conserva alegre e sempre comemora/É mais saudável do que aquele que só come/Torrada e vegetais, mas com tristeza e ais.

9. *Não se preocupe com tentar sempre estar "pra cima".* A alegria irracional pode encurtar-lhe a vida. As pessoas sempre alegres tendem a ser impulsivas de maneira perigosa, e a desconsiderar os hábitos saudáveis do senso comum. As pessoas que sentem depressão têm a capacidade de ver a realidade, não de negá-la.[22] Tentar estar "pra cima" o tempo todo realmente pode derrubá-lo ao chão. Se quisermos voar alto demais, cairemos.

10. *Não se preocupe com a imagem do seu corpo.* Um grande traseiro pode ser um sinal de boa saúde, e o modo como você foi moldado na maioria das vezes está além do seu controle.[23] Entrar em harmonia com o corpo e usufruí-lo é mais saudável do que ficar se queixando sobre o seu aspecto. As obrigações que nós mesmos nos impomos acerca de ter de continuar jovens, fortes e atraentes só fazem acrescentar mais fardos a uma vida já cumulada de pressões. Quando esquecemos a idéia de sermos jovens, esbeltos e belos, libertamo-nos a ponto de usufruir os prazeres dos sentidos no único corpo que temos.

11. *Não se preocupe com envelhecer.* Os estudos mostram que, quanto mais envelhecemos, mais felizes ficamos.[24] Assim, pare de tentar satisfazer a sua "criança interior" e comece a desenvolver o seu "ancião interior". No dia do seu centésimo aniversário, o comediante George Burns revelou o segredo da sua longevidade. Disse ele, "Não se preocupe com ficar velho; só fique de pé. Procure algo que o faça querer ficar longe da cama".

12. *Não se preocupe com fazer exercícios o bastante.* Não se mate para salvar a sua vida. Os exercícios intensos não são necessários para a boa saúde e para a vida longa.[25] A expressão "sem dor não há conquista" é contraproducente no que concerne à boa forma. Meia hora de caminhada, a natação ou outro exercício agradável em companhia de uma outra pessoa diversas vezes por semana é quanto basta para colher os benefícios de atitudes dinâmicas regulares. Os exercícios agradáveis são vitais para manter a mente e o corpo energizados. Se você fizer exercícios porque "precisa" fazê-los, escapa-lhe o estímulo que torna o exercício ainda mais saudável. Mark Twain estava no caminho certo quando disse, "Toda vez que eu sinto que *devo* fazer exercícios, só faço me sentar e desfrutar do ócio até que a vontade passe".

13. *Não se preocupe com se sentir com pressa.* Há certa diferença no impacto da saúde de um "ímpeto de alegria" e um "impulso rumo à meta". Quando você sente o ímpeto de alegria, essa emoção de tudo o que a vida potencial tem para oferecer, seu corpo reage com a bênção. Por outro lado, se você está sempre ocupado demais para desfrutar dos prazeres simples da vida cotidiana, você termina com o "corpo ocupado": um corpo por demais distraído para sentir prazer, e assaz ocupado para se defender da doença.

Muito se escreveu sobre a personalidade do "Tipo A". Ser um Tipo A melindroso ou intratável pode ter efeitos negativos sobre o seu sistema cardiovascular, mas ser um Tipo A agradável e querido *não* constitui um grave risco ao seu coração.[26] Uma vida plena, até mesmo apaixonada, pode ser bom divertimento e é sinônimo de boa saúde, contanto que você a equilibre com momentos partilhados de beatitude.

14. *Não se preocupe com seu coração.* Ele é o músculo mais forte do seu corpo e, a não ser que lhe seja negada uma dose diária de prazer, ele não enfraquece com a idade. A preocupação contínua com "fatores de risco ao coração" pode nos tornar neuróticos cardíacos. Sim, não é sensato abusar da sorte e cometer excessos com o corpo comendo em demasia, fumando, bebendo ou usando drogas, porém a maior parte das pessoas que apresentam alguns dos fatores principais de risco de ataque do coração jamais passarão por isso. E cinqüenta por cento dos que têm um ataque cardíaco não apresentam nenhum dos fatores de risco que costumamos temer.[27] Em vez de pôr um marcapasso no coração, a melhor coisa que faríamos seria ligá-lo a outros corações a fim de usufruir mais plenamente a vida e o amor. Quanto mais você acolhe as coisas no seu coração, menos provável se torna ter de fazer uma cirurgia no coração.[28]

15. *Não se preocupe com o fato de causar a sua própria doença.* Não há nenhuma evidência conclusiva de que a personalidade o predisponha a alguma doença. Se você quiser um exemplo de como ter vida longa, não se mire nos corredores, nos fanáticos pela alimentação saudável, tampouco nos gurus da Nova Era. Atente para os que verdadeiramente viveram muito. Você descobrirá que eles aderiram a uma vida de constante busca e de doação diária de prazer.[29] O grande filósofo/comediante Redd Foxx certa vez salientou que todas as pessoas fanáticas por exercícios e por alimentação saudável vão se sentir perfeitos idiotas quando estiverem deitadas no leito do hospital, morrendo de coisa nenhuma.

16. *As mulheres não deveriam se preocupar com o fato de o* stress *do trabalho deixá-las tão suscetíveis à pressão sangüínea alta quanto os homens.* As mulheres que são profissionais apresentam pressão sangüínea mais baixa do que as que ficam em casa. Obviamente, sua maneira de ser, mais do que o lugar onde está ou do que o seu sexo, é o que conta quando se chega à hipertensão.[30]

17. *Não se preocupe com não estar relaxado o bastante antes de uma intervenção ou cirurgia médica.* Enquanto o treinamento para o relaxamento antes da cirurgia ajuda as pessoas a se sentir menos tensas, os pesquisadores descobriram que os maiores aumentos pós-cirúrgicos nos hormônios do *stress* que prejudicam a cura e a imunidade são percebidos entre os pacientes que passaram pelo treino de relaxamento. Os que não aprenderam a relaxar e

que se queixaram apresentaram menos hormônios de *stress* depois da cirurgia. A chave parece ser "não relaxe, preocupe-se!"[31]

18. *Não se aborreça se você ainda não chegou ao momento da "melhor condição física"*. Um estudo com quase 13 mil homens levado a efeito por pesquisadores em 22 centros médicos nos Estados Unidos mostrou que, apesar de uma redução bem-sucedida nos fatores de risco à saúde para as doenças do coração (fumo, dietas com excesso de gordura, falta de exercícios e coisas semelhantes), a taxa de morte foi mais alta para esses 13 mil homens do que para um grupo de controle de homens que não reduziam seus fatores de risco.[32]

19. *Não se preocupe com o fato de ter perdido o exame físico que faz todos os anos*. O exame de saúde periódico foi introduzido há mais de oitenta anos, mas até agora não há dados fortes que documentem a eficácia do exame físico para os adultos.[33] Enquanto alguns testes regulares, como o exame para detectar algum nódulo no seio, a mamografia, os exames da próstata e do reto, podem dar o diagnóstico de problemas em tempo, um exame físico completo todo ano talvez não seja a solução mágica, de baixo preço e muito eficaz, que pensássemos fosse.

20. *Não se preocupe com os "Dois Grandes": colesterol alto e poucos exercícios*. Os estudos atualmente mostram que homens de idade com baixo nível de colesterol sofrem de problemas tais como depressão e ímpeto de se suicidar, e apresentam um grau mais elevado de agressividade e infelicidade em geral do que os homens com alto nível de colesterol.[34] Enquanto pode-se demonstrar que os exercícios exercem efeitos positivos sobre o coração e o sistema circulatório, do modo como ressaltamos anteriormente, não há evidências médicas que conclusivamente demonstrem que a atividade física cada vez maior para pessoas de vida sedentária lhes reduz significativa e concretamente a taxa de doenças.[35]

Essas poucas boas novas acerca das más novas que por vezes recebemos das instituições médicas não deveriam, evidentemente, deixar-nos tranqüilos em função de certo sentimento de segurança que é falso. É imprudente e pode ser fatal ignorar os benefícios oferecidos pela ciência biológica dos dias de hoje, mas constitui uma tolice e uma limitação da vida pautar nossa existência pelos mitos até agora não provados acerca da vida saudável. A receita do prazer implica equilíbrio. Como o autor Jeremiah Abrams salientou, "A visão unilateral se torna cega".

Essas descobertas na área da saúde e muitas outras que serão examinadas ao longo do livro demonstram que, em geral, estamos trabalhando demais para ser saudáveis, sofrendo muito de uma culpa não merecida sobre o que comemos, o nosso peso, o que fazemos e parecemos, e subtraindo à vida a *alegria* de viver, com o único objetivo de ter uma existência "mais longa"; mas ninguém precisa contar apenas comigo e com essas descobertas da pesquisa científica no Ocidente para entender a receita do prazer. O seu corpo e o seu sétimo sentido para o prazer saudável vão indicar que você é mais corajoso quando é mais feliz – você não precisa ter de se matar trabalhando duro para viver mais.

CAPÍTULO DOIS

Prazer — o Sétimo Sentido

A Polinésia... um lugar onde uma pessoa pode penetrar a verdade, tornar-se idêntica à natureza e, depois da doença da civilização, a vida é um retorno à saúde.

— Paul Gauguin

Gauguin encontrava pouco prazer na vida. Em que pese a aclamação de grande artista, ele passou por longas e profundas crises de depressão, e teve uma saúde frágil. Embora tivesse realizado grande parte daquilo com que sonhara, Gauguin torturou-se por causa de sua incapacidade de levar a efeito sua própria versão da perfeição. Incapaz de encontrar sossego em sua vida diária em Paris, ele fugiu para o Taiti a fim de descansar e se recuperar. Lá, conheceu um modo de vida inteiramente diferente. A exemplo de muitos outros escritores, cientistas, músicos e artistas, Gauguin apaixonou-se pelas pessoas da Polinésia e pela sua prática diária dos cinco princípios do prazer que lhes traziam saúde, felicidade e vida longa.

Gauguin descobriu a realização máxima num modo de viver chamado de *aloha*, uma receita de dois mil anos para a vida, baseada no acolhimento desta vida por meio da partilha de seu caráter sagrado com os outros. Agradou-lhe a sensualidade de uma ilha paradisíaca em que as características do dia-a-dia eram uma combinação forte de paciência em vez de urgência, de união com a natureza em vez de tentativas para controlá-la, colaboração em vez de competição, humildade em vez de presunção, e amabilidade em vez de hostilidade. Gauguin viu-se perplexo diante da harmonia em que as pessoas viviam com a natureza preservada, e rejuvenesceu com um estilo de vida que aumentava o vigor, a força e a resistência. Ele afirmou que os nativos pareciam se comunicar com um sentido além dos sentidos humanos fundamentais, um sentido que lhes permitia tomar contato com o mundo ao seu redor de maneira tão fácil quanto se ligavam entre si. Gauguin redescobriu a saúde e a felicidade na Polinésia, e lá permaneceu, concordando com Mark Twain, um outro visitante, em que esse recanto mágico era “o paraíso na terra”.

A descoberta que Gauguin fez desse paraíso foi menos a descoberta de um lugar do que de um modo de viver. O desgosto e o desespero que o fizeram ir para o Taiti não nos são desconhecidos atualmente. Felizmente, os segredos de *aloha*, revelados pela primeira vez em *A Receita do Prazer* podem nos levar a todos a uma vida mais longa e saudável no mundo moderno. Se você quiser uma harmonia saudável no amor, no trabalho, no lazer e na vida familiar, prossiga com a leitura. Você não precisará viajar para o Taiti, pois aqui está ele, bem no seu quintal!

A Falta de União com Nós Mesmos

O estudioso havaiano Michael Kioni Dudley pergunta, "Quem é realmente feliz no mundo? Seria o individualista de poder, dinâmico, que despende toda fonte de tempo, energia e pensamento construindo e conservando um império financeiro? Seriam os que adotaram uma mentalidade consumista, acreditando que mais bens trazem mais felicidade?"[1] Este livro mostra que o esgotamento mental e físico das pessoas bem-sucedidas de maneira nociva, mencionadas na Introdução, e os milhões de indivíduos que lhes seguem os passos, pode ser identificado no que os polinésios chamam de vida *haole* (*ha* = ar, *ole* = sem). A vida *haole* é uma existência cotidiana sem ar, desperdiçada na busca do "melhor". Trata-se de uma jornada sem fim que nos deixa descontentes e cansados. Uma causa principal da vida *haole* é nossa falta de união com nós mesmos, com a terra e com aqueles a nossa volta. Ela confere à infelicidade um caráter de patologia tal que nos impede de aprender com o caos natural da vida. Nossa energia é direcionada quanto a evitar toda felicidade em vez de nos beneficiar com as visões agudas de uma vida perfeita e repleta de sentido, que inclui todos os estados emocionais, do desespero à profunda alegria.

O neurologista Antonio R. Damasio se refere à falta de união que sentimos como sendo "o erro de Descartes", porque ela vem à luz a partir da suposição de que nosso cérebro é separado de nosso corpo. Uma extensão desse erro é nossa separação quanto ao nosso ambiente. Pelo fato de afetarmos nosso ambiente e de ele exercer sua influência sobre nós, ele constitui uma parte de nós mesmos. Viemos a considerar a natureza como matéria inanimada, mecânica, a ser usada numa competição com outros que também buscam o controle do mundo.[2] Muitas pessoas têm aplaudido a medicina da mente acima do corpo como uma tentativa de abordar a separação de nosso corpo físico com respeito a nosso eu como um todo. Embora com freqüência se chame isso de "medicina holística", ela é ainda uma extensão da abordagem do tipo "eu-acima-do-mundo" que fazemos da vida. Trata-se de uma outra versão da separação: a mente tentando tomar conta de um corpo. Ainda temos de aprender a história oceânica de curar a terra e os outros como um requisito para nos curar a nós mesmos. Independentemente dos bens e do êxito que possamos lograr, a lição de *aloha* é que, se as outras pessoas, juntamente com a terra e suas criaturas são infelizes, nós também somos.

O Cérebro e a Mente

O prazer é o mecanismo que liga todos os aspectos de nós mesmos, nossos sentidos e nosso corpo, nossa mente e nosso cérebro. Neste momento, considere o que se passa na sua mente a maior parte do tempo. Ralph Waldo Emerson chamou a atenção para o fato de que "A vida consiste naquilo em que o homem está pensando todo dia". Será que a sua mente está cheia de obrigações, pressões, necessidades, carências, aspirações, planos para o futuro, tentativas de ser mais produtivo, de ter mais? Quando você faz *jogging*, tem consciência do panorama belíssimo a sua volta, ou do desafio mais recente que teve de enfrentar no trabalho? Quando vai para a academia levantar peso, você está pensando na beleza do seu mundo, ou no modo de deixar o bumbum mais durinho? Quando você come, discute problemas familiares, ou fala sobre o gosto e o caráter tenro do que prova? Quando tira férias a fim de "fugir de tudo", o que é o "tudo" de que você está fugindo? Esse "tudo" continua na sua mente? Por que você quer fugir dele? Seriam as férias uma fuga do seu modo de viver – provações passageiras do prazer no que concerne a uma sentença de vida de obrigações? Como John Lennon advertiu, "*is your life what is happening while you are making other plans?*" [Será que a sua vida é o que está acontecendo enquanto você está fazendo outros planos?]

Se for assim, a sua mente foi "ocidentalizada" e a sua "mente de prazer" nativa está sendo desprezada. O Teste de Aloha no Capítulo Três o ajudará a medir o grau em que você perdeu contato com sua mente nativa. O Capítulo Seis, "'Pontos G' do Crânio", dar-lhe-á uma imagem mais pormenorizada da neurologia do prazer e do modo como ela funciona.

O que se Passa no seu Cérebro?

Freqüentemente, não paramos para distinguir entre cérebro e mente, mas a diferença é profunda. O seu cérebro está processando a luz que transmite o padrão da impressão que constitui o que o cérebro vê na forma de palavras neste momento. Sua mente confere sentido às palavras neste instante, e do modo como ele é comparado ao passado e ao futuro. A sua mente é onde se dá o nascimento ou a morte do prazer, e constitui a fonte do seu sétimo sentido.

Seu cérebro é capaz de falar mais alto do que a sua mente, relatando as mensagens do seu sétimo sentido. Para ver quem está tendo o espaço maior na sua vida neste momento, experimente o seguinte exercício.

No final do dia, antes do jantar, sente-se num lugar tranqüilo com uma almofada e um lápis. Sem nenhuma tentativa de autocensura, tome nota do que lhe ocorrer na mente. Não selecione, só escreva. Sua mente está tentando incitá-lo a comer, a trabalhar ou a se aborrecer com o trabalho, a evitar algo que você deveria estar fazendo, ou mesmo está lhe dizendo que você precisa de sexo? Que comandos do cérebro estão ativados no seu sistema? Tome nota de pelo menos dez pensamentos que lhe ocorrerem, o que meus pacientes chamam de "boletins do cérebro". Deixe de lado essa lista de ordens do cérebro até tarde da noite. Depois, coloque para tocar alguma música que você julga relaxante, sente-se de novo e leia a lista. Quantos desses pensamentos você aceita nessa lista? Quantos representam a maneira pela qual você quer liderar a sua vida?

Se você for como a maioria das pessoas, achará que as mensagens do cérebro estavam reciclando os quatro efes da sobrevivência: comida [*feeding*], luta [*fighting*], fuga [*fleeing*] e fornicação [*fornicating*]. O cérebro pode tentar enlouquecer você ocultando sua orientação básica dos quatro efes, mas se você observar atentamente, perceberá esses *scripts* repetindo-se como motivos básicos da vida. Atente para a lista com a mente, não com o cérebro. Este verá a lista como indicadores de obrigações e compromissos, mas a sua mente pode apreciar o valor das mensagens em termos do seu próprio meio de vida. Você pode até mesmo ver a sua mente deixar de lado a lista, no que tange a itens que parecem estranhamente descabidos. Esses podem ser pensamentos tais como "Quero fazer uma longa caminhada com a minha garota", recebendo a oposição do cérebro, que afirma "Você não tem tempo de fazer longas caminhadas. Faça *jogging*, para que você conserve o meu corpo em boa forma". Sua mente talvez diga, "Eu gostaria de comer um X-burger apetitoso e gorduroso, e saborear cada naco". Seu cérebro poderia responder, "Coma alguma coisa depressa. Não importa o que, contanto que mate a minha fome".

A mente é o seu "eu superior", e é o processo que envolve você mesmo sonhando, esperando, rezando e tentando integrar-se em tudo mais e na mente de todas as outras pessoas. Ela o dirige para fora, a fim de juntar-se, não de voltar-se para dentro ou contra alguma coisa. Quando o cérebro procura o estímulo do novo, a mente se apraz e é acalmada pelo velho. A mente usufrui a paz, mas o cérebro apresenta hiperatividade e continua enviando sinais para comer, lutar ou fugir, ou mesmo fazer amor em vez de apenas permanecer lá, estabelecendo contato com o mundo.

O neurologista Richard Restak escreve, "A mente pode afetar o cérebro; este pode afetar a mente; porém, será que ambos podem se separar um do outro? Não mais do que o verso deste papel se pode separar do lado que você está lendo neste momento".[3] A ilusão de que o cérebro está encarregado de nossa vida é um obstáculo para descobrir o equilíbrio saudável e o vínculo necessário para o prazer na vida. O cérebro tem suas tarefas a cumprir, mas ele é uma parte do nosso destino, não um princípio que o rege.

Controlando a Agenda do Cérebro Egoísta

Nosso cérebro perdeu a mente que lhe era peculiar. Embora pense de outra forma, nosso cérebro não é "nós".[4] Ele é uma parte importante do biossistema mais extraordinariamente integrado do mundo, mas não é quem somos. Sua função fundamental é regular a conservação da saúde, mas ele por vezes está cego em virtude de seu compromisso total quanto a nos manter vivos a curto prazo. Em conseqüência disso, temos de ensinar nosso cérebro a ser um jogador de um time e a trabalhar com nossa mente, nosso sétimo sentido e nosso corpo para nos ajudar a praticar o *aloha* que leva à saúde e ao bem-estar. Esse estilo de vida estimula uma concentração que nos traz mais prazer. Que tipo de cérebro é o seu?

O cérebro impaciente. O seu cérebro continua dizendo-lhe que há muito tempo, ou que nunca há tempo o bastante? O cérebro não é paciente, a não ser quando lhe dizemos que seja. Ele está interessado na gratificação – já, e usará cada recurso do corpo para se manter vivo no momento, independentemente das conseqüências posteriores quanto à saúde.

O cérebro não apresenta nenhum sentido definido dos outros ou para os outros. Ele se encontra absorvido pelos quatro efes que lhe constituem a diretriz interna. Ele acredita que, se algo não pode ser ingerido, enfrentado, se não se pode escapar de algo, tampouco há a perspectiva de fazer amor, essas coisas não são dignas de muita atenção. Em conseqüência disso, o cérebro se inclina a um estado de urgência constante, e qualquer bênção é, no melhor dos casos, um período de repouso e distração usado para energizar de novo com vistas a uma volta à batalha diária da sobrevivência.

O cérebro sem união. O cérebro é cerebrocêntrico, e não está muito preocupado com a unidade. Ele só faz pensar acerca de seu próprio bem-estar. Nosso cérebro precisa aprender a cooperar, a zelar por algo, a acalentar o mundo. Sem a consciência superior de ligação que leva ao prazer, o cérebro segue a norma da sobrevivência do mais apto. Ele se vale dos seis sentidos fundamentais mais como armas do que como meios para o prazer saudável.

Quando alguém se comporta detestavelmente, o seu cérebro lhe diz que essa pessoa tem necessidade da sua ajuda e compreensão, porque seu comportamento demonstra que ela se sente assustada e isolada? Ou será que o seu cérebro reage de modo egoísta, dizendo-lhe que essa pessoa é uma cretina e planejando formas de fazer com que ela venha a saber disso? O intelecto em união pensa da primeira forma, que envolve sobretudo o perdão.

O cérebro em revolta. Pelo fato de ser impaciente e isolado, o cérebro naturalmente não é amigável nem agradável. Facilmente entra em disputas.

Não faz distinção entre a ameaça simbólica de um insulto verbal e a ameaça real de um dano físico. Não raro se encontra no estado de reação premente que envolve o "enfrentar ou fugir" no seu território limitado. Como um animal faminto, ele facilmente se irrita.

Qual é o primeiro pensamento que lhe ocorre quando alguém lhe corta a frente no trânsito? Você pensa: "Será que esse coitado estava correndo tanto, que não me viu?", ou você pensa, "Quem esse cara está pensando que é? Vou acabar com ele, também". O primeiro pensamento traz prazer e saúde, o segundo é o cérebro em revolta protegendo seu território e usando inteiramente os recursos do corpo no processo.

O cérebro arrogante. O cérebro é bem poderoso e dominador, julga-se brilhante e não aceita facilmente a humildade. Crê que seus procedimentos são procedimentos "por excelência". A não ser que o ensinemos de modo diferente, ele tem pouca consideração por qualquer outro cérebro, exceto no caso de o seu dono ser uma fonte de alimento, alguém a quem dar combate ou de quem fugir, ou alguém com quem seja possível fazer sexo.

Será que o seu cérebro lhe diz que a maioria das pessoas não são tão perspicazes e brilhantes quanto você, ou que todos têm sua marca única de inteligência, com a qual esse cérebro pode aprender?

O cérebro anestesiado. Enquanto toda sensação atravessa algum nível do cérebro, este não pode sentir. Ele é simplesmente um lugar de processamento, e, a não ser que assumamos o controle de nosso cérebro, ele pouco se preocupa com prazeres menos urgentes. A não ser que orientemos nosso cérebro para a ternura, a abordagem que ele fará da vida não será delicada nem gentil.

O seu cérebro lhe diz para conseguir o que puder quando puder, ou ele lhe diz para tocar, segurar, dar, zelar, ajudar e acolher? O segundo modo é o do pensamento sobre a vida que diz ao cérebro que o corpo precisa de carinho, afeto e amor, ou posteriormente parará de transmitir o alimento de que o cérebro precisa para continuar vivo.

O Sétimo Sentido

Vivemos principalmente por meio dos cinco sentidos básicos: visão, olfato, paladar, tato e audição. Vez ou outra, percebemos a presença de um sexto sentido "mediúnico", que transmite e interpreta uma energia que nunca podemos descrever nem medir. Nossos seis sentidos se desenvolveram para assegurar que procuramos aquilo de que precisamos para sobreviver e evitar as coisas que nos ameaçam a sobrevivência. Além desses sentidos físicos e psíquicos, no entanto, está um sétimo sentido, um sentido que a sociedade moderna amiúde fracassa em desenvolver. Trata-se de uma condição intuitiva composta de todos os sentidos básicos. Ela dirige e emprega os outros sentidos para detectar o que é prazer verdadeiro e saudável. Considere-a um sentido evolucionário para a bênção e um encantamento pela vida.

O sétimo sentido serve de mediador a todos os sentidos fundamentais, e lhes confere objetivo. O sétimo sentido é a *gestalt* de todos os seis sentidos básicos, e mais do que a somatória deles. Trata-se do sentido do "algo me diz que há uma coisa faltando, alguma coisa a mais". O sétimo sentido é sutil; ele nos chama a atenção nos penetrando a consciência e incitando a pensar sobre uma vida cheia de sentido, alegria e diversão.

O sétimo sentido regula o cérebro, a mente e o corpo, e assegura que nos "abasteçamos" com as coisas básicas e necessárias para a felicidade e a saúde. Como alimento para o corpo, o sétimo sentido procura alimento para a alma. O sétimo sentido é um árbitro; se o seguirmos, ele haverá de nos dirigir para longe do que nos magoa, e nos levará diretamente ao que traz a nós e aos outros a maior alegria e saúde. Meu estudo das ligações entre a pesquisa médica atual e a tradição oceânica convenceu-me de que o modo de sentir, pensar e comportar-se no mundo que os polinésios chamaram de *aloha* é a chave para a descoberta e o desenvolvimento do seu sétimo sentido.

Os Paradoxos do Prazer

Durante mais de trinta anos de prática médica, observei muitos paradoxos acerca do prazer. Um dos mais significativos é que os que parecem ter tido sucesso na vida parecem encontrar menos alegria nesta vida do que os que tiveram menos sorte. Estes parecem ter conhecimento, como Robert Louis Stevenson ressaltou, de que a vida não é sempre questão de tirar uma boa "mão" no jogo, mas de jogar com aquela de que se dispuser; que a experiência não é o que acontece a você, mas o que você faz do que lhe acontece. Essas pessoas quase sempre são capazes de encontrar alegria nas coisas simples, ao passo que suas contrapartidas afortunadas se batem para achar um pouco de alegria e paz em suas vidas mais complicadas.

Se você quiser ver com os próprios olhos esse paradoxo do prazer — e encontrar pessoas muito saudáveis praticando a receita do prazer, visite num hospital a ala com pacientes de câncer. Essas pessoas sabem que o bem-estar é muito mais do que não estar doente. Vivi na condição de paciente durante meses na ala de transplante de medula óssea, onde cada um de nós estava próximo da morte, e jamais vi tantas pessoas felizes num lugar só.

Um dos pacientes, Alice, reparou nessa diferença e explicou, "Os pacientes de câncer têm o prazer de um sobrevivente. As pessoas de 'baixela de prata' receberam uma dádiva que não poderiam receber. Nosso prazer é adquirido na escola da vida, a custa de golpes duros, e estamos mais do que prontos para receber a menor dádiva de prazer". Alice continuou a explicar que o grupo da "baixela de prata" não se desenvolvera na capacidade de alimentar certo sentido de prazer – o sétimo sentido – ao passo que os pacientes de câncer são obrigados a aprender a usá-lo porque muitos dos seus sentidos fundamentais foram prejudicados pela quimioterapia ou pela radiação. Ela acrescentou, "O câncer cura o egoísmo bem rápido. Você precisa tanto se ligar à vida, que se inebria de cada pequena alegria, que lhe dá a impressão de estar vivo. Os pacientes de câncer muitas vezes têm menos medo de morrer do que de não ser capaz de morrer quando precisamos fazer isso. Talvez isso seja por que encontramos tantas coisas mais na vida. Morrer não é controlar mais a nossa vida, usufruir a vida é. Sabemos que há duas partes para a morte: abandonar a vida e morrer. Quando você pensa em abandonar a vida, isso é como abandonar seu filho, na medida em que ele fica mais velho e deve partir. Você não quer que ele vá, você sabe que ele precisa ir, assim, você realmente tenta usufruir o tempo que tem com ele". Uma outra paciente disse a um visitante, "Acho que vejo mais coisas da janela do hospital do que você, quando está lá fora. Você parece mais institucionalizado do que eu mesma".

As pessoas que estiveram perto da morte. A exemplo de muitos terapeutas, também observei em minha prática que as crises pessoais são menos catalisadores de mudanças radicais na vida do que incentivos para encará-la de maneira diferente. O Capítulo Quinze, "Amar os Tempos Difíceis e Aprender com Eles", ocupa-se disso em profundidade. O que aprendi difere de algumas das idéias comuns acerca de sobreviver às crises.

Contrariamente à invenção popular, as pessoas que deparam com a morte estão menos ocupadas com criar uma nova vida para si mesmas ou tentar explorar tudo o que podem da vida do que com simplesmente fazer uma pausa para absorver a beleza em torno de si. A maioria volta à vida anterior, mas leva uma existência mais consciente de cada momento. É mais provável que saiam para pescar do que para praticar *sky-diving*, para se sentar com sua família em vez de ficar em contemplação solitária. Eles se tornam menos interessados em si mesmos e mais altruístas. A luz que os transforma quando deparam com a morte não é tanto o fulgor da vida após a morte que está a acenar, mas sobretudo o esplendor de ser abençoado e de estar vivo no momento. Essas pessoas têm muito menos medo da morte do que as que não a viram frente a frente, e são muito menos motivadas a tentar evitar a morte a qualquer custo. Considero-as "pessoas com o sétimo sentido" por causa da profundidade com que elas entram em sintonia com a vida e com tudo o que lhes traz prazer, e por causa do grau em que usam sua mente, não apenas o seu cérebro.

As pessoas com o sétimo sentido não podem ser caracterizadas como qualquer "tipo" de pessoa, e conheci gente batalhadora, pessoas resignadas, mártires, mentirosos e de temperamento exagerado entre elas; contudo, essas pessoas partilham um traço comum: elas *mudaram os seus pensamentos*, e, ao fazer isso, mudaram sua abordagem da vida. Começaram a lidar com ela num nível holístico, tomando a decisão, em termos de espírito e emoção, de ser mais uma parte de todas as coisas. Em conseqüência disso, seu sétimo sentido floresceu. O sentido que essas pessoas têm de prazer guiou-lhes os olhos, e elas puderam ver o trovão. Orientou-lhes os ouvidos, e elas puderam ouvir o relâmpago. Guiou-lhes o nariz, e elas puderam sentir o cheiro da chuva. Guiou-lhes o tato, e elas puderam sentir as flores. Nunca mais saíram em férias, mas, em vez disso, tiraram *vocatios* regulares – palavra latina que designa pausas breves para usufruir a beleza.[5] Em vez de partir num cruzeiro pelo mundo, essas pessoas muito provavelmente pararam o carro para olhar longa e detidamente o pôr-do-sol.

A neurose da beleza. As pessoas com o sétimo sentido sobrepujaram o que o autor James Hillman chama de "neurose da beleza", um estilo de vida envolvendo muitas atividades, o qual confunde a atividade intensa com a capacidade de se envolver com o mundo.[6] De acordo com os escritos da Renascença, as três graças da vida são a beleza, a moderação e o prazer – aos quais falta a beleza neurótica. Nossa mente do prazer cobiça a beleza, e, em sua ausência, padece da vida autômata do neurótico da beleza, desprovida de sentido. Essas pessoas se inclinam a vícios nocivos, substituições que lhes mascaram a deficiência crônica de prazer.

Os cinco sentidos fundamentais do neurótico da beleza continuam sob o controle do cérebro egoísta, que deles abusa e que desperdiça o prazer potencial deles em sua triste busca da sobrevivência. Essas pessoas demonstram que têm pouca moderação e por vezes se tornam viciadas em trabalho. Amiúde apresentam, sem saber, uma espécie de anseio da carne pelo toque delicado de alguém que as ame, mas procuram o sexo mais do que partilham a sensualidade. Pessoas com o sétimo sentido, por outro lado, buscam menos estar "por cima" ou "sobre" do que estar "entre". Não vivem para trabalhar, mas trabalham para viver. Não só desenvolvem o sentido do tato, mas também suas outras capacidades relacionadas aos sentidos.

Devido ao fato de as pessoas com o sétimo sentido por vezes terem tido experiências espirituais fortes, elas podem adotar uma visão diferente da alma. Esses indivíduos não se preocupam tanto com poupar sua alma característica e interior, mas sobretudo com fazer com que sua alma se una amavelmente à alma de todos sobre a terra. O psicólogo Carl Jung considerava a alma em grande parte como os polinésios e as outras pessoas com o sétimo sentido consideram. Ele escreveu, "A alma, em sua maior parte, está fora do corpo".[7]

Muitas de nossas religiões se concentram na salvação do indivíduo, adotando a mesma mentalidade de risco na forma de medicina moderna. Dizem-nos que devemos nos preparar para o dia do Juízo Final, quando nossa alma se graduará da "escola da Terra" e apresentará suas credenciais para entrar em local mais elevado. As pessoas com o sétimo sentido não têm esse medo porque se consideram a si mesmas parte de uma alma coletiva – algo que os polinésios chamam de *aumakua*. Para eles, estamos todos juntos nisso, e *já estamos vivendo no paraíso*. Um paciente de câncer disse, "Para ganhar o céu, temos de gastar menos tempo nos preocupando com salvar a nossa alma, e dedicar mais tempo a amar todas as almas".

Acima de tudo, os "sensores do sétimo sentido" parecem abençoados e pacientes o bastante para reservar tempo para sentir a vida em vez de serem levados por ela. Direi mais acerca disso no Capítulo Sete, "O Prazer da Paciência – o Estilo Aloha do Sucesso". As pessoas com sétimo sentido parecem personificar a afirmação de Rabindranath Tagore, "A borboleta não conta meses mas momentos, e tem tempo o bastante".

Quando eu estava na unidade de câncer passando pelas intensas e dolorosas sessões de quimioterapia e radioterapia, também percebi um outro paradoxo do princípio do prazer: *ao ser visitados pelos amigos e pela família, os pacientes dão apoio emocional num grau idêntico, ou por vezes maior, do que o grau em que o recebem*. Vi pacientes como eu, que tiveram de desistir da vida por causa da gravidade de sua doença, finalmente morrer pela família. Sabendo que sua vida estava por um fio, e querendo livrar os entes queridos de dificuldades pessoais e financeiras, esses pacientes morreram na noite após estabilizar os negócios da família e dizer adeus. Outros pacientes amiúde consolavam o corpo médico e animavam os visitantes tanto ou mais do que os próprios médicos e visitantes os confortavam. Transcendendo o medo de que também pudessem ficar doentes, os visitantes iam embora energizados pelo *mana* (energia espiritual) daqueles em crise, e influenciados pelo poder do seu sétimo sentido.

Kumu: Mestres da Terceira Via

Dentre os grupos não constituídos de médicos que vim a conhecer, só um desenvolveu o sétimo sentido em níveis extraordinários, e essas pessoas são os mestres e curadores da Polinésia. Elas me apresentaram pela primeira vez a receita do prazer e o poder de *aloha*, e sinto-me humilhado pelo grau em que desenvolveram o seu sétimo sentido. Falei com centenas de polinésios *kumu* (mestres) e aprendi coisas com eles em casa, em Mauí, Havaí, e durante diversas viagens pelo Pacífico Sul. Enquanto muitas pessoas tiveram uma experiência direta com a beleza das ilhas, poucas conhecem a notável sabedoria de dois mil anos desses oceânicos.

A Terceira Via da Polinésia e os cinco elementos-chave de *aloha* são apenas uma pequena parte das lições da Polinésia. Os polinésios não ensinam por meio da palavra escrita; dessa maneira, minha tentativa de apresentar sua poderosa psicologia, espiritualidade e medicina em forma de livro é uma explicação do âmbito de suas idéias. As citações que incluo em todo este livro foram tiradas diretamente de minhas entrevistas com os nativos da ilha. Fui treinado pela mente ocidental, de modo que minha apresentação do pensamento polinésio é, pela sua natureza, uma aproximação. Espero levar a sabedoria deles a você, mas não posso falar por eles. Espero, contudo, pelo menos despertar-lhe o interesse para considerar as lições do paraíso como princípios de amor para você e para sua família se orientarem na vida, partilhando sempre mais prazer e bênção.

A sabedoria das ilhas se baseia na experiência. A essência dos princípios do prazer e o modo como eles afetam nossa vida biológica, psicológica e espiritualmente são dinâmicos – não são lineares. Ela é mais conhecida pelo *sentimento* do que pelo pensamento. Espero estimulá-lo a aprender o estilo polinésio usando a sua mente nativa, não só o seu cérebro ocidental. Como um polinésio disse, "Acho que não há problema quando se tem uma mente sem cérebro, porque nós todos vamos terminar desse jeito algum dia. Mas não é bom ter um cérebro sem mente; nesse caso, você não consegue encontrar o prazer saudável na vida".

CAPÍTULO TRÊS

O Teste de Aloha

Não é a ameaça da morte, da doença, das dificuldades nem da pobreza que destrói o espírito humano; é o medo de estar sozinho e de não ser amado no universo.

— Anthony Welsh

Mark Twain disse certa vez que os antigos haviam roubado nossas melhores idéias. Dois milênios atrás, os sábios da Polinésia anteciparam as descobertas milagrosas que ora estamos fazendo na física, na psicologia e na medicina modernas. Eles conheciam os segredos sagrados de uma vida de alegria plena e de sentimento de união, e os praticavam todo dia. Eles eram os cientistas supremos, compreendendo as estrelas e os planetas, interpretando o oceano, construindo tanques para a criação de peixes, governando canoas pequenas mas resistentes por milhares de milhas sem instrumentos de navegação. Podiam decifrar sinais nas ondas, nas estrelas e nas criaturas do oceano, encarando-as como se a buscar nos olhos do amante indícios de paixão. Centenas de anos antes de os *vikings* se lançarem ao mar para conquistar e saquear, os polinésios já tinham navegado na vastidão do Pacífico, aprendendo com ele e aceitando alegremente os seus mistérios.

Unidos por uma cultura comum e por línguas semelhantes, os polinésios se estenderam por mais de duas mil milhas de oceano em seu triângulo invisível de ilhas, que expande-se por quase um terço da superfície da terra. Os primeiros navegadores do Atlântico que toparam com esses povos não puderam compreender a possibilidade de que toda uma nação de pessoas navegara o maior oceano da terra séculos antes que eles próprios aprendessem como fazer isso. Não puderam compreender de que modo esses "selvagens" pacientes, simples, ponderados, agradáveis, humildes e gentis podiam ser exploradores tão capazes e governar comunidades tão bem organizadas e eficientes como aquelas. Os navegadores europeus tinham vindo de um mundo "civilizado" que igualava o sucesso e a felicidade à competição, ao combate e à agressividade, à tomada de poder e ao controle, em vez de à doação aos outros. Os polinésios eram imagens contrárias às dos europeus e havia alguma coisa acerca desses nativos da ilha que, de maneira estranha, comovia e até mesmo entristecia os exploradores, que talvez vissem nesses nativos o seu próprio potencial perdido para uma vida mais cheia de alegria.

Para os polinésios, a vida não é linear. O que chamamos de Triângulo Polinésio é, na verdade, uma pirâmide infinita se estendendo ao mar e aos céus. Trata-se de um modo de vida e não de uma localização geográfica. Esse Triângulo não pode ser representado com precisão em nossos mapas ocidentais porque não tem limites, nem território a proteger e a conquistar, tampouco fronteiras a vigiar. A exemplo das antigas pirâmides egípcias, a Polinésia é uma idéia representada pela sua forma triangular, uma descrição tridimensional oceânica da trindade sagrada da humanidade, divindade e toda a natureza.

Os polinésios não são Peter Pans do Pacífico, que passam os dias nadando e se relaxando, como os estereótipos descrevem. Constitui um aviltamento e um engano considerá-los “nobres selvagens”. Eles não foram, nem são, pessoas perfeitas, mas desenvolveram um sistema de “cuidado com a saúde” para viverem juntos, resolver seus problemas e encontrar prazer na vida, que está muito adiante do nosso.

Pelo fato de os antigos polinésios terem vivido sobretudo em função de seu sétimo sentido, o sentido do prazer tão deturpado e desconsiderado pelos exploradores europeus, esses navegadores cometeram o mesmo erro que muitos outros cometeram. Consideraram essas pessoas amáveis como selvagens nobres porém ingênuos, abençoados por um clima extraordinário e por uma terra fértil. Até hoje, as ilhas continuam a ser uma terra de fantasias para muitas pessoas do continente, um lugar para passar as férias, não para a educação, um local ótimo para onde fugir em vez de um centro de sabedoria e de cura. Um *kupuna* havaiano (ancião) me disse, “Eles costumavam chamar meu povo de selvagem. Agora que vemos como vivem esses ocidentais, nos perguntamos quem são os verdadeiros selvagens. Perguntamo-nos pelo sentido da civilização. Perguntamo-nos quem é realmente mais feliz e saudável, e quem trata a *'aina* (terra) com mais *aloha*. Perguntamo-nos quem sobreviverá, os que eles chamam de selvagens ou os que chamam de civilizados”.

A Pessoa, o Lugar ou a Coisa?

Grande parte da cultura ocidental se baseia nas “coisas” a serem usadas pelo indivíduo, ao passo que a cultura oriental se baseia acima de tudo na “pessoa”, em aprender mais sobre o eu. O modo polinésio se fundamenta basicamente no “lugar”. Os polinésios são pessoas da terra, e a idéia que têm de *aloha 'aina,* ou amor da terra, é central para a receita do prazer. Um polinésio me disse, “Estamos em casa. Muitas pessoas que vêm aqui parecem perdidas, desamparadas emocional e espiritualmente. Continuam se deslocando, mas nunca vivem verdadeiramente em algum lugar. Adoramos estar em nosso lugar no mar. Nunca partiremos porque *somos* este lugar”.

Nossa mente presa na terra tem dificuldade para compreender o “lugar” físico das nações insulares da Polinésia. Se o que chamamos de Triângulo

Polinésio fosse sobreposto à massa continental da Eurásia, ele abrangeria uma área se estendendo de Londres, passando pelo norte da Europa até a Sibéria, rumo a China e ao Tibete, e além, para o sudoeste da Ásia, voltando até a Europa meridional e a Inglaterra – um "triângulo eurasiano" que inclui a melhor parte dos dois continentes.[1] Nesse triângulo eurasiano, é o povo que, embora acreditem que conquistaram e dominaram o mundo com sua personalidade forte e sua fartura de coisas, realmente não conseguiu afirmar seu direito natural de beatitude por meio de um profundo sentido de lugar.

Para explicar seu conceito de lugar, um polinésio *kahuna* me disse, "O mundo acredita que somos ilhas distantes no mar, mas não pensamos assim. As pessoas do continente vivem em cidades e países separados pelas fronteiras na terra. Fazemos parte de uma grande família unida no mar. Viajamos por rotas marítimas. Somos pequenas ilhas longe das ilhas maiores a que os ocidentais chamam de continentes. Os continentes deles são apenas ilhas maiores no mar, porém, os ocidentais não parecem unidos por coisa nenhuma. Eles estão se deslocando cada vez mais para longe uns dos outros. Talvez suas ilhas sejam só grandes demais, e eles não possam ver além delas, para saber que elas todas se acham unidas. Eles pensam em termos de linhas e limites, de modo que talvez seja isso que os fez pensar tanto tempo que a Terra fosse plana. Por milhares de anos temos tido consciência de que a própria Terra é uma ilha no mar cósmico. Somos todos navegadores, não proprietários. Achamo-nos todos numa canoa boiando no céu".

A Nova Ciência com Raízes Polinésias

Muitas das novas descobertas sobre saúde, felicidade e longevidade advêm do novo campo da psiconeuroimunologia (PNI). Esse campo ainda emergente é o estudo da relação entre o comportamento humano, fatores psicológicos, o cérebro, o corpo e a resistência à doença, ou imunidade contra ela, e contra os vírus e infecções. Como o sentido holístico que os polinésios têm de "lugar", a PNI é um ponto de vista do corpo/mente sem fronteiras.

Há mais de três décadas, a PNI registrou novas maneiras notáveis em que podemos derrotar a doença e nos curar quando estamos enfermos. Em apenas três décadas, ela acumulou evidências – se bem que incompletas – do que os polinésios já sabiam: que os fatores psicológicos influenciam a capacidade que o corpo tem de controlar os sintomas e de se recuperar da doença grave.[2] Pelo menos, duas suposições da Terceira Via sobre uma vida de alegria e saúde – *pololei* (ligação) e *pono* (equilíbrio) – estão começando a vir à tona uma vez mais, como vinho envelhecido em tonéis novos, anunciadas pelos cientistas iluminados, de mente e coração abertos. Temos de olhar para além dos *containers*, contudo, à procura das verdadeiras lições de vida que estão aflorando da PNI e de outros campos da medicina.

A medicina ocidental ainda se vale de um modelo mecânico para compreender e complementar as descobertas a partir da PNI. Sua concentração na mente/corpo é falta da abordagem do todas-as-mentes-em-um-corpo, característica dos povos oceânicos. Ela se volta para as técnicas, tais como o relaxamento, a diminuição do *stress*, a visualização e a terapia de grupo, como estratégias de aumento da imunidade e de cura. Os modelos orientais da cura interpretaram as descobertas a partir da PNI como significando que a meditação, a contemplação e a busca da verdade interior são a maneira de fazer contato com essa "internet" da imunidade descoberta há pouco, um modo de se comunicar com ela. O caminho oceânico para o bem-estar sempre levou em conta que nada neste mundo está separado de nada mais, e que uma vida equilibrada e de prazer é fundamental para a saúde e para a cura. Para os polinésios, purificar a mente por meio do relaxamento e da meditação não é o que traz bem-estar. O que absorvemos em nossa mente e a nossa contribuição para que as pessoas absorvam elas mesmas outras coisas são os fatores que contam. É aprendendo a pensar de maneira ligada e unificada o que importa mais – o que se pode chamar de *E*PNI, ou *eco*-psiconeuroimunologia.

Embora a PNI seja uma área mais complexa e intrincada, ainda carecendo de muitos estudos, o próprio exame das descobertas preliminares válidas mostra que você pode aumentar a capacidade do seu sistema imunológico fantástico e do de outras pessoas, e até mesmo contribuir para a imunidade da terra colocando em prática os cinco princípios apresentados a seguir.

Fazendo o Teste de Aloha

O Pilahi Paki havaiano descreve *aloha* como o princípio fundamental da vida na Polinésia.[3] Há diversas variações da palavra havaiana *aloha* em toda a Polinésia, e todas ecoam e transmitem as mesmas emoções. Como a maior parte das palavras polinésias, *aloha* apresenta inúmeros sentidos, incluindo amor, partilha do sopro sagrado, olá e adeus. *Aloha* é a palavra perfeita para lembrar os tão ocupados, que ignoram se estão indo ou vindo, de que eles devem diminuir a marcha e encontrar mais prazer na vida.

Na seção seguinte, estimularei o leitor a fazer o teste do seu próprio *aloha*. No restante da Parte Um, analisarei os cinco componentes de *aloha* do modo como se relacionam com algumas das descobertas mais recentes a partir da psiconeuroimunologia e da psiconeurocardiologia – as idéias que os antigos "roubaram" dos pesquisadores modernos da PNI e da PNC.

Elaborei o Teste de *Aloha* em 1991, depois de fazer entrevistas com *kahuna* (curadores) e *kupuna* (anciãos). A maior parte dessas entrevistas foi realizada no Havaí, mas diversas foram feitas em outras ilhas da Polinésia. Enquanto os polinésios me disseram que estavam contentes por ajudar a elaborar o Teste de *Aloha*, a única coisa que lhes possibilitou fazer isso foi a sua paciência, gentileza e tolerância com relação à minha mente ocidental. Precisei pôr o teste numa forma "ocidental", desse modo, os polinésios por vezes riram quando cheguei com itens que visavam a "medir o que não pode ser medido". Um havaiano se saiu com uma piada, "Na verdade, você não precisa de papel nem de lápis para aprender coisas sobre a mente, mas, acho, quando se trata de testes, o Ocidente é melhor" [*West-est is best-est!*].

"Se você está procurando a verdadeira sabedoria, basta atentar ao modo como eles tratam a família deles", disse um *kupuna*. "Atente para a possibilidade de a família deles vir em primeiro lugar, e se eles rezam com sua família, se se divertem com ela e aproveitam cada dia de sua vida. Se eles estão partilhando muito prazer na vida, eles têm *aloha*. Na verdade, você não pode colocar à prova *aloha*, você tem que senti-lo." A despeito dessas reservas, os anciãos e os curadores sentaram-se por horas em minha companhia e falaram sobre os elementos que poderiam "estimar à maneira ocidental" alguns aspectos de cada um dos cinco componentes de *aloha* que constituem a receita do prazer.

Depois de reunir minhas entrevistas, tentei combinar diversos aspectos dos cinco componentes de *aloha* com descobertas da medicina ocidental e oriental que consolidaram esses antigos princípios. A conseqüência disso é o teste de cinqüenta itens no final deste capítulo.

Diferentemente da maior parte dos testes ocidentais, o Teste de *Aloha* não foi elaborado com vistas a um cômputo alto. Quanto mais baixo o seu resultado, menos a sua mente nativa foi anulada pela vida moderna e pela reação de premência do cérebro.

Desde 1991, no mundo todo apliquei o Teste de *Aloha* a um total de 10.952 pessoas não polinésias, e, na condição de "grupo de controle", a cem polinésios, num total de 11.052 testes. Devido ao fato de esse exame ter sido dado em reuniões de caráter formal para negócios, a grandes platéias durante minhas palestras, em navios durante cruzeiros pelo Pacífico, depois de minhas aparições em *talk-shows* na tevê, em salas de aula e por vezes na praia, ele não pode ser processado por meio do sistema estatístico usado pelo Ocidente. Eu o partilho apenas como um ponto de partida para interpretar o seu próprio cômputo no Teste de *Aloha*, e para compreender a força do seu sétimo sentido, voltado para o prazer saudável e para a função dos cinco fatores *aloha* em sua vida.

Uma outra razão pela qual qualquer processamento estatístico dos resultados do meu teste é impossível é que a maior parte das pessoas que fizeram o teste constituíram uma amostragem tendenciosa dos que tinham vindo me ouvir falar. Enquanto eles não podem ser considerados estatisticamente como uma "amostragem ao acaso", há realmente uma variedade de fundamentos. Encorajo o leitor a tirar suas próprias conclusões sobre o sentido dos resultados que ele terá a partir desse grupo do modo como é comparado às pessoas que nunca fizeram um teste como esses, tampouco assistiram a uma palestra de um psiconeuroimunologista vindo do Havaí.

Teste de Aloha

Contagem
2 = Acontece comigo
1 = Às vezes acontece comigo
0 = Nunca acontece comigo

Ahonui — Paciência, Expressa com Perseverança

1. Você dirige de maneira impetuosa, buzina por estar frustrado, hesita no sinal de parada, amaldiçoa os outros motoristas, ou mete o pé no acelerador e passa o farol fechado?
2. Aperta o botão do elevador diversas vezes?
3. Odeia filas e multidões?
4. Gosta de fazer várias coisas ao mesmo tempo?
5. Acha que "tempo é dinheiro", e reluta em fazer testes como este, já que eles lhe parecem um desperdício do seu tempo valioso?
6. Tem a impressão de que precisa pensar depressa nas coisas? Fala consigo mesmo por pensamentos ou em voz alta, numa tentativa de organizar-se?
7. Sente-se culpado quando apenas se senta e não faz nada?
8. Os outros lhe dizem que você dá a impressão de estar correndo e com pressa?
9. O seu lugar de trabalho transmite a impressão de confusão com muitas pilhas que você não tem tempo de pôr em ordem?
10. As pessoas de movimentos, pensamentos e fala pausados lhe parecem "do jeito que você é", ou o deixam nervoso?

▼ Contagem total de *Ahonui* ________

Lokahi — Unidade, Expressa Harmoniosamente

1. Você tenta ser tudo o que pode ser, melhor amanhã do que se considera hoje, e procura ter sucesso?

2. Você persegue a empolgação da vitória, gosta muito de um desafio e põe no mesmo plano coisas sem importância num debate com os outros ou com você mesmo?
3. Julga os outros ou você mesmo por meio das realizações, das conquistas, das aquisições, do poder ou do *status*?
4. Acha que tem de primeiramente amar a si mesmo antes de poder amar alguém mais?
5. Acha que cumpre suas funções mais rápida e eficientemente quando trabalha sozinho?
6. Acha que pode realizar qualquer coisa em que se concentra, que às pessoas fracassadas falta responsabilidade ou motivação, que elas agem de maneira errada, ou simplesmente não se dispõem a tentar o bastante?
7. Acha que há muito por fazer neste mundo, e que você tem que trabalhar com mais empenho e pensar com mais rapidez para conquistar seu lugar ao sol?
8. Você se afirma facilmente, e se vale de "esnobadas" sutis e de comentários agudos mas cínicos?
9. No momento, sente que não tem muitos amigos íntimos em quem possa confiar, a quem possa falar e revelar quem você é realmente?
10. Sente-se um tanto mal apertando a mão das pessoas, abraçando-as, beijando, cantando ou dançando em público, e acha que a atitude "sentimental" é algo tolo?

▼ Contagem total de *Lokahi* _________

'Olu'olu — Satisfação, Expressa com Afabilidade

1. Você faz cara feia, soerguendo um dos cantos da boca, revirando os olhos e bufando para expressar descontentamento?
2. Você "se fecha" não dando atenção às pessoas e demonstrando desprezo por elas, ignorando as que o criticam ou expressam seu desapontamento com relação a você?
3. Acha que lhe seria difícil estar casado?
4. Gosta de discussões?
5. Suas emoções se voltam sobretudo a uma coisa só, a sua felicidade concentrada sobretudo no seu trabalho, na sua prestância na condição de filho, filha ou pai?

6. Você critica os outros, quer publicamente, quer em particular?
7. Você tenta "ir à forra" em função de transgressões ou do que você considera abusos cometidos contra você?
8. Acha que o seu modo de pensar é sempre o melhor?
9. Fala mais do que ouve?
10. Você "extravasa" a sua raiva e acha que é melhor fazer com que sua agressividade venha à luz mesmo que isso às vezes lhe seja penoso?

▼ Contagem total de *'Olu'olu* ________

Ha'aha'a — Humildade, Expressa com Modéstia

1. Os outros dizem que você é uma pessoa propensa a se gabar ou a fazer bravatas?
2. Gosta de impressionar os outros com suas posses ou mostrando coisas caras que comprou?
3. Tem vontade de que os outros tomem conhecimento de suas realizações?
4. Gosta de desafiar os outros ou de obrigá-los a se retratar?
5. Os outros lhe dizem que você é franco, mais do que disposto a partilhar seus pontos de vista, e que tende a passar um sermão nas pessoas?
6. Os outros lhe dizem que você tem confiança demais em si mesmo, a ponto de ser petulante e arrogante?
7. Você está sempre envolvido em discussões, brigas e conflitos no trabalho, na rua ou em casa?
8. É comum que você saiba o que as pessoas vão dizer antes que façam isso, interrompa-as, tomando-lhes a palavra, ou lhes termine as frases antes de elas acabarem de dizê-las?
9. Você diz coisas negativas sobre as pessoas que não estão presentes?
10. Já processou alguém, foi processado, ou às vezes pensa em processar ou ameaçar alguém com ações judiciais?

▼ Contagem total de *Ha'aha'a* ________

Akahai — Gentileza, Expressa com Ternura

1. Você preferiria mandar um cheque para uma instituição de caridade em vez de dispensar algumas horas de seu tempo ajudando pessoalmente gente que lhe é estranha?
2. Espera uma recompensa pelas suas boas ações?
3. Sente-se mal com animais por perto?
4. Pensa que falar com as plantas, com as pedras e com as árvores é uma besteira?
5. Espalha os objetos pela casa?
6. Você se alimenta muito rápido e fala enquanto está comendo?
7. Acha que rezar poderia ser uma coisa boa para fazer, mas não tão eficaz quanto os remédios?
8. Sente secretamente ciúme ou inveja da "boa fortuna" dos outros?
9. Você é intolerante e impaciente com as pessoas, baseando-se em características físicas tais como homens com rabo-de-cavalo ou mulheres com tatuagens, ou com certas pessoas de nacionalidade diferente, adolescentes ou pessoas de bastante idade?
10. O seu parceiro mais íntimo lhe diz que falta romantismo em você, e que você considera o sexo superior à sensualidade?

▼ Contagem total de *Akahai* _______

Interpretando a sua Contagem de Aloha

Complete a sua contagem de *aloha* acrescentando a sua contagem aos cinco ingredientes.

Contagem de ***Ahonui*** (paciência) _____

Contagem de ***Lokahi*** (unidade) _____

Contagem de ***'Olu'olu*** (afabilidade) _____

Contagem de ***Ha'aha'a*** (humildade) _____

Contagem de ***Akahai*** (gentileza) _____

Contagem total de A-L-O-H-A _____

Antes que você analise o seu Teste de *Aloha* e o que ele indica acerca do seu estilo de vida atual, verifique a contagem de outras pessoas. Cabe a você interpretar as diferenças nas contagens, e o sentido delas para cada grupo – e também para você mesmo.

Os grupos que eu submeti ao teste incluem:

- ▼ Alguns dos executivos mais bem-sucedidos do mundo, incluindo chefes executivos e altos oficiais das forças armadas. (N = 1.465, em que N é o número testado, contagem média de *Aloha* 82)
- ▼ Médicos de quase todas as especialidades. (N = 212, contagem média de *Aloha* 87)
- ▼ Enfermeiras de quase todas as categorias, a maior parte com diplomas de Bacharelado, Mestrado e Doutorado. (N = 953, contagem média de *Aloha* 62)
- ▼ Pessoas que trabalham na área de cuidado com a saúde de todas as categorias, incluindo fisioterapeutas, terapeutas da massagem, hipnotizadores, assistentes sociais e psicólogos. (N = 2.113, contagem média de *Aloha* 73)
- ▼ Oficiais da lei, incluindo policiais, juízes, curadores e operadores de polígrafo. (N = 210, contagem média de *Aloha* 81)
- ▼ Pacientes de câncer, com problemas cardíacos ou que passaram por transplante (de coração, rins, fígado, de medula óssea). (N = 2.113, contagem média de *Aloha* 41)
- ▼ Professores de primeiro e segundo graus e professores universitários. (N = 766, contagem média de *Aloha* 70)
- ▼ Passageiros a bordo de navios durante cruzeiros, incluindo aposentados, homens e mulheres de negócio, e homens e mulheres que falam inglês e que exercem as mais diversas ocupações mundo afora. (N = 1.264, contagem média de *Aloha* 57)
- ▼ Idosos (com idade a partir de 65 anos) em centros de terceira idade. (N = 209, contagem média de *Aloha* 52)
- ▼ Produtores de *talk-shows* de tevês nacionais que conheci quando de minha participação nesses espetáculos, incluindo dois entrevistadores de tevê nacionalmente conhecidos. (N = 14, contagem média de *Aloha* 89)
- ▼ Alunos meus de faculdade, com idade entre 17 a 66. (N = 1.733, contagem média de *Aloha* 83)
- ▼ Um "grupo de controle" de polinésios, em sua maior parte havaianos, com idade entre 29 e 92 anos. (N = 100, contagem média de *Aloha* 8)

Total N = 11.152
Contagem Média para Total de N = 74
(excluindo o grupo de controle polinésio cuja contagem média é igual a 8)

Houve uma diferença acentuada na contagem dos homens e das mulheres. Uma vez mais, sem incluir a contagem polinésia, a contagem média para os 7.576 homens testados foi de 76. Para as 3.576 mulheres testadas, a contagem média de *Aloha* foi 67. A pesquisa mostra que as mulheres tipicamente, mas nem sempre, apresentam uma inteligência emocional superior à dos homens.[4] Esse fator talvez explique em parte a diferença de 9 pontos entre os sexos no Teste de *Aloha*.

Agora que você já tem uma idéia do teste e dos resultados das pessoas que passaram por ele, o que a sua contagem revela a você mesmo? O que essa contagem lhe diz sobre o seu temperamento?, seu trabalho ou sua vida profissional?, sua filosofia de vida?

Baseado na contagem anterior das outras pessoas, eis aqui o sentido da sua contagem comparada à contagem média total de 8 do grupo de controle polinésio e que permite diversos pontos a mais acima dessa contagem como compensação em função das influências externas do mundo ocidental, que diminuem *Aloha*.

(*Nota*: Se você estiver voluntariamente se empenhando em conseguir uma contagem baixa, inclua uma penalidade de 20 pontos!)

Mais de 30 pontos = Deficiência Grave de *Aloha*
A sua visão de mundo é tipicamente euro-americana

20-29 = Deficiência Moderada de *Aloha*
A sua visão de mundo é quase completamente euro-americana

10-19 – Ligeira Deficiência de *Aloha*
Você tem uma forte inclinação euro-americana

9 e abaixo disso = Fartura de *Aloha*
Você resgatou a sua mente nativa, pensa como um polinésio, e terá momentos agradáveis aprendendo e pondo em prática a receita do prazer.

Se a sua contagem de *aloha* for alta, atente para qual dos cinco elementos contribuíram mais para essa contagem. Como se verá na Parte Dois deste livro, a sua contagem mais alta do componente de *aloha* é aquela em que você precisará se concentrar primeiro.

Pensar em *aloha* e viver essa condição requer uma nova maneira de pensar sobre o dia-a-dia. Antes de estudar a Parte Dois, leia os últimos capítulos desta seção, que versam sobre a neurologia do prazer, para que você possa se sentir mais capacitado a usar a sua mente nativa.

CAPÍTULO QUATRO

Seu Convite para o Paraíso

Como eu gostaria que houvesse em algum lugar uma ilha para os sábios e os de boa vontade.

— ALBERT EINSTEIN

Imagine uma pílula de efeito mais poderoso do que qualquer outro remédio, capaz de diminuir significativamente a sua chance de ter problemas cardíacos, câncer e quase todas as outras doenças, e que garantisse uma vida mais longa. Imagine que o único efeito colateral desse elixir mágico fosse uma euforia centenas de vezes mais aprazível do que a produzida por qualquer narcótico, no entanto, isenta do desencanto e dos riscos das drogas. Imagine que essa pílula pudesse substituir os exercícios pesados, os programas radicais de regime alimentar, as técnicas para diminuir o *stress*, ao mesmo tempo que fosse capaz de curá-lo sempre que você estivesse doente, aumentando-lhe a imunidade e diminuindo os efeitos negativos do envelhecimento. Por fim, imagine que esse narcótico natural se acha totalmente disponível e que, quando você o ingere diariamente, os efeitos dele de imediato se estendem a quantos estão a sua volta. Nos capítulos que se seguem, você tomará conhecimento da existência de um remédio como esse — a dose diária de prazer.

As pesquisas modernas começaram a constatar a validade e a importância para a saúde dos cinco elementos de *aloha* que compõem a receita do prazer.[1] No Ocidente, os pesquisadores chamam esses fatores de os cinco elementos de um caráter psicológico saudável, ou as "Cinco Grandes" dimensões da personalidade forte e saudável, uma personalidade que tenha bastante imunidade e capacidade de cura, relativamente infensa à depressão e ao desespero.[2] Dessa maneira, à proporção que eu for explicando os cinco componentes de *aloha*, aludirei à pesquisa científica e psicológica que lhes confere tanta importância atualmente.

Ahonui: Paciência, Expressa com Perseverança

A palavra *ahonui* significa literalmente "o grande sopro". Ela é fundamental para a prática de *aloha* porque o sopro vital conserva tudo e cada coisa.

Quem não tem paciência não tem o sopro vital. Não só a sua saúde mas também a saúde de todos os que estão à volta são postas em perigo por uma existência sem vida. *Ahonui* significa ser paciente nos momentos difíceis e também nos momentos de grande alegria. Não quer dizer levar uma vida tranqüila e de passividade. Significa, de preferência, não se deixar levar e ter calma o bastante para integrar plenamente tudo o que acontece. *Ahonui* implica ser estóico e paciente o bastante para manter-se de todo ligado à vida, ao ar no sopro sagrado da existência em todas as suas formas.

Os que realizam pesquisas atualmente na área de PNI estão descobrindo mais coisas sobre a função de *ahonui* na saúde e na cura. Quando a PNI estava em seu estágio inicial, dois cardiologistas, Meyer Friedman e Ray Roseman, observaram que os pacientes com doenças do coração haviam deixado marcas na sala de espera. A impaciência deles por esperarem nesse cômodo — chamado de "sala de espera", depois de uma de suas maiores frustrações — resultara em cortes formando pequenas beiradas nos assentos. Esses homens e mulheres estavam literalmente vivendo "no limite", continuamente pressionados pelo tempo.[3]

As pesquisas subseqüentes mostraram que muitos outros fatores fundamentais relacionados a certo sentido de premência influenciam mais diretamente o risco da doença cardíaca. É provável que uma abordagem hostil das coisas — incluindo o tempo — seja a principal ameaça ao coração que Meyer e Roseman estavam examinando, e que ser pressionado e agir de modo impaciente são de fato manifestações de outros fatores, tais como agressividade e egocentrismo.[4] Não obstante, o estado crônico de premência que acompanha a atitude impaciente interrompe a oscilação biológica (o equilíbrio saudável), descrita no Capítulo Dois, e enfraquece a saúde.

No seu esforço para "bater o ponto", as pessoas do "Tipo T" ou indivíduos que se consomem em função do tempo acabam se castigando a si mesmas. Sofrendo o medo perturbador de que nunca há nem haverá tempo bastante, essas pessoas não têm paciência para fazer uma coisa de cada vez, mas se orgulham por serem capazes de fazer muitas coisas ao mesmo tempo, ou por pensarem nelas simultaneamente. Não se trata de uma vida atribulada, mas de um "complexo do relógio" que cria os riscos à saúde.

Infelizmente, as pessoas do Tipo T não compreendem o que os físicos quânticos estão descobrindo atualmente, e o que os antigos polinésios já ensinavam anteriormente sobre a natureza do tempo: só *existe* "o agora".[5] A pessoa do Tipo T está, como advertiu Ralph Waldo Emerson, "tentando viver, mas nunca vivendo". Como o leitor descobrirá no Capítulo Cinco, *ahonui* significa viver no agora eterno, sem limites entre o passado e o futuro, e estar predisposto ao que o mitólogo Joseph Campbell chamou de epifania, ou iluminação instantânea.

Escreve o autor James Ogilvy, "O prazer pode ser contado, mas não calculado".[6] A reação de beatitude não vem à luz quando se tenta urgentemente poupar tempo. Descobertas recentes na área de PNI sugerem que pessoas voltadas para uma meta e concentradas no tempo põem em perigo a sua imunidade. Elas não aprenderam a apreciar o que o psicólogo Mihaly Csikszentmihalyi chama de *fluxo*, agindo com um "envolvimento natural e desinteressado aqui e agora, quase sem pensar na passagem do tempo".[7] Mesmo quando "têm algum tempo", os do Tipo T se sentem frustrados e não sabem o que fazer com eles mesmos. Procuram a imortalidade, mas parecem inseguros quanto ao que fazer com ela e ao modo como "gastar" qualquer "tempo extra" que já tenham.

Novos dados mostram que pessoas prudentes, cumpridoras dos deveres e éticas, que demonstram paciência não apenas com os outros mas com elas mesmas, tendem a ter uma vida mais longa e feliz.[8] Em termos concretos, parece haver uma recompensa biológica por "fazer a coisa certa", tal como reservar tempo para devolver o carrinho de compras para o armazém, dar carona a alguém, deixar o lugar em melhores condições do que quando você o encontrou e dirigir educadamente.[9]

Um *kupuna* (ancião) na ilha de Mauí advertiu sobre o ato de ser precipitado na vida: "Se você está se perguntando se é tão feliz quanto deveria ser, você não é. Não pode se enganar por muito tempo. A falta de alegria que você tem na vida lhe parecerá uma imperfeição. Alguma coisa irá absorver-lhe a atenção — uma doença, uma perda, ou outro problema pessoal, mas alguma coisa sempre lhe dirá que você está desperdiçando o seu maior tesouro — a dádiva de agora. Eis por que eles o chamam de 'o presente'".

Lokahi: Unidade, Expressa Harmoniosamente

Lokahi se refere a comportar-se num estado constante de harmonia com os mundos natural e espiritual. Significa viver com certo sentido de encantamento, em uníssono harmonioso não apenas interiormente mas com os outros que convivem ou conviveram conosco. Significa não tirar uma pedra do lugar nem colher uma flor sem estar consciente de que se alterou a Totalidade do universo.

As tendências mais modernas da psicologia têm-se concentrado na "saúde do eu". Os terapeutas estão às voltas com a ação criativa dos pais, o treinamento para a confiança, o aumento da capacidade sexual, a cura da criança interior, com o fim da co-dependência e com a busca de mais intimidade nos relacionamentos. Entrementes, a atmosfera se torna mais poluída e o ecossistema entra em colapso. Milhares de espécies desapareceram da face da terra, e a cada hora cinco milhas quadradas das florestas tropicais da terra, que permitem ao planeta respirar, são destruídas. O campo da ecopsicologia, tendo vindo à luz recentemente, sugere que estamos concentrados em problemas de relacionamento pessoal insignificantes, a expensas de levar a efeito um relacionamento saudável com o Todo que certamente aplacaria essas disputas triviais e provavelmente as colocaria no contexto significativo necessário para uma vida saudável e feliz. Esse campo nos ensina que nosso ego apresenta uma definição por demais estreita, e necessita expandir-se — até que tenha o tamanho da terra. Ele sugere, como o conceito de *lokahi*, que nem a saúde nem a cura podem ocorrer sem que se cuide ao mesmo tempo do planeta.

Os novos ecopsicólogos estão fazendo perguntas que os antigos oceânicos já haviam feito. Em vez de "Está conseguindo fazer tudo o que pode na vida?", eles perguntam, "Qual a responsabilidade de um terapeuta num mundo em agonia?". Em vez de perguntar acerca da natureza de nossas relações pessoais íntimas e nocivas, eles perguntam "Qual é a natureza do seu relacionamento com o planeta?". Em vez de se concentrar nas brigas de família, eles estendem sua preocupação perguntando "Quem vai ajudar a pôr um fim aos abusos cometidos contra a terra?". Menos preocupados em poupar nossa "criança interior", eles indagam "Quem vai ajudar a curar o 'planeta inteiro'?". Quando uma paciente se queixa sobre o fato de não ter orgasmo, ou quando um paciente lamenta sua incapacidade de fazer tudo o que pode na vida, o ecopsicólogo, pondo em prática o *lokahi* moderno, talvez interrompa com "A propósito, já se deu conta de que a terra está morrendo?"[10]

Praticar o *lokahi* não significa descuidar do bem-estar do indivíduo. Significa que o sofrimento, em função das dores pessoais, é inseparável do sofrimento do planeta. O bem-estar não pode ser levado a efeito pela busca do enaltecimento de si mesmo sem consideração pelo Todo. As pesquisas atualmente mostram que a catexe ou a capacidade de formar e conservar vínculos humanos saudáveis, é fundamental para a saúde e para a felicidade, e que a interrupção, a negligência ou o abuso nos relacionamentos podem ser fatais.[11] Se você quer ter prazer na sua vida, em primeiro lugar, seja uma pessoa que tem prazer na sua vida, e uma pessoa que leva o prazer à vida dos outros.

Um *kahuna* polinésio disse, "Todos os laços são eternos. O divórcio jamais anula um relacionamento, e, se você quiser encontrar alegria, relacione-se estreitamente com os outros e com o mundo. O cérebro talvez julgue que esgotou um compromisso, mas o coração não pensa dessa forma. Como uma criança adorável, uma vez que ele ama, o coração ama para sempre, não importa o quê. Na verdade, você nunca pode fazer uma separação, mesmo que viva num mundo distante. É a lei da física e a lei da Polinésia. Quando as coisas se juntam, elas são transformadas pela união e são Uma Coisa só, para sempre".

'Olu'olu: Harmonia, Expressa com Satisfação

A palavra *'Olu'olu* deriva de uma palavra que significa flexível, maleável e à-vontade. Trata-se do exato oposto de um dos assassinos modernos mais proeminentes – a hostilidade. Os polinésios consideram a concordância e a flexibilidade não apenas uma coisa boa, mas também essencial ao bem-estar. Essa satisfação não se limita às pessoas; ela deve se estender a toda a natureza também. Os anzóis entalhados em osso dos antigos polinésios eram trabalhados durante horas a fim de serem não apenas eficazes mas de parecerem atraentes, com o intuito de que o peixe tivesse "um momento final de beleza".

Pelo menos um entre cinco de nós apresenta níveis de raiva e agressividade altos o bastante para constituir um risco sério à saúde.[12] Como o leitor verá no Capítulo Nove, a maior parte da raiva advém do sentimento de ser ofendido. A vida moderna amiúde é uma luta constante por território e por tempo, e quem quer que arrebate essas coisas de nós é considerado um inimigo.

A raiva e a agressividade resultam numa reação de urgência crônica, que é analisada pormenorizadamente no capítulo seguinte. O coração é posto em estado de alerta, a pressão sangüínea sobe vertiginosamente e o sistema imunológico se enfraquece. O cardiologista Robert Eliot se refere a uma pessoa num estado de reação crônica de raiva como tendo o "hábito da hipertensão", porque aos poucos nos acostumamos com o "ímpeto" da raiva no dia-a-dia e até nos viciamos nele.[13] A agressividade habitual pode ser a principal ladra de nosso prazer e de nossa saúde. Os polinésios estavam bem conscientes dos perigos de um estilo agitado de vida. A palavra *'olu* também significa "frio", o exato oposto da reação acalorada da pessoa impulsiva e egocêntrica, predisposta à ira.

As pesquisas mostram claramente que a raiva mata.[14] Um componente fundamental para encontrar prazer na vida é o perdão, e as pesquisas modernas mostram que ter uma vida piedosa é a maneira mais alegre e saudável de viver muito tempo.[15] O cardiologista Redford Williams e a mulher dele apresentam a maneira alegre de um comportamento voltado à afabilidade e à piedade no que eles chamam de o ABC do perdão, que constitui exatamente os mesmos três elementos de *'olu'olu,* ou harmonia professada pelos polinésios. Esses elementos são (a) começar com pequenas coisas, (b) tomar a decisão de basear-se no perdão para livrar-se da raiva, lembrando as características desse sentimento que prejudicam o prazer e a saúde, e (c) desenvolver a capacidade de perdão para lidar com agravos sempre mais complexos e difíceis.[16]

Um *kupuna* havaiano disse, "Você tem de perdoar três vezes. Deve perdoar a si mesmo, pois nunca será perfeito. Tem de perdoar seus inimigos, pois o fogo da sua ira só fará consumi-lo e a sua família. E talvez o mais difícil, se quiser encontrar prazer na sua vida, tem de perdoar os seus amigos, pois, devido ao fato de eles serem amigos, eles estão próximos o bastante de você para magoá-lo acidentalmente. O perdão é o sentido da amizade, e aquilo que a compõe".

Ha'aha'a: Humildade, Expressa com Modéstia

Ha'aha'a significa modesto e despretensioso. Significa não pensar que somos mais importantes do que os outros, e ter o que os pesquisadores ocidentais vêm chamando de "inteligência emocional" referindo-se a estarmos conscientes de nossas próprias fraquezas, a nos acalmarmos e a sermos tolerantes com os outros. Não significa tentar ser melhor do que os outros, mas compreender as conquistas de alguém. Na Polinésia, a arrogância é considerada a pior forma de grosseria e de desrespeito, um modo prejudicial à saúde de se distanciar dos outros e da natureza. Disse um *kupuna*, "A arrogância é como tossir sem tapar a boca. Ela dissemina o vírus da separação e da soberba por toda parte, e enfraquece as pessoas".

O impulso egocêntrico, o "sangue quente" e o egoísmo diminuem a imunidade, aumentam o risco de morte precoce e acabam com a alegria na vida.[17] Os polinésios consideram a arrogância um insulto aos ancestrais e aos deuses porque ela faz um mau uso do sopro sagrado natural de vida dado a todos e uma falsa afirmação de ter a posse e o crédito dele ou da responsabilidade exclusiva por ele. É um anúncio público de que estamos procurando a separação.

Há mais de um século, o autor Edward Bellamy escreveu, "A competição, instinto do egoísmo, é mais uma palavra para o desperdício de energia, ao passo que a cooperação é o segredo da produção eficiente".[18] Os sociólogos modernos descobriram que a teoria de que a competição é natural e inevitável é incorreta.[19] O altruísmo e o alocentrismo, não o egocentrismo, são o caminho para a saúde da comunidade em geral e, dessa maneira, para o indivíduo. Em sua maior parte, a competição despende a energia que poderia ser usada de modo muito mais construtivo.

Certa *kupuna* falou-me em havaiano sobre sua citação preferida acerca de temperamento. Ela a encontrara em *Sayings of the Fathers* e a traduzira para mim. Segundo ela, a citação constituía a síntese da abordagem polinésia do tipo de vida humilde, de reações contidas e benevolentes que traz o que ela chamava de "satisfação diária".

> "Há quatro tipos de temperamento:
> Aquele a quem é fácil provocar e fácil acalmar, sua perda desaparece em sua conquista,
> Aquele a quem é difícil provocar e difícil acalmar, sua conquista desaparece em sua perda,
> Aquele a quem é difícil provocar e fácil acalmar é um santo,
> Aquele a quem é fácil provocar e difícil acalmar é um homem ruim."[20]

Akahai: Gentileza, Expressa com Ternura

Um dos comportamentos mais valorizados na Polinésia é a doação. Os polinésios acreditam piamente na idéia do retorno das coisas, ou na idéia de que "o que sobe tem de descer". Se existe a expressão de um comportamento gentil e ponderado, recebe-se essa mesma expressão por parte dos outros. Se se colhe uma flor para se fazer um lei [colar havaiano de flores], são feitos os agradecimentos e fica alguma coisa em troca. O timbre da voz e as maneiras devem ser suaves e delicados, porque a voz alta e a rudeza afugentam os deuses amigos e espalham *mana* ou energia negativa. Um *kupuna* disse, "Considere cada palavra e ato seu como um bumerangue, e lembre-se que tudo o que disser ou fizer voltará para você".

As pesquisas modernas mostram que um dos mais agradáveis de todos os atos humanos é também uma das coisas mais saudáveis que você pode fazer para si mesmo e para os outros. O altruísmo, a gentileza e o zelo resultam em grandes benefícios à saúde.[21] Despender tempo para cuidar de pessoas estranhas exerce o mesmo efeito positivo sobre a saúde que despender a mesma quantidade de tempo na prática dos exercícios. Tal gesto se traduz num sistema imunológico forte e nos benefícios da energia de cura.[22] Os polinésios chamam esse tipo de comportamento de *kokua*, palavra que significa dar ajuda e alívio aos outros, e eles sabem há séculos que a melhor forma de ajudar-se a si mesmo é aquietar o eu e se dar aos outros.

Um *kahuna* me disse, "O fato de você se dar a sua família é automático. Você tem de fazer isso, mesmo que seja cansativo e difícil algumas vezes. Dar-se aos estranhos requer empenho. A recompensa da coragem é muito grande, e advém do fato de tornar os estranhos uma parte da sua vida. Isso torna-se mais fácil à medida que você o coloca em prática, porque você passa a ser um meio pelo qual a criatura se junta ao Criador".

Prazer Maduro

Os cinco princípios de *aloha*, quando praticados conjuntamente, despertam-nos a consciência de nosso potencial humano e do caráter sagrado de nossa existência. Degustamos a alegria profunda e duradoura que essa consciência nos pode trazer, e principiamos a procurar ativamente as coisas e o estilo de vida que nos propiciam esse tipo de felicidade. Renunciamos às emoções vagas e momentâneas em favor de tudo o que nos traz um prazer mais profundo, duradouro e significativo.

Para apreciar inteiramente o Terceiro Caminho do pensamento que está por trás da receita do prazer, o leitor deve compreender o conceito de maturidade dos oceânicos. O prazer saudável é uma experiência além do estímulo breve, forte, espontâneo e infantil. Viver segundo a receita do prazer é consolidar uma maturidade que transcende a segurança socioeconômica, a aprovação da sociedade ou o sucesso particular. O prazer saudável implica muito mais do que a ascensão econômica enfatizada pela psicologia ocidental, ou do que a transcendência espiritual ressaltada pela psicologia oriental. O prazer saudável requer o tipo de maturidade das emoções compreendido e praticado pelas culturas oceânicas.

Na cultura ocidental, a idade adulta é definida pela independência, e a capacidade de aquisição, conservação e proteção de bens. Segundo o paradigma oriental, a maturidade se baseia sobretudo nos critérios espirituais do indivíduo. A introspecção é enfatizada, e a conquista da sabedoria e do conhecimento individuais é a verdadeira tônica. A definição polinésia da maturidade – fazer parte de um relacionamento cada vez maior com os outros e com o mundo – raramente é um critério para o *status* no Oriente ou para uma promoção no Ocidente.

O Terceiro Caminho, viver segundo os princípios de *aloha*, enfatiza a tolerância e a dependência mútua magnânima. As pessoas são *do* mundo, não estão nele, e, assim, uma pessoa é considerada adulta quando se comporta de modo responsável e cauteloso com respeito ao mundo e quando ela é capaz de auferir grande prazer das pequenas coisas. A visão encantada do mundo alimentada pelas crianças é tratada como o caminho para a maturidade no adulto, não como um desvio dessa maturidade.

A maturidade é uma vida agradável baseada na ação mútua, equilibrada e de respeito para com a terra, e um sentimento de liberdade quanto a precisar que alguma coisa ou que alguma introvisão nos ilumine o caminho da felicidade. Não se deve evitar a infelicidade; deve-se, isso sim, se aprender com ela. A felicidade deve ser apreciada, mas nunca tomada como certa. Além disso, o prazer é um dom natural para a solicitude, não algo que é conferido. O prazer é a experiência de viver à altura de todo o nosso potencial ao mesmo tempo que se contribui para aumentar, e não diminuir, o potencial alheio para uma vida feliz.

Se considerarmos o prazer como uma recompensa para fazer e ter, sempre o haveremos de procurar, mas nunca o possuiremos na verdade. Isso se deve ao fato de ele ser baseado em "coisas", satisfazendo desejos interiores com recompensas exteriores. Todos os estados do desejo são pela sua própria natureza efêmeros, e desejo causa desejo. Assim, quando temos algo que queremos, sempre parecemos querer mais. O progresso, o desenvolvimento e a mudança podem ter um alto valor, mas só fazem estimular o impulso para "conquistar" mais.

Se adotarmos o ponto de vista de que o prazer deve ser encontrado no conhecimento de si mesmo e na introvisão individual, a satisfação excessiva tornar-se-á suspeita se indicar um envolvimento com as coisas terrenas em vez de com as coisas espirituais. A exemplo da felicidade derivada do consumo, a alegria em função da descoberta pessoal também é transitória. O cérebro jamais diz “basta”, porque, como explica o Capítulo Dois, ele está programado para buscar ininterruptamente a autopreservação.

Ambas as abordagens enfatizam a importância de não se felicitar por aquilo que se tem ou pelo modo como se é. O Terceiro Caminho das culturas oceânicas ensina o exato oposto. Em vez de sempre ir a algum lugar, a cultura polinésia compreende o estar aqui. O prazer advém da união e da ajuda, mais do que da vitória na competição ou do que do maior conhecimento entre as pessoas. Hoje, basta pescar, falar com o oceano e com seus habitantes e partilhar o que se ganhou no dia com os vizinhos, mesmo que se acabe dando todo o produto da pesca antes de voltar para casa. Os polinésios estão envolvidos com a alegria de partilhar todos os aspectos da existência. O que se adquire ao longo do caminho dos polinésios é um verdadeiro sentimento de pertencer.

Buddha ensinava que “a causa do sofrimento é o desejo, e o antídoto para o sofrimento é a cessação do desejo”. Como você lerá em todo este livro, por vezes somos direcionados mais pelo nosso desejo de intensidade e pelas coisas do que pela necessidade que a alma tem de beleza e de encanto partilhado. Cremos que ter o que queremos nos trará alegria, mas o princípio do prazer ensina que a verdadeira felicidade provém de querer o que temos.

Passamos cerca de 15 por cento de nosso estado de vigília nos alimentando e cuidando de nossa higiene corporal.[23] O terrorismo da saúde que descrevi antes tem tirado muito do prazer desses atos, quase pondo a perder o que chamo de nossa vida vegetativa. Somos informados de que o paladar é secundário, ou de que até mesmo pode se constituir numa perturbação da nossa saúde, e de que temos de comer apenas carne magra, alimentos ricos em fibras, ou fazer uso de regimes que apresentam baixo índice de colesterol. Temos pouco tempo para nos demorar no chuveiro, tampouco podemos aproveitar para escovar os dentes lentamente, sem que nos lembrem que temos de nos livrar de germens mortais e da placa bacteriana. Raras vezes temos tempo para um lento, sossegado e contemplativo funcionamento dos intestinos porque estamos às voltas com o pensamento de nossas obrigações imediatas ou atentos à constituição e consistência de nossa excreção como mais um possível sinal de alarme com respeito a nossa saúde. Recebemos cada vez mais *kits* para o exame de nós mesmos a fim de que possamos detectar o mais cedo possível sinais de advertência. Como as pessoas com alarmes de segurança muito sensíveis, em casa acabamos prisioneiros de nossos próprios medos. Como se o objetivo da própria vida fosse o de ser saudável, vivemos nossa vida não sabendo que a finalidade da saúde é encontrar o objetivo superior na vida — o prazer maduro e compartilhado.

Três Perguntas sobre Maturidade

Eis aqui três perguntas para você fazer a si mesmo e talvez, o que é mais importante, três perguntas acerca de você mesmo para fazer a alguém que o conheça bastante. São essas as perguntas fundamentais que muitos filósofos e mestres têm feito de maneiras diferentes em todo o mundo, com o correr dos séculos.

- Você vive plenamente a vida?
- Você ama de maneira plena?
- Você vive sem preocupações?[24]

Viver plenamente, na concepção dos oceânicos, quer dizer ligar-se completamente ao mundo, não usá-lo ou passar por ele à procura da sabedoria pessoal. Significa reconhecer-se como parte da Terra e ser responsável por todas as espécies, plantas e animais, arco-íris e furacões que nela existem e respeitar e admirar tudo isso. Não significa apenas aproveitar-se da natureza, mas pertencer a ela. Para os polinésios, viver plenamente é aprender com o poder da natureza, maravilhar-se com ela e celebrar nossa proximidade com ela – mesmo quando os rios formados pelos cabelos ígneos de Pele, a deusa do vulcão, aos poucos abarcam, e depois destroem, seu lar, à medida que ela cria uma nova terra.

Amar de maneira plena, na concepção dos oceânicos, ultrapassa o amor romântico do Ocidente e o amor espiritual do Oriente. O amor não é dedicação a apenas uma pessoa, mas a todas as pessoas e coisas. Trata-se da adoração na ação, mais comportamento do que sentimento pessoal e mais relações com todas as coisas do que com um parceiro. Os princípios de *aloha* não usam o sexo para fazer o papel do amor, nem o amor para fazer o papel do sexo. O amor é compromisso atemporal, desvelo e paixão em equilíbrio, e é medido não pela satisfação pessoal, mas pelo quanto o mundo é melhor porque você viveu e amou.

Viver sem preocupações, do ponto de vista dos oceânicos, implica aquietar o ego, não apenas exprimi-lo ou exaltá-lo. Significa dançar, dar as mãos, cantar, entoar louvores, rir, chorar e rezar a viva voz e plenamente. Significa liberdade quanto à busca de riquezas a expensas dos outros. Quer dizer apreciar a função da infelicidade na vida e ter a paciência para aprender-lhe as lições. Significa considerar o prazer como um meio de vida e não como uma compensação temporária. Implica aceitar e até mesmo apreciar o caos natural do mundo, e admirar-se da destruição causada pelo maremoto e da pequena onda criada pela dança do golfinho na água.

É possível que o leitor a essa altura esteja dizendo a si mesmo, “Isso parece muito simples... Onde está a dificuldade?”; existem três dinâmicas psicoespirituais que fazem com que nos seja difícil aceitar as coisas plenamente e viver de acordo com esse princípio. Elas vêm à luz de nossa natureza humana e são consolidadas socialmente pela nossa orientação consumista. São elas reforçadas pela nossa concentração na individualidade e na consciência individual. Quando chegamos a um acordo com relação a elas, podemos nos libertar delas.

Os Três "Bloqueadores" da Felicidade

Esses três erros contribuem para a nossa Síndrome de Deficiência do Prazer e prejudicam o prazer saudável e maduro; chamo-os de “bloqueadores da felicidade”. São eles: bulimia de felicidade, defesa de dessacralização e divindade inadequada.

Bulimia de felicidade. Experimente o teste seguinte. Desista da ida à geladeira e assista a todo um comercial durante um dos seus programas de televisão favoritos. Com um bloco de notas e um lápis, conte quantas vezes durante o intervalo a imagem na tela da televisão muda. Toda vez que um rosto diferente ou uma cena aparecer, faça uma marca no bloco. Depois do intervalo, conte o total das mudanças de cena que você percebeu. Antes de contar, arrisque um palpite sobre o número de mudanças que houve.

Ainda que possam parecer mais longos, a maior parte dos intervalos comerciais duram cerca de três minutos. Devido ao fato de nosso cérebro egoísta ser viciado na reação de urgência e viver estimulado por ela, os anunciantes inserem cerca de 150 mudanças de imagem durante um comercial de tevê.[25] A modo de comparação, assista a três minutos de um filme antigo. Houve oito mudanças comuns de cena durante um período de três minutos no filme *Casablanca*. A diferença em termos de taxa de estímulo entre aquilo de que o filme se valia para manter nosso cérebro atento e o que hoje se requer reflete a orientação atual, voltada para o divertimento.

Dependemos tanto da reação de urgência e estamos tão acostumados a deixar que elas nos ditem o que devemos fazer na vida, que nos tornamos “bulímicos da beatitude”. Nossa sociedade lida com o prazer de modo bem parecido a como um bulímico lida com a comida. Fartamo-nos de prazer e o purgamos, privando-nos da alegria durante dias em nossa busca sob pressão por sobrevivência, e depois entregamo-nos a excessos nocivos por um curto período de tempo, não restando outra alternativa senão purgarmo-nos de novo do prazer. Aprender a receita do prazer requer aprender o equilíbrio, *pono*. Como demonstrou o Teste de *Aloha*, os polinésios apresentam relativa isenção dessa reação de urgência. Eles compreendem o uso intencional dessa reação – poupar uma vida ou evitar danos a uma outra pessoa.

A tendência que temos de galgar a altura nos predispõe de imediato a nos arrastar no chão. Ela também nos priva da felicidade de ter alegria nas pequenas coisas, de apreciar tanto a uniformidade quanto as mudanças, de usufruir tanto das coisas antigas quanto das novas. Procurar a auto-iluminação e perder os outros de vista também nos priva da partilha que legitima as nossas experiências das pequenas coisas no mundo e as tornam mais ricas. Jack Kornfield, filósofo e autor, salienta que até mesmo os estados mais exaltados não são importantes quando não podemos ser felizes do modo mais simples e comum, quando não podemos nos tocar uns aos outros e à vida que nos foi dada com nosso coração.[26]

A defesa da dessacralização. O segundo bloqueador da felicidade é algo dentro de nós que parece ter muito medo do que pode acontecer se *dispusermo-nos* às alegrias do dia-a-dia: sentir-se perplexo pela natureza divina de estar vivo. O psicólogo Abraham Maslow escreveu sobre a *dessacralização*, um modo de pensar e um comportamento caracterizados por não estar aberto e não ser receptivo ao simples caráter sagrado do cotidiano porque tal consciência poderia interferir nos afazeres diários. Isso se dá na forma de um mecanismo de defesa; se nos dispuséssemos inteiramente a isso, poderíamos passar todos os nossos dias nos admirando da majestade da vida.[27] A receita do prazer pode livrar-nos não apenas de nosso vício com relação ao estímulo de urgência, mas também com relação ao seu primo, nosso medo do poder da beleza sagrada.

Como o leitor verá no Capítulo Cinco, nosso cérebro apresenta uma mente simples. A sobrevivência é o seu *modus operandi*: o caráter sagrado e de poder da vida, uma distração perigosa. Não são apenas os acontecimentos estressantes que enchem nosso sistema com altos índices neuro-hormonais. Nesses momentos especiais, quando vislumbramos a grandeza da vida aqui, no planeta paraíso, uma parte de nós estremece ante sua magnificência. Ele nos assusta com o poder que tem para nos transformar. E assim como a intensidade de um acontecimento estressante e negativo pode causar um ataque cardíaco, a experiência intensa da felicidade súbita também nos pode matar.[28] Não raro, as pessoas abusam das drogas não para fugir a uma vida ruim, mas porque o estado artificial a que as drogas induzem é uma diversão previsível quanto à grande satisfação de uma vida feliz que pode assustar demais quando se tem de lidar com ela ou que exige de nós muita energia e altruísmo para que possamos nos adaptar a ela.

A cultura ocidental muitas vezes tem medo do divino ou o considera uma recompensa distante para o bom comportamento e para o trabalho duro. Praticamos "o culto do fim de semana" em vez de rituais regulares de reverência para com a natureza. Quando o divino se aproxima demais do dia-a-dia, sentimo-nos intimidados por ele. Arthur William W. Harwan escreve que a necessidade de dessacralizar o mundo é uma defesa no que concerne a naufragar em virtude da humildade, do respeito, do mistério, da maravilha e do espanto diante da graça extraordinária de estar vivo.

Viver à maneira dos oceânicos é não ter medo do divino – sentir-se parte dele, responsável por ele e fortalecido por ele. Os polinésios têm uma vida sagrada por meio da relação com a terra e com o mar, valorizando o secular apenas como uma expressão do espiritual, e encontrando o divino em tudo o que fazem e vêem. Em vez de meditar para ampliar a mente individual, os polinésios cultivam a terra para alimentar o todo. Os polinésios são indefesos com respeito ao divino, e consideram os sentimentos associados a ele somente como uma parte natural do fato de estarem vivos.

Apropriar-se indevidamente do divino. Nossa necessidade interior de felicidade é tão forte, que não podemos negar-lhe jamais o poder. Quando de fato reconhecemos um sentido maior na vida, contudo, por vezes tropeçamos no terceiro bloqueador da felicidade: a secularização do sagrado. Os estados alterados da consciência amiúde são chamados de experiências de unidade porque nos fazem sentir como se todos os limites e formas de separação desaparecessem, e nós estivéssemos em unidade com tudo o mais. No Ocidente, o estado da consciência em vigília é considerado ótimo, e a alegação de estados superiores ou alterados da consciência é vista com suspeita.[29] A psiquiatria ocidental geralmente associa os relatos de experiências de unidade com a psicopatologia ou com a regressão. Essa é uma forma de "defesa científica contra o divino", evitando algo que a maioria de nós sente de vez em quando, mas que a ciência moderna ainda tem de começar a entender. Em conseqüência dessa atitude defensiva, algumas escolas modernas de psicologia por vezes buscam escapar por meio da formulação de novas pseudo-espiritualidades.

Um exemplo do enfraquecimento da defesa contra o divino é um maior interesse, entre os médicos e pacientes, no que concerne ao poder da oração.[30] Em dezembro de 1995, mais de novecentos médicos, padres e acadêmicos compareceram a uma reunião sobre cura e espiritualidade em Boston, Massachusetts. Nesse encontro, era evidente que, quando o Ocidente lida com o poder do sagrado, ele tende a processá-lo por meio de sua mente continental e a torná-lo apenas mais uma "técnica". Cerca de um terço dos psicólogos ocidentais afirmam que a vida deles se baseia na religião, porém mais de dois terços do público que atendem afirmam que sua vida também se baseia na religião. Essa diferença significa que muitos curadores ocidentais tentam *usar* a oração e a espiritualidade como mais um instrumento que eles tiram de sua cartola, em vez de aprender-lhe o sentido como um meio de vida.

Os polinésios têm um sentido holístico de religião, ou espiritualidade. Por dois mil anos, rezaram diversas vezes por dia. Sua oração pode assumir a forma de um cântico, *hula*, ou canção, e é uma celebração regular de aliança espiritual. Eles acreditam que as palavras da oração devem ser motivadas pela apreciação, pela gratidão e pela graça sinceras com respeito ao sagrado, e acompanhadas do comportamento que dá forma a esse sentimento de reverência. Eles não rezam *para*, mas *com* os deuses, com Deus, com seus ancestrais, com as plantas, com os peixes, com as pedras, com o Espírito e com tudo o que existe ou existiu. Eles rezam não para ter mais felicidade em sua vida nem para pedir favores, mas tão-só para expressar gratidão e prometer reciprocidade por toda a felicidade que eles têm tido e pelas lições que têm aprendido.

Para os polinésios, a prece é um sistema de comunicação fundamental que liga todas as coisas, não algo a ser usado para curar uma pessoa. A maior parte das orações dos polinésios é feita em grupos (*pule 'ohana*) e visa exaltar e ajudar o mundo. As orações são motivadas por uma consciência humilde da presença imediata do divino em vez de pelo desejo de ser alvo da intervenção divina. A oração *acontece* para os polinésios porque eles são espirituais; ela não é feita para que ninguém se torne espiritual.

O interesse recente que o Ocidente tem demonstrado com relação à prece, contudo, tem-se inclinado a procurar "algo" sutil e eficaz. Os estudos que aqui se fazem das abordagens dos orientais com relação à prece, não raro se valendo de princípios da física quântica para explicar o poder da oração, agora se acham documentados em mais de 150 estudos.[31] Uma verdadeira "medicina teossomática" como essa praticada na Polinésia se liga facilmente à presença sobrenatural e imediata do sagrado.[32] (Para mais pormenores sobre isso, ver a análise sobre as quatro eras da medicina na p. 77.) Na filosofia dos oceânicos, não existe nada sutil acerca do poder da oração. O sobrenatural faz parte da vida, e a oração é apenas mais uma expressão dela. Com efeito, para os polinésios, a oração é a prática que envolve tornar-se verdadeiramente um "semideus", um anúncio público de que se compartilha do atributo inerente do Poder Superior.[33]

O verdadeiro prazer da espiritualidade só pode ser vivido quando esta é genuína, e não mais uma "técnica" ou "movimento". A espiritualidade da Polinésia advém de crenças sobre o mundo como estando intimamente ligado a Deus, como uma expressão dele, crenças que são profundamente interiorizadas e que ultrapassam o panteísmo moderno. Não se trata de uma rede de emissoras via satélite com mais capacidade ou com a técnica para fazer milagres que se aproxima dos fenômenos paradoxais da nova física. Não se trata da mais recente forma de meditação, nem de "reação de relaxamento". Essas abordagens só chegam ao meio do caminho. Elas podem ajudar a tornar mais lúcida a mente, mas não insuflam o espírito para preencher o vazio quando a reação de urgência arrefeceu.[34] Um dos meus *kumu* polinésios disse, "Uma técnica raramente leva a uma transformação". E é claro que a pesquisa mostra que os que "usam" a espiritualidade como um modo de "conseguir" a saúde não recebem os benefícios do vínculo espiritual.[35]

Para os polinésios, ser incapaz de orar, entoar cânticos, cantar ou de *hula* é como não ter telefone no mundo ocidental. Um polinésio me disse, "Eu sou o telefone celular máximo. Sou constituído de células e posso me comunicar através do tempo. A oração apenas brota de mim. Quando me sinto muito bem e disposto no mundo, a oração me ocorre, e tenho a impressão de estar transmitindo mensagens a todos os lugares. É claro que não faço isso; a coisa acontece. Quando estou assim, fico muito à vontade".

Eu acho que a maior parte dos ocidentais que trabalha na área da saúde tornou-se interessada na oração não por causa de alguma súbita iluminação, mas porque algo do divino parece continuar filtrando-se através dos dados da pesquisa. A ciência ocidental agora tem registros de que a espiritualidade "tem efeito". Os estudos sobre as curas pela oração no que concerne a seres humanos e a outros sistemas biológicos, incluindo enzimas, fungos, plantas e animais, agora figuram em boletins de prestígio em várias áreas. Numa cultura que pauta todas as coisas e atividades pelo moto de Sir Francis Bacon, fundador da ciência aplicada, que disse "O inútil é sem valor", até mesmo o cientista mais cético não pode mais ignorar o que os polinésios sabiam acerca do potencial da ligação espiritual para aumentar e conservar o bem-estar na vida de todo dia. Para dar os dados, 75 por cento de 212 estudos realizados e publicados em boletins aos profissionais mostram que a oração e o compromisso religioso têm um efeito positivo sobre a saúde física, mesmo quando os que fazem a oração não conhecem as pessoas por quem estão rezando.

Os cientistas ocidentais parecem espantados e confusos com o poder da oração. Eis aqui algumas descobertas sobre a espiritualidade que estão sendo responsáveis por uma pausa para conversar – e orar – entre os médicos no Ocidente:[36]

- ▼ Entre 232 pacientes idosos que passaram por cirurgia do coração, os que eram mais religiosos deram mostras de ter maiores condições de sobreviver à cirurgia.
- ▼ Onze entre doze estudos mostraram que o compromisso com a religião está associado ao ato de deixar o uso de drogas.
- ▼ Os fumantes inveterados que freqüentam regularmente a igreja têm quatro vezes menos chances de ter pressão alta do que os fumantes que não vão à igreja, o que levou um cientista a dizer, "Se você fuma, leve a sua bituca a uma igreja".
- ▼ Um levantamento de 91.909 pessoas que freqüentavam regularmente a igreja mostrou que elas apresentavam 50 por cento menos de mortes em função de doenças de artérias coronárias, 56 por cento menos de mortes causadas por enfisema, 74 por cento menos de mortes em função de cirrose, e 53 por cento menos de suicídios.

- Um estudo mostrou que os pacientes de cirurgia para implante de marcapasso por quem se rezava tiveram menos complicações do que as pessoas por quem não se rezou.

Essas descobertas revelam que alguma coisa muito importante está ocorrendo no domínio do espírito. De que modo o espiritual está afetando e inspirando a sua vida? Reza a advertência da receita do prazer, "Aceite apenas o que lhe for ditado pela alma, e nunca sem viver a vida espiritual abençoada que confere a esta receita o seu poder".

CAPÍTULO CINCO

O Reencantamento da Vida Cotidiana

I 'okai kai ke aloha.

(SEJA UNO, NO AMOR COM TUDO E COM TODOS.)

"Estou sempre de duas maneiras", disse um estudante avançado em minha aula de psicologia. "Estou cansado ou aborrecido ou estressado e esgotado. Só tenho duas marchas – para ir rápido ou devagar; acho que devo ter deixado de usar minha embreagem. O que mais me aborrece é que nada me parece de fato encantador. Na verdade, não fico nem animado nem triste. É raro que eu solte uma boa e longa gargalhada, ou que eu chore até me sentir aliviado. Passo pela 'moção' das coisas, mas parece que eu mesmo não tenho nenhuma 'emoção'. Já estive na Disneylândia e na Disney World, já andei de *jet-ski* e já pratiquei *bungy-jump*, fiz sexo adoidado, bebi até não poder mais e usei drogas. Nada agora me 'liga' nem desliga. Tenho só 19 anos – e a impressão de que estou numa crise pré-vida."

A afirmação do meu aluno é característica de muitos jovens em meus cursos universitários. Eles vêm para a aula com ar cansado, tossindo, espirrando e sofrendo de toda sorte de infecção, desde resfriados crônicos até mononucleose. Quando lhes pergunto o que fazem para se divertir, a resposta mais comum é "ficamos de papo para o ar". Quando pergunto o que querem dizer com isso, eles respondem, "Ficar de papo para o ar esperando que alguma coisa aconteça" para que se animem.

Eles se sentem suspensos num estado de fadiga mental, emocional e particularmente espiritual, decorrente de uma busca constante da felicidade, a qual, segundo o que a psicologia lhes diz, eles devem ter para que se sintam satisfeitos, ou decorrente da tentativa de neutralizar a infelicidade que advém do fato de, por exemplo, ir a festas pesadas, abusar do álcool e ter vida promíscua em termos de sexualidade. Alguns se lançam à farra em clubes noturnos – multidões anônimas se espremendo, se esbarrando e se empurrando ao som dos ganidos altos dos sintetizadores de música e dos tambores computadorizados. Quando há estímulo o bastante, eles sacodem os braços e gritam "é" mas parece que não têm idéia da pergunta a que estão respondendo ou confirmando. São aconselhados pelas campanhas publicitárias a "apenas agir", mas parecem confusos quanto ao que supostamente devem fazer ou ao porquê. À proporção que essa música no palco e que a violência e as explosões na tela aumentam, esses jovens não apenas sofrem o perigo real de perder a audição, mas também de perder o seu sétimo sentido. Esses jovens estão envolvidos numa farsa de infelicidade, berros, diversão e angústia que oculta o cansaço, o tédio e o fastio.

O psicólogo Mihaly Csikszentmihalyi, da Universidade de Chicago, diz que nossa preferência evidente por estímulos fortes e perigosos se forma em nosso cérebro para nos ajudar quanto a sermos vigilantes e alertas a ameaças a nossa sobrevivência individual. Devido ao fato de termos sido prisioneiros dessa tendência primitiva, não conseguimos desenvolver mais um de nossos dons da evolução, o mais moderado sétimo sentido para o prazer saudável e equilibrado, que resulta na sobrevivência *coletiva*. Nossa concentração em nossa sobrevivência a expensas do esforço coletivo resulta em certa incapacidade de atentar para o normal, o tranqüilo e o delicado em função de nosso estado de alerta, que se volta para a violência e o perigo.[1] Para um jovem que tenha assistido a mais de setenta mil assassinatos na televisão antes de ter crescido, o ruído e a magnitude de semelhante estímulo cria um vício com respeito à *reação de urgência* e um entorpecimento no que concerne à *reação de satisfação*. Torna-se cada vez mais difícil aproveitar a vida quando a pessoa a tem considerado tão desvalorizada.

Embora sempre usem o termo, esses jovens não estão sofrendo de "esgotamento", porque ainda não foram capazes de "pegar fogo" e brilhar com as emoções legítimas da satisfação abençoada e do objetivo partilhado. Estão sofrendo não só de infelicidade, mas também da falta de compreensão de que, como o leitor verá no Capítulo Quinze, certa infelicidade é necessária para a sobrevivência e não é um sinal de fracasso na vida.[2] Essas pessoas não estão aborrecidas em função de estímulos insatisfatórios, mas estão cansadas de muitos estímulos sem sentido.

A Reação de Urgência: Aquecendo Demais os Nossos Circuitos de Alegria

O problema real para muitos jovens é a incapacidade que eles têm de encontrar o prazer saudável, porque o seu sétimo sentido inato para o que traz a satisfação foi contaminado pela grande quantidade de elementos psicoquímicos, típicos da sensação de premência, fluindo por vias feitas para "sintonia" em vez de "ligação". Esses circuitos se acham tão queimados pelo que chamo de reação de urgência, que a alegria simples, equilibrada e partilhada é por demais sutil para alertar esse sistema de prazer embotado. Eles se encontram tão consumidos pela busca de felicidade, que passam direto por ela sem a perceber. Uma série de formas excluídas de prazer podem ser vistas marchando sem destino pelas ruas reservadas ao comércio com esperança de comprar o que lhes escapa.

Nosso sistema nervoso é capaz de processar 126 *bits* de informação (sons, imagens, odores e assim por diante) por segundo, 7.560 *bits* por minuto, e meio milhão de *bits* por hora. Acima de um tempo de vida médio de setenta anos, e considerando as 16 horas que passamos acordados, você poderia dizer que temos cerca de 185 bilhões de *bits* de informações disponíveis para o prazer da mente durante nossa vida.[3] Com muita freqüência, esses *bits* são mais banais do que animadores.

Como os meus alunos descobriram, nossa sociedade estimula essa banalidade. Nossa busca de estímulos contínuos encoraja certo vício à reação de urgência, que é um estado de dependência de neuro-hormônios do *stress* para a estimulação. Como isso funciona? O sistema fica saturado pelos hormônios do *stress* que preparam o corpo para "combater ou fugir" e ocupam o espaço reservado à reação de alegria; em conseqüência disso, você se encontra momentaneamente ocupado e "satisfeito". A isso se seguem períodos prolongados de aumento da angústia e das emoções fortes em função da excitação da caça. Quando não há nenhuma sensação de urgência, a conseqüência é a Síndrome da Deficiência do Prazer por que passam as pessoas mencionadas na Introdução. Contar de maneira viciosa e quase exclusivamente com os seus cinco sentidos fundamentais para a satisfação resulta na reação de urgência. George Orwell escreveu, "Os homens só podem ser felizes quando não presumem que a finalidade da vida é a felicidade".

O rosto de um homem sob a influência da reação de urgência tem o aspecto de alguém num estado constante de fuga ou enfrentamento, esboçado com as linhas da "assinatura do *stress*" hormonal ao redor da cabeça e nos cantos da boca.[4] Quando as defesas dessas pessoas estão baixas e elas estão descansando ou até mesmo dormindo, elas continuam a vestir a máscara da urgência, as mandíbulas cerradas e os dentes rangendo. Se você quiser saber se está seguindo seu sétimo sentido e levando uma vida de alegria e de equilíbrio, peça a alguém para descrever a sua aparência quando você estiver em sono profundo. A freqüência cada vez maior da DJT (disfunção da junta temporomandibular) é um sinal da deficiência do prazer.

Quando vivemos de acordo com nossos hormônios do *stress*, somos como o burro com a cenoura pendurada diante do focinho. Mesmo que por acaso a apanhemos, algo estranho transpira. Descobrimos que na verdade não a queremos; ela não nos faz tão felizes quanto imaginávamos. Com efeito, podemos até nos sentir desapontados porque a caça que tanto nos estimulou não existe mais. Começamos imediatamente a procurar uma nova cenoura, e por vezes acabamos como caçadores de cenoura experientes mas *comedores* de cenoura infelizes. Eis por que as pessoas bem-sucedidas de maneira nociva fracassam, tanto física como emocionalmente. Porque são viciadas na emoção forte de um estilo de vida estressante, realizar sua meta é a pior coisa que lhes poderia acontecer. A reação de urgência não é um estado psicológico apenas, é também um estado fisiológico. Um estado de urgência prolongada aos poucos nos mata e põe em risco quantos estão a nossa volta ao enfraquecer nosso sistema imunológico, causar tensão a nosso coração e envelhecimento a todos os sistemas de nosso corpo.

Albert Camus escreveu, "Se existe um pecado contra a vida talvez ele não consista tanto em desesperar da vida, mas esperar uma outra vida e se esquivar à implacável grandeza desta vida". Tal é a difícil situação da pessoa tornada vítima da reação de urgência.

Stress essencial. Um pouco de *stress* positivo é um estimulante para a saúde e para a cura. Não é o *stress* em si, mas o modo como você aprende a utilizá-lo que contribui para a saúde ou nos desvia dela. De fato, se você tentasse prever a doença a partir dos acontecimentos estressantes na vida de uma pessoa, você acertaria menos de 15 por cento das vezes. O *stress* tem pouco a ver com o fato de o coração falhar ou de um tumor cancerígeno começar a se desenvolver no corpo.[5] Precisamos de uma pequena reação de urgência para equilibrá-lo com a reação de alegria, e precisamos de um pouco de infelicidade para equilibrá-lo com a nossa felicidade. A receita do prazer não é um programa para "sentir-se bem", mas um programa para "sair-se bem no sentir". É aprender a fazer parte da vida independentemente do que ela nos dá, e descobrir de que modo encontrar um pouco de alegria mesmo quando estamos estressados.

Precisamos de nossa reação de urgência em momentos de desafio físico. Quando reagimos ao *stress*, os nossos sentidos se tornam mais aguçados. Sentir o ímpeto de *stress* quando os sistemas do corpo entram em estado de alerta pode ser muito divertido se nos ligarmos a ele em vez de o rotular como fracasso. O perigo se dá quando o elemento responsável pelo *stress* é crônico ou nasce continuamente de dentro de nós e do modo como interpretamos o nosso mundo. O único estado físico verdadeiramente nocivo no que concerne às emoções e ao físico é um estado de "estagnação", onde não há oscilações.

A Oscilação Saudável

O equilíbrio e a oscilação saudáveis constituem a chave para a receita do prazer. Assim como a felicidade excessiva vezes demais e por muito tempo pode passar a ilusão psicótica, a infelicidade crônica e o *stress* interior resultantes da percepção do desamparo e da falta de alegria podem levar a grave depressão clínica. Os psiconeuroimunologistas por vezes se valem da metáfora de dois elefantes numa gangorra para explicar a relação entre o *sistema neuro-hormonal simpático* ou "urgente" e o *sistema neuro-hormonal parassimpático* ou "da alegria".[6]

Imagine duas crianças equilibradas numa gangorra. Sem muito esforço, elas são capazes de conservar a gangorra em equilíbrio, assim como mantemos o sistema de nosso corpo em equilíbrio neuro-hormonal entre a tensão e os hormônios do relaxamento. Isso é chamado de *homeostase*, e é nosso estado psicofisiológico, em que nos encontramos no que os psiconeurocardiologistas chamam de "boa oscilação" e os polinésios de *pono*. Em comparação, quando levamos uma vida de muita pressão, isso se parece mais com a imagem dos dois elefantes na gangorra. Custa muito mais esforço e, quando um grupo de neuro-hormônios diminui de repente, o outro sobe excessivamente. O aumento ou o decréscimo excessivos são a conseqüência.

Mais um problema que envolve ter elefantes brincando na gangorra do seu sistema é que posteriormente algum dano ocorre à própria gangorra. Quando nos empenhamos constantemente em manter nosso equilíbrio no que concerne a um grande aumento ou a um grande decréscimo, nosso sistema não pode suportar a tensão. O desgaste se estampa no rosto, se reflete no coração, nas reações do sistema imunológico e no tipo de emoção. A receita do prazer reza, "Equilibre-se na gangorra com um pouco de alegria estressante, mas lembre-se de que no final você terá sempre que descer. Equilibre-se na gangorra com um pouco de infelicidade estressante, mas lembre-se de que você sempre pode subir de novo".

Algumas pessoas ficam tão tensas tentando diminuir e controlar seu *stress*, tentando constantemente ter uma atitude positiva ou trabalhar duro para alcançar a felicidade, que perdem a capacidade de se divertir quando sob pressão e aprender com as tristezas. Os cinco princípios de *aloha* são as regras para o vaivém equilibrado da gangorra em nossa vida.

A Reação de Alegria: Um Nível Máximo

Usar o seu sétimo sentido para reger os seus outros seis sentidos resulta na reação de alegria. A reação de alegria é um equilíbrio neuro-hormonal sedativo e de cura com a sensação de satisfação atemporal e aprazível. Trata-se de nosso instinto de evolução quanto à saúde e à longevidade, quando a reação de urgência se desenvolveu com vistas a rápidos rompantes de agitação relativa a salvar a vida. Uma reação se desenvolveu para escapar aos tigres de dentes de sabre; a outra para se sentar numa colina e observar o nascer do sol. Infelizmente, ambas usam as mesmas vias neurais. Quando a reação de urgência constantemente atravessa a via do prazer, nossas linhas ficam ocupadas e não podemos nos ligar à nossa alegria.

Quais as características da reação de alegria? O Ocidente considera estar "no alto" como estar ligado, ao passo que o Oriente tende a considerar isso como um exemplo de total sintonia. Os polinésios consideram a transcendência uma ligação completa. O psicólogo Roger Walsh, da University of California Medical School, identifica cinco características de uma "experiência transcendente".[7]

1. *Inefabilidade, a experiência de um estado avassalador e poderoso como esse, tão diverso da experiência comum, que desafia a descrição.* Os polinésios vivem diariamente com a consciência de que a vida é tão esplêndida e feliz, que tentar apreendê-la em palavras ou números raramente tem êxito. Entoar cânticos, cantar e dançar para demonstrar essa alegria é o meio polinésio de expressar o inexprimível. Um *kupuna* havaiano disse, "*Aloha* é se sentir tão bem sobre estar com a *'aina*, que você faz com que todos saibam como você está bem pelo simples fato de ser você, e elas fazem com que você saiba que elas sabem sendo o que são".

2. *Noesis, um sentido aguçado de lucidez e compreensão do significado da vida.* Vez ou outra, os ocidentais se referem a esse aspecto do chegar "às alturas" como uma experiência de pico, e isso amiúde é tomado por intensidade ou visto como o ponto máximo de uma pirâmide de necessidades atendidas depois de pelejar satisfazendo necessidades hierárquicas inferiores.[8] O Oriente considera *noesis* como um estado mental que envolve a experiência de si mesmo, possível até quando o mundo exterior parece caótico. De fato, a maior parte das versões modernas das técnicas de meditação orientais enfatiza o apartar-se de todo do mundo exterior. Os polinésios consideram o alto nível noético como um estado diário levado a efeito pela convivência com a terra e pelo zelo com relação a ela, a par do pensamento em harmonia com as árvores, plantas e peixes sensíveis à volta deles. Os polinésios se elevam fazendo face às necessidades inferiores. Um pescador havaiano me disse, "Toda vez que atiro a rede e vejo os tesouros que são colocados lá para mim, sei por que estou aqui, e os peixes também sabem".

3. *Um sentido alterado do espaço e do tempo.* No Ocidente, o tempo do relógio é a medida irrevogável da extensão da vida. No Oriente, ele é tido por uma invenção moderna limitadora, a ser superada pela consciência iluminada e infinita. Aos polinésios, o relógio e a consciência importam menos do que o calendário, e eles vivem, amam e se divertem pautando-se pelas estações em vez de pelos segundos ou pela intemporalidade interior. Um plantador de inhame oriundo da Big Island do Havaí me disse, "Nunca tive um relógio de pulso. Meu relógio está a minha volta. Não olho para ver que horas são, só escuto o *'aina* e espero ele me dizer".

4. *Um profundo sentido de unidade.* O Ocidente individualista por vezes procura em vão a alegria de sentir uma íntima conexão com o mundo cujo controle é tão custoso. O Oriente procura certo sentido de unidade por meio da contemplação e da meditação acerca do espírito Uno, mas a busca não raro despreza o vínculo interpessoal e ecológico. As polinésias, que consideram sua alma como exterior e em meio a tudo o mais, em vez de interior e na posse do eu, vivem e conhecem a unidade todos os dias. Depois de seu *hula* a modo de *solo*, uma dançarina polinésia me disse "Você viu os meus ancestrais todos dançando lá comigo? Você viu meu *lei* aflorar no meu rosto? Meu *aumakua* estava me aborrecendo. Viu? Estavam dançando comigo".
5. *Forte afeto positivo e certo sentido de perfeição no universo.* O modelo ocidental considera a natureza como algo que deve ser controlado, usado e aprimorado. O Oriente tende a ver a natureza física como uma ilusão e como um ambiente para que a contemplação vise o aprimoramento de si mesmo. Os polinésios consideram a natureza como perfeita, e se aprazem no privilégio de serem unos com ela, além de protegê-la.

Como o leitor pode ver, o Terceiro Caminho pode ser uma das bênçãos mais constantes. Mesmo quando os polinésios sofrem, eles sabem que estão apenas sentindo o que a Terra sente, o que eles têm de sentir porque usufruem a honra de terem unidade com o *'aina*.

A Recuperação da Mente Nativa

Todos temos uma mente nativa. Independentemente de onde vivamos, todos viemos de ancestrais que, a exemplo dos polinésios, originariamente julgavam o mundo como coisa encantada. Seus próprios parentes distantes, quer da Europa, da China, da Irlanda, da África ou das planícies da América, consideram o mundo como um organismo jubiloso, sensível, em que todas as coisas tinham vida e eram capazes de se ligar a nós. Sua família antiga falava com pedras, ouvia o som das árvores, e se deslocava entre as maravilhas de um planeta vivo e respirante, do qual ela mesma constituía uma parte viva. Cerca de quatrocentos anos atrás, quando nos tornamos conquistadores sem aquela aura de encanto, em guerra, em vez de agentes da união de índole gentil e mágica, perdemos nossa mente nativa. Mas podemos recuperá-la descobrindo e estimando as culturas nativas que sobreviveram no mundo em toda a sua riqueza, profundidade e sabedoria.

Tenho tomado parte em reuniões de médicos e psicólogos em todo o mundo. Essas reuniões não raro incluem seminários e oficinas sobre medicina holística ou "do mundo".

Em mais de trinta anos participando desses encontros, observei que o que os profissionais da área da saúde chamam de "medicina mundial" é por vezes a medicina dos "seis grandes do continente": medicina chinesa, ayurvédica (indiana), grega, homeopática, naturopática e alopática (a medicina convencional do Ocidente) – e diversas combinações da nova era criadas a partir dessas. O modelo oceânico ou polinésio dificilmente é incluído. Quando as medicinas nativas, como a dos polinésios, fazem parte do programa, raramente são apresentadas com compreensão, respeito e profundo vínculo espiritual, aspectos essenciais a elas. A medicina ocidental está profunda e devidamente envolvida com os perigos das abordagens "alternativas" para o tratamento da saúde e de pessoas que praticam a medicina "sem uma licença"; contudo, quando as medicinas nativas de fato encontram seu caminho para os tribunais médicos do Ocidente, poucos são os que perguntam se os modernos praticantes das abordagens baseadas nas qualidades nativas estão se licenciando nesses sistemas sagrados.

O doutor Larry Dossey identificou o que chama de "eras" da medicina.[9] Ele se refere à medicina da Era I como uma abordagem mecanicista, fixa no paciente, "irrefletida", da saúde e da cura. A medicina da Era II envolve a abordagem corrente e popular de "uma mente acima de um corpo". As Eras I e II são o domínio fundamental da medicina no Ocidente. A medicina da Era III de Dossey é uma abordagem de "muitas mentes", concentrada na idéia de que todas se acham ligadas; a cura é promovida chegando-se ao *quantum* não-local e às forças energéticas isentas do tempo, além do aqui e agora, e que constantemente nos influenciam e unem a todos.

A medicina dos polinésios pode ser considerada a medicina da Era IV, mas ela verdadeiramente surgiu centenas de anos antes da Era I. Ela se baseia na idéia de que a centelha do Criador é partilhada pelas criaturas – nós. Abrange a idéia de que cada um de nós partilha uma divindade oculta e conhece diretamente as qualidades de Deus na forma de uma divindade interior.

A Era I é a medicina *somática*, contando em grande parte com as leis da física newtoniana ou mecanicista. A Era II é a medicina psicossomática, e traz consigo os princípios da psicologia moderna comportamentalista e cognitiva. A Era III é a medicina *quantumática*; ela depende das leis paradoxais da física quântica e da psicologia transpessoal no que concerne a explicar os mistérios sobrenaturais e os milagres envolvendo doença e cura. A abordagem dos polinésios ou da Era IV é a medicina *teossomática*, no sentido de que afirma que todos partilhamos, como Einstein salientou, de um "sentimento religioso e cósmico" comum, que não admite separação entre o Criador e as criaturas.[10]

Essa abordagem da saúde e da cura própria da Era IV usa os componentes oceânicos de *aloha* – a paciência, a unidade, a afabilidade, a humildade e a gentileza – para fazer que o sopro sagrado do Criador esteja em harmonia nas criaturas, a fim de que sintam a calidez e a satisfação da centelha da criação. Esta flui e reflui facilmente entre as leis naturais e sobrenaturais. Enquanto os nativos das ilhas compreendem as leis naturais, eles têm sua vida de modo muito mais harmonioso com o sobrenatural do que seus primos do continente. Esses nativos crêem que a distância percebida entre o Criador e as criaturas é uma ilusão moderna, derivada do medo de nossa própria divindade, do modo como vimos no Capítulo Quatro. Os polinésios consideram o próprio corpo e todos os corpos como uma projeção miraculosa do Espírito. Consideram-se a si mesmos como espíritos que têm uma breve experiência humana, e não como humanos capazes de passar por breves experiências espirituais. Os ilhéus não são prisioneiros da Terra, tampouco se sentem tolhidos pela dependência quanto a variações das teorias mecanicista, comportamentalista ou da nova física. São de preferência navegantes espirituais que são do mar e que estão com ele, não sobre ele, tampouco distantes dele; navegantes livres para navegar o universo como viajantes transcendentes. Mesmo que os seres humanos sejam os únicos animais que transpirem e vertam lágrimas salgadas, reflexos de nossas origens oceânicas, por vezes nos esquecemos de que somos deuses do mar da vida sagrada e natural, e de que estamos nele.

A biomedicina ocidental se bate com o conceito da "mente". Enquanto a palavra "cérebro" apresenta inúmeras referências no índice de *Principles of Internal Medicine* de Harrison, a palavra "mente" não tem nenhuma. Só recentemente o seu conceito foi examinado abertamente pelas instituições médicas modernas. Tal mudança se deve em parte à insatisfação com as conseqüências de uma medicina "i-rrefletida", a descobertas recentes a partir da psiconeuroimunologia, que desafiam a abordagem mecanicista do bem-estar, e a uma volta frustrada aos paradigmas orientais, além de a uma popularização recente da medicina ayurvédica.

Compreender a mente nativa requer aceitar o conceito da Totalidade ou encantamento, e o fato de que a mente pode usar o cérebro, ao mesmo tempo que ela não é o cérebro. A medicina ocidental tentou aprender algo sobre o todo estudando as partes, contudo, ao fazê-lo, perdeu de vista o todo. A medicina dos polinésios procura entender o todo em primeiro lugar, e só então pôr em prática essas lições em suas partes. Na medicina ocidental, o significado estatístico é valorizado acima do significado espiritual, e o reparo é visto como mais importante do que o relacionamento. Enquanto essa parcialidade predominar no tratamento da saúde, e mesmo que as técnicas tomadas de empréstimo de abordagens de caráter holístico forem usadas, o poder dos polinésios e de outros modelos inatos teossomáticos não serão aproveitados ao máximo.

Um Terceiro Caminho para o Prazer Diário

Enquanto muitas de nossas doenças físicas são bem tratadas pela medicina do Ocidente e pela sabedoria do Oriente, nosso distúrbio quanto a deficiência de prazer só pode ser de todo compreendido e sanado usando-se a prática oceânica.

As generalizações que fiz sobre o "Oriente" e o "Ocidente", os dois caminhos mais comumente trilhados rumo ao bem-estar, foram a um só tempo complicadas e simplificadas – elas desprezam muitas das nuanças desses sistemas. Tratar desses sistemas intrincados e poderosos com pormenores, e lidar com todas as forças e fraquezas, bastam para escrever muitos livros, mas os resumos que se seguem constituem um bom ponto de partida para compreender-lhes as implicações, e eles mesmos são uma boa referência para aprender sobre o Terceiro Caminho, que é muito menos uma parte da vida cotidiana e do pensamento modernos.

Oriental, Ocidental ou Oceânico? Eis aqui algumas comparações entre o paradigma oceânico e a visão de mundo do Oriente e do Ocidente continentais.

- O caminho ocidental para o bem-estar segue o modelo do consumidor. Os ocidentais que primeiramente tiveram contato com a cultura polinésia não apreenderam o profundo sentido que os polinésios têm do *lugar* porque estavam procurando *conseguir* algum lugar para *conseguir* alguma coisa em vez de *estar* num lugar para repartir tudo. Os ocidentais ainda buscam a felicidade e o bem-estar "fazendo" coisas para "conseguirem" ficar bem. Em conseqüência disso, são tornados prisioneiros por uma espécie de terrorismo da saúde que os orienta quanto a negar o prazer, dar duro no trabalho e se esquivar à morte. Eles competem em termos de espaço físico e psicológico no planeta. Vivem *na* terra, mas deixam escapar a alegria de compreender que *são* a terra.
- O caminho oriental que envolve refletir sobre a saúde e a felicidade implica maior comparação entre as pessoas do que competição entre elas. O panorama interior, não a terra, é a realidade. A orientação oriental é mais metafísica do que física, baseada que está no "olhar interior" para que as verdades ocultas se desenvolvam espiritualmente. Trata-se de algo de caráter mais ponderado do que mecânico. A via polinésia requer "tomar parte" com todos e com tudo no que concerne a usufruir a vida cotidiana.
- A energia que move o caminho ocidental é a pressão da competição – ter e conseguir mais do que o outro. A energia oriental é vivida sobretudo como um impulso das necessidades espirituais – tornar-se cada vez mais iluminado. Os polinésios são influenciados pelo motivo da afiliação e são levados a se unir. Em vez da pressão envolvendo ter mais ou do impulso a

conhecer mais, os polinésios são levados por seu profundo sentido de lugar – a acolher mais.

- A mente ocidental considera o corpo como um veículo transitório para a alma, vez por outra até uma limitação necessária a ser transcendida. Até recentemente, a abordagem ocidental via o corpo como uma máquina e a mente como estando separada dessa máquina. Ora, devido às influências orientais e culturais inatas, além das novas pesquisas do Ocidente, a medicina moderna está evoluindo rumo a uma abordagem da "mente acima do corpo". O ponto de vista polinésio não considera o corpo como estando separado da mente ou como uma extensão dela; considera a mente e o corpo como uma entidade ligada aos outros corpos, mentes e ao *'aina.*

- O Oriente e o Ocidente consideram o prazer como *resultado* da vida reta e como livre-arbítrio. O prazer é a recompensa pelo trabalho árduo, de ordem física, mental ou espiritual. Os polinésios consideram o prazer iluminado e sensível, partilhado com todas as coisas e pessoas *agora*, como a única abordagem saudável da vida.

- A comunicação é necessária para a cultura em que existe, além de ser um reflexo dela. A comunicação no Ocidente é rápida, eficaz, por vezes impessoal; favorece efetivamente a competição e a expressão afirmativa de si mesmo. Exceto pelo que se considera um tipo de *fringe* da nova era, os ocidentais consideram a comunicação como estando limitada ao ato de dialogar com pessoas vivas, e até o movimento da nova era tende a contar com expressões sutis das leis naturais ou físicas para explicar a telepatia "sobrenatural". Falar aos mortos, aos ainda não nascidos, ou ao oceano e às montanhas, é visto como sintomático de uma enfermidade mental e não como força espiritual. A comunicação oriental enfatiza a relação como o Eu mais amplo ou com um poder ou energia superior, mais do que com alguém ou algo mais. As outras pessoas e o ambiente são vistos como um cenário que pode facilitar a introvisão pessoal, mas a idéia de conhecer um peixe não é uma parte fundamental do sistema de comunicação oriental. O modo polinésio de comunicação é mais rítmico do que afirmativo ou contemplativo, e se baseia na ecopsicologia em vez de na psicologia do ego ou transpessoal. Para a união, ele é mais do que auto-expressão ou introspecção.

- O Ocidente enfatiza o valor da *ação individual.* Ser positivo, confiante, forte e controlador são coisas bastante valorizadas. O valor da pessoa se reflete na realização e se mede pelo poderio e pelo controle. O Oriente exalta a *percepção*, o aprender a ver e entender mais por meio da visão interior. O caminho polinésio passa pela *participação* amável e desinteressada em todos os níveis junto a todas as coisas e pessoas.

▼ O Ocidente propende a assumir um caráter adversário e de confronto. O Oriente tende à passividade e contemplação. Como disse um polinésio, "Muitos ocidentais são passivamente agressivos, enquanto muitos orientais parecem agressivamente passivos". O caminho polinésio é de gentil complacência. A declarada agressão ou a introvisão egoísta são consideradas maneiras pelas quais a pessoa adoece, em virtude da falta de vínculo resultante dessas formas de orientação.

O Oriente e o Ocidente têm muito a nos ensinar, e têm oferecido seus próprios milagres de cura. De maneiras únicas, têm lidado bem com quatro dos cinco fatores fundamentais para o bem-estar. O modo oceânico – isso não é de espantar – quadra mais ao quinto. Esses fatores são analisados a seguir.

Os Cinco Fatores do Bem-estar

A maior parte dos programas de saúde lidam com cinco componentes do bem-estar físico e mental que podem ser memorizados como os "Cinco Fs". Há muitos livros que abordam as orientações ocidentais e orientais quanto a esses cinco fatores de modo pormenorizado e exaustivo, e a maior parte das pessoas nessas culturas são influenciadas em graus variáveis pelos dogmas gerais esboçados adiante. A receita do prazer fundamenta essas orientações, está por trás e além delas.

1. *"Farinha"* (com sentido figurado de alimentação, nutrição, comida): Grande parte do Ocidente considera o alimento como combustível necessário. Ficar saudável significa deixar de lado o paladar e procurar o alimento "saudável" – de baixas calorias, rico em fibras e com baixo índice de colesterol. Do que um alimento é feito é mais importante do que o modo como ele é ingerido. O Oriente por vezes considera a comida essencialmente como inconveniência, algo que o corpo hedonista possa usufruir mas algo sem o qual a mente pode passar. Os polinésios estão mais envolvidos com se alimentar felizes do que com o alimento saudável. O alimento sagrado dos havaianos é o *poi*, feito da planta do inhame. Como com todos os alimentos, deve ser comido numa atmosfera de alegria e respeito. Todos os alimentos da família devem ser degustados lenta e relaxadamente, a modo de família. Não se deve falar sobre problemas durante a refeição, e é necessário que se aprecie o modo como se come e com quem se come. Partilhar uma refeição é uma forma de cura, e por vezes ocorre depois da resolução de problemas e da restauração de *pono* e *pololei* como uma forma de celebrar a volta à harmonia saudável.

2. *Flexibilidade* (exercício): O Ocidente considera o exercício essencial para a longevidade, para a beleza do corpo e o vigor necessário para o estilo de

vida competitivo. O Oriente considera o exercício como um meio para fortalecer o cérebro, usando o movimento para desenvolver o vigor espiritual e a expressão, e as posturas para relaxar o corpo de modo que a mente cumpra o seu trabalho.

Os polinésios vêem o movimento do corpo como um meio de amar a terra e demonstrar a união com tudo e todos. Na Polinésia, todo exercício se caracteriza pela alegria. O objetivo não é formar o corpo, exibir-se, dar provas de sabedoria nem impedir a doença, mas expressar e usufruir a ligação com *'aina* e todos os seus habitantes por meio da sincronização com *'aina*. A hula antiga (*kahiko*) é a oração do corpo e não uma apresentação; trata-se de celebrar o respeito que se tem por *'aina*, pelos deuses e ancestrais.

3. *Fluxo* (redução de *stress*): O Ocidente encara o *stress* como uma reação do corpo e tenta "desfazer-se" dele. Ele cede a um estilo de vida não raro envolvendo a urgência, enquanto se tenta várias técnicas de diminuição do *stress*. À mente ocidental, o corpo ainda se acha essencialmente separado do corpo, de modo que respirar profundamente e relaxar os músculos é considerado como algo eficaz, independentemente do que esteja na mente ocidental na maior parte do dia. Há pouco empenho sério em tomar as decisões difíceis que diminuiriam as causas fundamentais do *stress* crônico. Os ocidentais tentam dar combate ao seu *stress*, que provém do fato de esses ocidentais se entregarem a demasiada atividade, sem que compreendam que o verdadeiro prazer amiúde dimana dos estados mais desprovidos de motivação.

   O Oriente considera o *stress* como uma reação reflexa e inferior da mente.[11] Lida com o *stress* tentando difundi-lo mentalmente ou, ao menos, reduzi-lo por meio da distração do espírito, indo-se com o fluxo, ou realizando a oração de meditação.

   "A paralisia polinésia" é o nome local que se dá à abordagem da "moleza" para viver no paraíso. Os indícios de "moleza" percebidos nas ilhas pelos turistas e habitantes locais é de fato uma invenção moderna substituindo um gesto que simbolizou o equilíbrio e a união. Para os polinésios, o *stress* é essencial para a vida e constitui a evidência de uma existência de pleno envolvimento. Um locutor de rádio natural do Havaí e Mauí, Boy Kanahe, sintetiza a maneira polinésia de realizar a hula vida afora dizendo, "Se as coisas não vão para a direita, leve-as para a esquerda".

4. *Família*: Tendo em grande parte fracassado no que concerne a ter o sentido de bem-estar que se esperava por meio do exercício, do regime alimentar e das adaptações da nova era no que tange ao pensamento oriental, o Ocidente desencadeou um poderoso arsenal científico de manipulação genética. Os vínculos familiares, emocionais e espirituais só são vistos como

importantes na forma de uma fonte de amparo de transição, na forma de educação das crianças, ou como um lugar para descansar entre os ataques da busca de sucesso. Uma nova palavra no léxico do relacionamento americano é *starter marriage* [casamento inicial], ou seja, o primeiro de muitos relacionamentos a ser vividos exclusivamente para proveito pessoal.[12] Até as funções familiares básicas de apoio se tornaram institucionalizadas pela proliferação de centros de tratamento diário, salas de massagem rápida e câmaras de neutralização dos sentidos. Enquanto o Ocidente fala sobre a importância da família, esta passa por grave negligência.

O Oriente há muito considera a família como algo sagrado e merecedor de respeito. A exemplo do Ocidente, o Oriente continua patriarcal, atribuindo a maior parte do poder ao homem e a responsabilidade à mulher. No Oriente, a família é assaz simbólica, mas é também por vezes desprezada na realidade. Como no Ocidente, grande parte das conversas sobre valores familiares no Oriente são pouco mais do que demonstrações de louvor da boca para fora. Muitos dos maiores gurus do Oriente desprezaram seus relacionamentos fundamentais "íntimos" e as unidades familiares, e a maior parte do pensamento oriental silencia quanto a relacionamentos íntimos muito salutares.[13]

Aos polinésios, a família não é só sagrada, mas, diferentemente do Ocidente, que tende a usar a família, e do Oriente, que se inclina a reverenciá-la, a família polinésia é essencial para a saúde física, emocional e espiritual. Ela inclui não só pessoas, mas também pedras, árvores, plantas e animais. Cuidando da família, o polinésio cuida de *'aina*, da qual essa família é uma expressão. Os polinésios vêem todos como uma família, não só como parentes consangüíneos. Casam-se pelo bem-estar da sociedade, não para se fazerem mais auto-suficientes, e os filhos que têm pertencem a toda a família polinésia. Não raro, os filhos são dados a outros grupos familiares para serem educados num processo que se chama *hanai*, palavra que se refere às muitas cordas da rede de pescaria, e que significa orientar e cuidar. Mesmo no âmbito da família e dos filhos, não há posses na polinésia. Talvez mais do que por outra razão, essa falta de demarcação territorial, poderio e orgulho egoísta diminui o ódio e a hostilidade que advém da competitividade, da alienação e da solidão, tão comuns ao Oriente e ao Ocidente.

Quando algo ocorre que torne a família um lugar de conflito, deve-se estabelecer imediatamente um ambiente agradável por meio do processo sagrado de oração de nome *ho'oponopono* ou resgate do equilíbrio e restabelecimento de relacionamentos saudáveis em todos os níveis.

5. *Folgança*: Tanto o Ocidente como o Oriente têm-se batido com a idéia de prazer. A ambos, o prazer assume colorações de culpa. No Ocidente, o

prazer máximo é visto como fazer e ter tudo, além da existência numa condição de "felicidade em função do *status*". No Oriente, o prazer é definido puramente em termos não-físicos e não-interpessoais, ou considerado como uma recriação quanto à iluminação espiritual verdadeira. As tradições orientais visam a um estado máximo de consciência chamado por nomes tais como *nirvana* ou *samadhi*, vistos como uma forma de libertação do físico e efêmero.

Aos polinésios, o prazer equilibrado é a verdadeira natureza, o processo natural e o objetivo da vida. Os mitos polinésios versam sobre uma interação alegre com tudo e todos. Os deuses polinésios são mais impostores do que heróis. O objetivo da vida é encontrar a alegria em viver com os dons maravilhosos da natureza e em respeitar esses dons e devolvê-los. Uma boa piada é muito mais apreciada do que um gesto pedante dos ocidentais, ou do que um profundo aforisma oriental. A bênção da vida no paraíso se funda em fazer parte de um mundo maravilhoso e em ser totalmente livre de tentar possuir, conquistar ou proteger.

A prescrição do prazer o ajudará a se satisfazer com a alimentação, o movimento, a sensação e a partilha de amor pelo *'aina* com a sua "família ampliada", que inclui todas as coisas, encontrando em cada momento o reencantamento da vida cotidiana.

CAPÍTULO SEIS

"Pontos G" do Crânio: A Psiconeurologia do Prazer

Cérebro (s. m.). Aparato com que pensamos que pensamos.

— Ambrose Bierce

"Hum... está bom, assim...", gemeu a moça. "Continue... não pare... está ótimo... está maravilhoso!", prosseguiu ela, sorrindo e dando risada. Embora essa moça estivesse sentindo a emoção de um prazer não muito diferente do estímulo sexual, ela não estava vivendo uma experiência erótica. Estava deitada numa mesa de operação.

Num procedimento raro e arriscado, o neurocirurgião abrira-lhe o crânio e estava estimulando eletricamente diversas áreas do seu cérebro para certificar-se de que seu bisturi cortaria no local exato e necessário para diminuir os ataques que afligiram sua jovem paciente durante a maior parte da vida dela. No ambiente intimidador da sala de operações, com mais de uma dúzia de médicos e enfermeiras examinando-a de sobre suas máscaras cirúrgicas, depois que o zunido e o cheiro da serra cortando-lhe o crânio cessaram, essa paciente estava tendo uma das experiências mais agradáveis de sua vida.

O cirurgião colocara um eletrodo na área do cérebro chamada sistema límbico, uma área relacionada às fortes sensações de prazer. Outros pacientes, quando estimulados na mesma área durante as cirurgias, descreveram o desaparecimento de sentimentos negativos, a presença de estados de euforia, de sensação de ebriedade e até orgasmos sexuais múltiplos.

Por mais de quarenta anos, os neurologistas e fisiologistas têm consciência de que há regiões de prazer no cérebro. Assim como não há um único ponto que acarrete o despertar sexual, não há um único ponto de prazer específico no cérebro. Certas formas de secreção neuro-hormonal no cérebro também parecem cruciais para nossa capacidade de reagir alegremente às experiências vitais. Esses modelos de prazer constituem a fisiologia de nosso sétimo sentido, mas não lhe constituem a causa.

Ter à volta da cabeça eletrodos para estimular os pontos "G" de nosso cérebro — ou *glee* [alegria] — não é o modo mais prático e seguro de assegurar a felicidade e o prazer na vida. Podemos, contudo, estimular nossas vias de prazer do cérebro usando nossa mente, nossa consciência, para lhe dizer como, quando e o que pensar. Nós mesmos podemos criar a carga energética que acarreta a reação prazerosa.

Para termos acesso a esses pontos G do cérebro, primeiramente é necessário entender de que modo o cérebro funciona e processa as sensações. Por ora, convém que o leitor prossiga em seu caminho quanto a superar a inclinação do "cérebro acima da mente". Ambos compõem quem você é: o cérebro pertence ao corpo, a mente pertence à consciência, nossa sensibilidade mais ampla que toma as decisões sobre de que forma interpretar as informações que nosso corpo nos dá e atuar sobre elas.

Grandes erros, grandes benefícios. Como por vezes ocorre na ciência, o engano de um pesquisador levou à descoberta dos centros de prazer do cérebro. Enquanto estudava áreas do cérebro e o estímulo sexual nos ratos, o psicólogo James Olds acidentalmente implantou eletrodos de estímulo não no hipotálamo, que controla as funções da estimulação sexual, mas na área límbica, que controla os quatro Fs ("farinha" [*food*], fragor, fuga, fornicação). Old observou que se lhes fosse dada a opção, os ratos estimulariam sua área límbica por todo o dia, a ponto de ficarem exaustos ou até morrerem. Estimular o centro límbico parecia muito mais satisfatório do que o alimento mais gostoso, e parecia mais gratificante do que matar a sede; mais emocionante do que o sexo e mais revigorante do que qualquer estado de estímulo tal como a luta e a fuga.[1] A imprensa popular cobriu essa descoberta, e chamou essa área do cérebro de "o centro do prazer".

Num outro estudo, o médico Robert Heth, da Tulane University School of Medicine, implantou eletrodos nos pacientes com graves distúrbios cerebrais a fim de aliviar os sintomas de graves moléstias mentais e de ataques.[2] Colocou os eletrodos no fundo do sistema límbico e então registrou a atividade elétrica de várias regiões do cérebro enquanto seus pacientes estimulavam o próprio cérebro. A exemplo da mulher mencionada no começo deste capítulo, os pacientes descreveram o estímulo desses centros como "um lugar bom", um tipo de ponto G no cérebro. Alguns pacientes relataram euforia de um modo geral, ao passo que outros descreveram a experiência de terem boas lembranças, de se sentirem embriagados, ou do desaparecimento de todos os "pensamentos ruins".

O erro de Olds levou à descoberta de que existe uma poderosa via interna de prazer no nosso sistema nervoso. Ora, cabe a nós aprender como usá-la com vistas a um hedonismo mais racional e saudável.

Hedonismo racional. O neurofisiologista Paul MacLean descreve o cérebro humano com termos arqueológicos.[3] A parte mais funda e antiga é o cérebro reptiliano. Com cerca de 500 milhões de anos, essas partes do cérebro regulam os processos vitais mais importantes. Superior em termos de hierarquia é o cérebro paleomamífero, com 300 milhões de anos. Essa seção lida com as emoções mais importantes, tais como o medo, o ódio e o amor. A área moderna de nosso cérebro, o neocórtex, tem menos de 50 milhões de anos e corresponde à parte que pensa. Ela é capaz de manter o comando sobre as partes inferiores, mas temos de usar nossa mente – nossa consciência – para fazer isso. Se não usamos, nosso sétimo sentido não pode se desenvolver, e somos escravos dos espectros criados pelos impulsos primordiais do cérebro.

Os polinésios, na abordagem sagrada que fazem dos segredos da vida chamados *huna*, se referiam ao hipotálamo e ao sistema límbico como sendo estes o eu inferior, o *unihipili*, os hemisférios separados do cérebro na forma de eu intermediário ou *uhane*, e o cérebro total e integrado como eu superior ou *aumakua*, que se liga a tudo e a todos que sempre tiveram vida.[4]

Quando passamos por uma experiência, os sinais que representam essa experiência passa à parte do nosso cérebro chamada de tálamo, que seleciona as mensagens que chegam e as enviam aos lugares apropriados no cérebro. O tálamo se comunica com nosso sistema límbico e com nosso cérebro "superior". Uma das decisões mais importantes que temos em nossa vida e uma chave para pôr em prática a receita do prazer diz respeito a com que nível de nosso cérebro conscientemente optamos por conduzir nossa vida emocional.

Nosso sétimo sentido usa o nosso sistema límbico, de caráter predominantemente impulsivo, mas não é limitado por ele. Seguir a receita do prazer não implica hedonismo grosseiro, irracional e egoísta. Pesquisas recentes sobre a inteligência emocional mostram que, posto que as emoções sejam fortes, não devemos capitular emocionalmente aos centros inferiores de nosso cérebro.[5] De preferência, podemos usar nossos centros superiores do cérebro para chegar ao prazer maduro. Escreveu o autor Horace Walpole, "A vida é uma comédia para os que pensam e uma tragédia para os que sentem". A receita do prazer baseia-se nos sentimentos *ponderados*: o córtex cerebral supervisionando o despertar com base no sistema límbico. Como o leitor verá neste capítulo, nosso sétimo sentido enseja e regula os diversos sistemas complexos do corpo: as emoções, o coração, os hormônios e o sistema imunológico.

Cabeça Quente ou Fria

O cérebro é uma "cabeça quente" que deve ser controlada por uma mente fria. Os sinais provindos do tálamo não se dirigem apenas aos lóbulos pré-frontais do córtex cerebral, mas também a um órgão minúsculo no sistema límbico chamado amígdala. Essa é a "cabeça quente" do cérebro; ela promove a ligação do sentido com as experiências baseadas em episódios emocionais ocorridos anteriormente.[6] A amígdala do cérebro necessita que a mente se acalme e a dirija ao equilíbrio saudável, além de lhe bloquear o despertar excessivo de adaptação insatisfatória. Não podemos amadurecer emocionalmente quando deixamos que nossa amígdala por si só dite a significação emocional de nossas experiências vitais.

Uma outra parte do cérebro que serve de mediadora para nossas emoções é a estrutura límbica chamada de septo lateral. Este apresenta uma cabeça mais fria e pode suprimir emoções adversas tais como o ódio e o medo. Apenas a uma distância microscópica do septo lateral, contudo, está o septo medial, que pode intensificar estados emocionais negativos.[7] Essas estruturas compõem nossa gangorra emocional interna, e só usando nossa mente para dirigir nosso cérebro superior e nossos lóbulos pré-frontais é que podemos conservar a gangorra em equilíbrio saudável. O sistema límbico e suas amígdalas, além do septo, nos tornam emotivos, mas nosso cérebro superior confere objetivo e sentido a nossas emoções. Ao sermos ponderados, não reagindo ao sabor dos impulsos, desenvolvemos nosso sétimo sentido.

Fomos feitos para o "ricochete das emoções" a partir de qualquer estado emocional em que nos encontremos.[8] Os sinais de nosso tálamo também são enviados aos nossos hemisférios esquerdo e direito do córtex cerebral. Enquanto ambos os hemisférios trabalham juntos, o esquerdo se envolve mais com o prazer e com a euforia, ao passo que o direito está às voltas com emoções tais como a depressão e a amargura. Pelo fato de cada hemisfério inibir e ajudar a moderar o outro, somos controlados por um sistema *hardware* para o equilíbrio. Somos forçados a não sentir depressão nem felicidade em demasia por tempo muito longo. O prazer e o júbilo advêm de estar consciente de ambos os aspectos do eu emocional e do fato de que a vida não é nem muito doce nem muito amarga.

O "Vício" do Prazer

O vício é uma coisa natural. Ninguém jamais curou o "vício" porque ele é essencial para a nossa saúde, além de ter sido programado em nós a fim de nos manter felizes e fortes. O vício é de adaptação, porque pode fazer com que continuemos a buscar o que é bom para nós. Os animais todos têm vícios. Por exemplo, os elefantes mascam a folha da coca durante horas para se relaxarem e se animarem. Entretanto, eles não abandonam a manada, tampouco desistem da vida só por mascar essas folhas. Nem constroem fábricas para processar a folha da coca natural a fim de produzir a cocaína, com vistas a um poder de alucinação mais rápido e forte. Eles não corrompem as vias de prazer natural, tampouco realizam nela um curto-circuito, a exemplo do que os homens tantas vezes fazem.

Uma dose suave de adrenalina é muito agradável e dura bastante tempo, mas os seres humanos optam por tomar grandes doses de estimulante. Procuramos aumentar as emoções fortes para chegar a níveis mais altos de adrenalina, apenas para a derrocada, porque o bastante nunca é suficiente. Eis aqui as características do vício saudável e do não-saudável.

Saudável	Não-saudável
Lento, controlado	Rápido, sem controle
nenhum desenvolvimento de tolerância	desenvolvimento de tolerância
o que basta é suficiente	necessidade cada vez maior
sensação de "estritamente necessário"	sensação de "ir alto demais" e "baixo demais"
energizante para a vida	consome inteiramente
melhora os relacionamentos	destrói os relacionamentos
sob o comando da mente	sob o comando do cérebro

A chave para a receita do prazer não está em abusar do nosso dom natural que envolve o vício a esse prazer. Os viciados que abusam do dom do vício se destroem a si mesmos e a quantos os cercam.

Nosso DNA é uma espiral genética que age como um *chip* de computador natural, codificando planos para todo o nosso sistema corporal. Ele ressoa em milhões de ciclos por segundo, enviando quem somos através de cada célula em nosso corpo. Herdamos um grande potencial de prazer da constituição interna de nosso DNA, e somos geneticamente programados para a alegria. Nosso cérebro e todo o seu sistema sensório-motor se desenvolveram para dar apoio à busca de prazer.[9]

Nosso cérebro só "sabe" que ele e seu corpo estão sendo estimulados. Parece improvável que nosso vício do prazer tenha sido posto lá, do modo como a pesquisadora Candance Pert escreve, "... só para que os viciados pudessem ter alucinações".[10] Esse "sétimo sentido" nos foi dado para o prazer saudável, a fim de que pudéssemos ser levados ao que nos conserva a todos vivos e saudáveis. Para praticar a receita do prazer, temos de usar nossa mente quanto a dizer a nosso cérebro o quanto e qual o tipo de estímulo ele deve processar. Temos de mostrar a ele que os estimulantes artificiais tais como as drogas ou os neuro-hormônios da urgência não são o caminho para a sobrevivência mais satisfatória.

Os que abusam de substâncias por vezes chegam a exultar, mas raramente são felizes. Eles alimentam o cérebro egoísta do aqui e agora com dada experiência química, porém privam-no de estados emocionais que suscitam a felicidade. A felicidade real e duradoura requer pensamento, além de uma relação intensa com o mundo e com os que dele fazem parte, não implica apenas masturbação cerebral neuro-hormonal. Nenhum êxtase artificial se pode comparar ao bem-estar natural que advém do uso legítimo de nosso potencial de prazer. Dissipamos esse dom natural ao fazer mau uso dele, e não conseguimos perceber que nosso "vício" do prazer visava manter-nos ligados – não estimular a fuga individual.

Atualmente, há centenas de estudos científicos documentando o fato de que essas pessoas que buscam e encontram a felicidade partilhada em sua vida cotidiana têm existência mais feliz e longa.[11] A pesquisa mostra que nosso sistema de prazer é também nosso sistema mais eficiente de tratamento da saúde, levando-nos ao que é bom para nós quando o interpretamos corretamente.[12] Se pudermos aprender a usar nossos centros de prazer e os neuro-hormônios que fluem racional e moderadamente neles – a canalizar nossa tendência natural ao vício – poderemos quase assegurar não apenas a nós mesmos, mas a todos que nos cercam, uma vida mais longa, feliz e significativa.

De que Modo o Corpo Afeta a Mente

As emoções não ocorrem para nós, simplesmente. Não sentimos alegria só pelo fato de que algo bom nos acontece, o que faz com que sinais de alegria sejam enviados ao nosso cérebro. Não sorrimos apenas porque estamos contentes. Também nos sentimos felizes porque sorrimos.[13] Você pode estar surpreso com saber que podemos influenciar nosso estado emocional. Uma das coisas mais importantes que podemos fazer para ter mais prazer na vida é atuar alegremente. Como disse Shakespeare, "A peça é a coisa".

Há mais de cem anos, Charles Darwin estudou a expressão da emoção.[14] Ele descobriu que a expressão emocional é notadamente semelhante em todas as partes do mundo, e, assim, demonstrou que as emoções e suas modalidades de expressão são evolutivas por natureza. Anos antes de Darwin, Guillaume-Benjamin Duchenne estudou a musculatura envolvida no ato de sorrir.[15] Ele calculou que um sorriso legítimo requeria o movimento combinado de dois grupos de músculos – os maiores zigomáticos (em torno da boca) e os *occuli* orbiculares (na parte externa em torno dos olhos). Enquanto esses músculos têm um funcionamento involuntário quando estamos felizes, eles podem ser controlados conscientemente para deixar que o cérebro saiba que precisamos de um pouco de felicidade.

Eis um exemplo simples para mostrar de que modo podemos causar um estado emocional em nós mesmos. Olhe para o espelho e sorria, erguendo os lábios de sobre os dentes, bem como levantando os cantos da boca e semicerrando os olhos. Os músculos em torno dos olhos são transmissores de prazer muito importantes, portanto, preste atenção especial a eles. Agora, atente para o modo como se sente. A não ser que o seu cérebro o esteja distraindo com pensamentos tais como "Não faça isso, você parece um idiota", as chances são de que você se sinta um pouco melhor do que se sentia antes de sorrir. Se os músculos que você usa ao sorrir doem em função desse exercício, isso indica mais um sintoma da Síndrome de Deficiência do Prazer, contudo, você pode fortalecer esses músculos "só-rindo".

Nosso coração pensante. Além do tálamo, da amígdala, do septo, dos lóbulos pré-frontais e dos hemisférios cerebrais, há um outro órgão em nosso corpo que realiza grande parte de nosso pensamento — o coração. Enquanto por vezes consideramos o cérebro como o centro de nossa humanidade, os românticos sempre falaram das coisas do coração. Finalmente, os cientistas estão acertando as contas com os poetas ao descobrir que o coração é muito mais do que um aparelho de bombeamento. Quando nos valemos de expressões como "sentir no coração" ou "meu coração me diz", estamos prefigurando novas descobertas do campo da psiconeurocardiologia (PNC).[16] Esta mostra que o coração na verdade pensa, sente e funciona no corpo em grande parte como o cérebro faz.[17] Os psiconeurocardiologistas do Institute of HeartMath mostraram que o coração e as áreas circunvizinhas a ele apresentam fartura de osciladores biológicos que ajudam a estabelecer e a conservar os ritmos do corpo. O próprio coração é um oscilador-mestre que produz sinais eletromagnéticos quarenta a sessenta vezes maiores do que os do cérebro.[18] Os neurocardiotransmissores tais como o hormônio ANF, secretado do átrio do coração, influenciam nosso estado emocional. Não raro enviam reações físicas e emocionais até mesmo antes que nosso cérebro "saiba" que estamos tendo emoções — antes que um "pensamento" completo possa ocorrer no cérebro superior. Por outras palavras, nosso coração pode reagir antes que nosso cérebro tome consciência do fato e, portanto, antes de estarmos cientes dele, a não ser que aprendamos a atentar para as mensagens de nosso coração.

Praticando a Condição-do-Coração. Uma descoberta moderna no campo da psiconeurocardiologia chamada de técnica da "estrutura de esfriamento" mostra como o "deixar passar" ou o meio alegre para chegar ao bem-estar da receita do prazer pode ter um acentuado efeito saudável. Essa nova técnica pode ser compreendida não apenas como "compenetração" mas "condição-do-coração". A abordagem é semelhante à idéia que não raro exprimimos quando dizemos "Fique calmo, meu coração". A técnica da estrutura de esfriamento, contudo, ultrapassa o manter-se calmo tão-somente. Ela envolve atentar para as lições do coração.

A estrutura de esfriamento envolve perguntar ao coração o que ele pensa sobre uma fonte de estímulo entrante, e é usada quando a pessoa passa por um acontecimento que, por sua vez, envolve um desafio. Ela se aproveita de como, ao passarmos por uma experiência prazerosa e ao aprendermos a dar ouvidos a nosso coração em vez de a apenas nosso cérebro, a energia eletromagnética saudável ressoa pelo corpo e pelo sistema imunológico, imprimindo ao nosso biossistema uma vibração de harmonia saudável. Faça um teste com a técnica da estrutura de esfriamento, e atente para o que seu coração quer lhe dizer.

1. Sente-se, fique tranqüilo e não deixe que o seu cérebro, enciumado, lhe diga para se levantar e ir embora.
2. De modo calmo, com sinceridade e intuição, pergunte ao seu coração o que se acha fixado na sua "mente".
3. Observe o que sente dentro da área do coração e em torno dela.

Se estiver às voltas com uma situação estressante, pergunte ao coração de que modo ele poderia lidar com essa situação de modo diferente no que respeita ao modo de que se valeria o sistema límbico, as amígdalas e o septo. Lembre-se: seu cérebro é assaz egoísta e pode dizer-lhe que só ele está no comando do pensamento, porém, há novos dados evidentes de que o coração "ouve, sente e pensa" também.

Por meio da técnica da estrutura de esfriamento, podemos aprender a ouvir as mensagens enviadas pelo nosso coração.[19] Além da comunicação da mente e do corpo, podemos usar a comunicação do coração e do corpo para aumentar nosso estado de alerta com respeito ao prazer. Nosso coração pode intuir uma fonte de alegria ou felicidade que permanece oculta ao nosso cérebro. E não há razão para supor que as vibrações de nosso coração, ou os efeitos dessas vibrações, param em nossa pele. A filosofia dos oceânicos ensina que cada um de nós está em ressonância com o outro, e que há um ritmo vital que pulsa em cada pessoa, pedra, pássaro e peixe. Algumas pessoas se referem a esse ritmo como "irradiar vibrações", mas os polinésios falam de "entrar em harmonia" com os ritmos naturais do mundo.

Morfina interior. Além do cérebro e do coração, nosso sétimo sentido usa uma infra-estrutura de vias de prazer neuro-hormonais. Em reação a todo tipo de *stress* – quer agradável ou envolvendo um desafio, nosso sistema nervoso libera diversos fluidos da alegria chamados endorfinas. Estas nos enchem de sentimentos de bem-estar e felicidade.[20] Esses narcóticos internos (*endo* = interior, *orfina* = morfina) são centenas de vezes mais poderosos do que as morfinas externas, porém, a exemplo destas, causam muita propensão ao vício, além do fato de que o êxtase em função de uma pequena quantidade de endorfina pode durar bastante tempo.

Uma razão pela qual seguir a receita do prazer não é tão fácil quanto parece é o fato de nossa afinidade natural com respeito a "endorfinizar-se" poder nos estimular a buscar o ápice em apenas um aspecto de nossa vida. Visto que as endorfinas são bem fortes, só precisamos de doses suaves e regulares a fim de lhes sentir o efeito de alegria. O escritor de divulgação científica James Gorman exemplifica o perigo da nova moda da dependência de endorfina em seu artigo irônico intitulado "O Homem sem Nenhuma Endorfina". Escreveu ele: "Pelo que me é dado supor, meu cérebro não fabrica endorfina... A verdade é que não estou interessado em chegar ao êxtase. Não sou ambicioso. Fico feliz o bastante com a ligeira depressão que se segue às corridas no parque para continuar fazendo *jogging* por anos".[21]

Grandes doses de endorfina levam a extremos nocivos que acarretam o colapso, o que, com o correr do tempo, pode enfraquecer o sistema imunológico. O segredo da receita do prazer é aprender a beber da fonte interior de alegria sem se tornar "endorfaholic".

O psiconeurologista, dr. Edward Deiner, mostrou que o prazer saudável deriva da alegria momentânea, moderada e regular em vez de extremos de alegria irregulares. Ele examinou estados de espírito nos homens e nas mulheres por mais de seis meses.[22] Cada pessoa levava consigo um *beeper* e registrava seus movimentos de alegria durante o dia. Os resultados foram claros. Não era a intensidade de alegria que levava ao bem-estar maior, mas o número de vezes em que a pessoa se sentia moderadamente feliz.

Ricochete emocional. Outro perigo em exceder-se está em que o cérebro se vê programado para fazer você descer na medida em que você subiu demais.[23] A isso se chama *teoria do processo de oposição*. Nosso cérebro desenvolveu um "termostato emocional" para que nada do que nos acontece seja unilateral do ponto de vista da emoção. O pêndulo do sistema do prazer começa a oscilar quando reagimos a algo em nosso ambiente. Uma emoção que se oponha sempre começa em algum momento depois do início da emoção original. Trata-se de boas novas para os pessimistas crônicos, e de más notícias a quantos constantemente se empenham em ser otimistas.

A teoria do processo de oposição também diz que a segunda emoção, a modo de ricochete, dura mais do que a primeira. Assim, se você esteve muito triste por um longo tempo, você pode contar com ser até mesmo mais feliz por tempo maior. Se você procura o ápice da felicidade a maior parte do tempo, contudo, está contribuindo para que o bumerangue das emoções volte com força total, a ponto de derrubá-lo. Um outro aspecto da teoria do ricochete das emoções é que, se temos a primeira emoção diversas vezes, a emoção contrária se torna ainda mais forte. Chegar ao ápice vezes sem conta implica que você desça ao fundo constantemente.

O *pono* polinésio, ou equilíbrio, é a chave para controlar o ricochete das emoções. A receita do prazer não versa sobre ser feliz todo o tempo. Diz respeito a *ser* todo o tempo, ser aberto a todos matizes da emoção na vida. Implica que, até em nossos momentos mais sombrios, melhores tempos virão.

O Capítulo Quinze, "Amar os Tempos Difíceis e Aprender com Eles", dará mais explicações sobre como você pode fazer isso; porém, é possível que o leitor queira tentar esse exercício simples para se dar conta da teoria do ricochete das emoções na vida. Faça uma cronologia arrolando todos os principais acontecimentos de sua vida, dos mais antigos ao mais recentes. No lado esquerdo da linha, faça uma escala que vá de 0 a 10, para mostrar o quanto você foi feliz em cada época. Toda vez que peço aos meus pacientes para fazer isso, eles observam que a cada "período de elevação" se segue inevitavelmente um "período de queda" e vice-versa.

Os rios da recompensa. Alguns pesquisadores chamam nossos componentes naturais e internos de ordem psicoquímica de "rios da recompensa".[24] Para fluir vida afora com felicidade em equilíbrio, a pessoa às vezes deve aprender a navegar nos mares tormentosos dos neuro-hormônios.[25]

Embora a neuroquímica da teoria do caminho do prazer ainda não tenha sido de todo elaborada, sabemos que há certas sinapses ao longo desse caminho que se valem do neuro-hormônio do *stress* – a norepinefrina. A quantidade insatisfatória desse hormônio acarreta uma condição que é chamada de *anhedonia*, ou a incapacidade de receber, perceber e apreciar o prazer. Norepinefrina em excesso pode embotar o sentido do prazer, poluindo os rios da recompensa. Assim como paramos de dar ouvidos quando alguém põe-se a gritar conosco o tempo todo, o estímulo excessivo das vias naturais de prazer pode nos tornar surdos ao prazer e cegos à felicidade.[26] Esse é ainda um outro risco do mau uso de nosso sistema natural de prazer por meio das drogas, ou da tentativa de produzir o máximo de adrenalina por um tempo longo demais.

Bits do cérebro em todo o corpo. Até 1970, acreditava-se que o sistema imunológico do homem funcionasse independentemente do cérebro. Pensava-se que ele realizasse seu trabalho num piloto automático, reconhecendo de algum modo os invasores e purgando o corpo desses antígenos sem a ajuda do próprio cérebro. No decorrer da década de 70, duas descobertas surpreenderam os pesquisadores na área da medicina. Primeiro, descobriu-se que nossos pensamentos e sentimentos sofrem a mediação dos mesmos elementos químicos do cérebro que regulam as defesas imunológicas do nosso corpo. Em segundo lugar, descobriu-se que esses elementos químicos do cérebro – chamados de neurotransmissores – não se acham isolados na ilha de nosso cérebro. A exemplo das canoas da antiga Polinésia, esses neurotransmissores circulam partindo do nosso cérebro e, atravessando nosso corpo, comunicam-se com todos os sistemas do corpo, incluindo o imunológico. Assim, o padrão neuro-hormonal do prazer ou do sofrimento em nossa vida está presente em toda parte dentro de nós, de vez que nossas crenças se tornam nossa biologia.

A PNI atualmente tem feito justiça ao conceito de *aloha 'aina*, pois que o amor da terra significa amor por todas as coisas como um todo. Os polinésios acreditam que todo pensamento se traduz imediatamente na própria terra e se torna uma parte de cada um e de tudo. É assim, exatamente, o modo como acabamos de descobrir que nosso cérebro, nosso corpo, nosso sistema imunológico e neuro-hormonal funcionam juntos como uma coisa só.

Baseada que está no trabalho pioneiro da Dra. Candace Pert e de muitos outros, a idéia da "mente acima do corpo" não é mais verdadeira.[27] A Dra. Pert diz, "No começo do meu trabalho, admiti simplesmente que as emoções estavam na cabeça ou no cérebro. Agora, digo que elas realmente estão no corpo".[28] Os polinésios acrescentam que as emoções também estão na terra.

A linha fundamental de comunicação entre o modo como nos sentimos e pensamos acerca de nosso mundo e da biologia de nosso corpo são nossos neuropeptídeos. A Dra. Pert mostrou que uma categoria de nossas células imunológicas, os monócitos, apresentam moléculas minúsculas em sua superfície chamadas de neuroceptores, que são ajustes perfeitos para os neuropeptídeos. Estes compõem as chaves que se encaixam nas fechaduras moleculares em cada célula de nosso corpo, abrindo as portas a nossa reação emocional do corpo como um todo. Com efeito, o cérebro flui em cada recesso de nosso corpo. Candace Pert diz que os glóbulos brancos de nosso sistema imunológico são como "bits do cérebro fluindo pelo corpo".[29] Uma pergunta-chave a se responder no aprendizado da receita do prazer é, "Você quer que o seu corpo funcione em conformidade com o seu pensamento?"; o sistema imunológico fala com o cérebro e este com as células imunológicas em todo o corpo.

Hula Neuro-hormonal

Os curadores polinésios chamados de *kahuna* (detentores [*ka*] do segredo [*huna*]) há muito sabem que o corpo, o cérebro, a mente e tudo no mundo constituem um sistema, que se comunicam constantemente entre si mesmos e com todas as coisas. Não são apenas nossas próprias células que se comunicam com nosso cérebro, mas todo o mundo em que vivemos, que reverbera dentro de nós e entre nós, que constitui nosso estado de imunidade. Cada acontecimento em nossa vida, na vida dos outros e na vida do planeta é, em algum nível, um acontecimento psiconeuroimunológico. Todo pensamento e sentimento é a batida do tambor que rege a *hula* neuro-hormonal dentro de nós e entre nós à medida que prosseguimos em nossa dança vida afora.

Os antigos polinésios de modo nenhum se surpreendiam com o fato de as células cerebrais falarem com as do estômago e vice-versa, nem com o fato de que podemos agora provar que a mente e o corpo são uma coisa só. Haveriam de se surpreender apenas com o fato de que demoramos tanto tempo para compreender isso. Esses polinésios haveriam de se indagar sobre por que nos teria escapado a percepção de que não é apenas uma mente ligada a um corpo, mas todas as mentes ligadas e em constante ação conjunta com todas as demais mentes, a par da sensibilidade de tudo, que constituem a verdadeira "eco-psico-neuro-imunologia".

Quer chamemos de "irradiar boas vibrações", quer de "ter emoções boas", a maioria de nós sabe que, além do cérebro, do coração, das endorfinas e dos neuro-hormônios, há uma energia que sentimos e irradiamos todo o tempo. Algo parece nos dizer quando algo é bom ou ruim a nós outros. Por vezes, faltam-nos palavras para exprimi-lo, mas há uma sabedoria interior que nos impele a certas pessoas ou coisas, ou delas nos afasta. Temos de lembrar que nós também estamos enviando sinais de abordagem ou de evitação além de nossa própria consciência. Aprender a receita do prazer significa prestar atenção ao poder de nosso sétimo sentido e usá-lo intencionalmente para enviar e receber mensagens de alegria em nossa vida cotidiana.

Médicos do Prazer ou da Doença

A frase "Cada um é médico de si mesmo" é mais do que uma simples frase positiva. A palavra que designa doutor vem do latim [*docere*], e significa "ensinar"; a PNI agora nos mostra que estamos ensinando nosso corpo (e o corpo de todos os outros) a cada segundo de nossa vida. E nosso corpo está tentando nos ensinar também, bastando que prestemos atenção a ele. O corpo é um estudante ávido, lembrando-se de cada lição que lhe ensinamos. Como uma criança ingênua e confiante, nosso corpo é bastante literalista. Diga-lhe que você tem problemas nas costas ou que seu coração é fraco e ele acredita em você. Se nos dispusermos à reação da felicidade, nosso corpo aprenderá a celebrá-la de um modo equilibrado e sensível. Se, contudo, lhe ensinamos a impaciência, a falta de união, a hostilidade, o egocentrismo e a indiferença, ele traduz essas lições em biologia interna, funcionando de um modo que enfraquece nossas defesas contra a doença. Não importa que nova "técnica" usemos periodicamente para nos ajudar, é a nossa EPNI, nossa pedagogia ecopsiconeuroimunológica, que nos determina a sorte.

A educação da imunidade e os linfócitos que aprendem. Em meados da década de 70, o psicólogo Robert Ader e o imunologista Nicholas

Cohen, da Universidade de Rochester, fizeram uma descoberta surpreendente. Deram às cobaias uma droga que lhes suprimia a imunidade e a um só tempo alimentaram os ratos com água misturada com sacarina. Quando Ader e Cohen interromperam o uso da droga, descobriram que o sistema imunológico dos ratos tinha "aprendido" algo. O sistema imunológico deles ainda reagia negativamente mesmo quando se lhes dava apenas água adocicada. Desde a experiência inicial de Ader e Cohen, diversos pesquisadores têm documentado que nosso cérebro se comunica com nosso sistema imunológico; este envia mensagens a ele; esse sistema de comunicação do cérebro com o sistema imunológico está em todo o corpo, diretamente na medula óssea; e o modo como vivemos nosso dia-a-dia nos afeta de imediato a saúde, a imunidade e a cura.[30] Uma lição disso é que a experiência não é o que ocorre conosco, mas *o que fazemos* do que nos acontece.

À proporção que o leitor considera essas descobertas da PNI, que pense no aspecto, no funcionamento e na sensação ideais do sistema de defesa mais importante do seu corpo. A escolha é sua; a felicidade ou a sensação de premência para cada célula do corpo. A pressão pode ser o seu mentor, e a sensação de premência, a lição que o seu corpo aprende e pratica na maior parte do tempo, ou você pode fielmente deixar de dar caça à alegria, consentindo em que ela lhe aconteça ao viver *aloha.*

A nova doença da culpa. A psiconeuroimunologia é um campo complexo, que ainda está em seus primórdios. Juntamente aos avanços admiráveis na PNI e à importância cada vez maior da reação de alegria que examinarei no decorrer deste livro, uma séria baixa tem vindo à tona. Às ameaças da medicina da Era I, tais como colesterol alto ou pressão sangüínea alta, e às advertências da medicina da Era II quanto ao *stress* demasiado e à falta de "reação de relaxamento", parecemos estar acrescentando a auto-recriminação e a culpa típicas da Era III. Não estamos plenamente desenvolvidos em nosso inconsciente coletivo, conscientes de modo insatisfatório das leis quânticas que regem a energia inconsciente, ou temos a atitude imprópria com respeito à cura.

O Dr. Robert M. Sapolsky escreve, "Desde a Idade Média, tem havido uma visão filosófica da doença que é lapsariana por natureza, caracterizando a enfermidade como um castigo dado por Deus por causa do pecado (tudo em função da queda da humanidade no Jardim do Éden)".[31] Ao interpretar erroneamente as dádivas que nos foram conferidas por meio das novas descobertas no campo da PNI, podemos acabar pensando que ficarmos doentes é nossa culpa, que não conseguimos ser bastante felizes, que fracassamos em fazer face ao *stress*, ou que violamos algum princípio quântico. Isso não é apenas algo falso, porém, essa culpa pela saúde pode interferir gravemente na nossa capacidade de estar bem.

Não há nenhum médico nem pesquisador em nenhuma cultura – no Ocidente, no Oriente nem particularmente na Polinésia – que saiba exata e completamente por que uma pessoa adoece, por que uma outra não adoece, e por que algumas pessoas melhoram e outras não. O melhor que podemos fazer é levar nossa vida e orar juntos para que tenhamos uma existência alegre e abençoada, aceitando tanto quanto possível que a saúde seja um fato para nós. Podemos aprender com nosso sofrimento, amar o bastante para ajudar os outros no sofrimento deles, e nos desprender o suficiente para aceitar todo o apoio em termos de prazer que possamos conseguir do mundo e do Criador a fim de nos guiar e curar. Em última análise, *aloha* não é uma atitude positiva mas uma atitude de gratidão por estarmos vivos num mundo surpreendentemente caótico.

O Lamento pelo Paraíso

Toda cultura conhecida tem seus mitos do paraíso. Estes semelham de modo surpreendente épocas a fio.[32] Esses mitos de um mundo em que todas as pessoas viviam tranqüilas, alegres, em harmonia e sentindo grande satisfação umas pelas outras, pela natureza e pelo Criador, parecem tocar o coração de todo ser humano. Eles também podem ser índices de nosso sétimo sentido, de nossa necessidade de prazer partilhado saudável nesta terra.

O mito da grande criação dos polinésios diz respeito a seu próprio "jardim do Éden", uma pátria insular paradisíaca e há muito perdida que eles chamavam de Hava-Iki e que agora chamam de Havaí. O mito da criação dos polinésios é virtualmente indistinguível do do Antigo Testamento, e servia como base para os sistemas de crença polinésios centenas de anos antes do contato com missionários europeus e com a Bíblia deles.[33] Não resta dúvida de que há algo dentro de nós todos, passado e presente, que lembra o paraíso perdido e anseia por uma volta a ele.

Enquanto a antropologia e a arqueologia não conseguiram comprovar nem desmerecer a existência de uma antiga cultura de união, ambos os campos mostram claramente que nossa incapacidade de descobrir nossa bênção aqui no planeta-paraíso se deve ao egoísmo e à agressividade do cérebro, a nossa incapacidade de usar com propriedade nosso sentido de alegria projetado previamente, e de chegar ao nosso "sétimo sentido".

O psicólogo Kenneth Ring sugere que a motivação do cérebro pode ser a manifestação de uma preparação subconsciente para uma experiência coletiva envolvendo a proximidade da morte. O princípio do prazer de Freud baseou-se fundamentalmente no que ele chamou de "instinto de morte". A receita do prazer ensina, contudo, que não temos de ser escravos da fobia quanto à mortalidade, fobia própria do nosso cérebro.[34] Podemos nos valer de nossa mente para brincarmos juntos no esplendor de nossa existência cotidiana no planeta-paraíso.

Sugiro que o caráter penetrante dos grandes mitos do paraíso em todo o mundo constitui evidência de uma circularidade da alegria que faz parte da constituição da consciência humana e que se acha disponível a nós se apenas diminuirmos a marcha, nos tranqüilizarmos e deixarmos que essa alegria nos fale. É possível que nosso DNA também traga em si um modelo neurológico para o prazer, expresso por meio de centenas de mitos do paraíso que foram transmitidos de geração em geração no mundo inteiro. Talvez, se impedirmos que nosso cérebro interfira com nosso anseio natural por um paraíso, nossa mente possa nos ajudar a encontrá-lo na trivialidade de nossa vida.

O filósofo George Santayana sintetizou a diferença entre o empenho do cérebro e o desempenho da mente quando escreveu, "Uma série de formas de prazer alegre, fugidio e combinado não é felicidade [o cérebro]; a felicidade reside numa reflexão imaginativa e no juízo [a mente], quando a imagem de uma vida, ou da vida humana, do modo como ela tem sido ou é verdadeiramente, satisfaz a vontade e é aceita de bom grado".

Uma nota final antes de terminar esta parte... A sua tarefa ao aprender a receita do prazer deve ser divertida, não árdua. As recomendações neste livro deveriam ser abordadas com uma orientação que aceita facilmente fazer menos do que se pode e celebrar a fruição das pequenas atividades triviais em nossa vida cotidiana. Não estou falando sobre o tipo de jogo competitivo e intenso do "perde-e-ganha", o qual evoluiu a partir da orientação típica da "minha vitória primeiro", esta própria do cérebro. Como salienta o psicólogo O. Fred Donaldson, "Brinque para vencer, e toda vitória será um funeral".[36]

Um *kahuna* polinésio me disse, "A vida é um prazer quando se ri, a vida é uma festa, mas ela é um purgatório quando se briga e contesta". A receita do prazer se baseia nas preferências naturais da mente quanto ao *pono* alegre e a *pololei*, que nos podem levar de volta ao paraíso.

O autor Richard Heinberg dedicou mais de uma década ao estudo dos mitos do paraíso em todo o mundo, incluindo os da Polinésia. Para mostrar de que modo suas idéias se relacionam com a receita do prazer, coloquei entre colchetes as palavras polinésias que você leu ao longo de toda a Parte Um. Heinberg conclui, "Se o paraíso é o estado natural do nosso ser, então a força mais profunda e animadora no âmago do inconsciente coletivo é aquela que sempre nos impele a esse estado de equilíbrio [*pono*]. À medida que nos empenhamos deliberadamente com vistas a ter um futuro caracterizado pelo respeito e pelos cuidados com a Natureza [*aloha'aina*] e com vistas a se promover o amor [*akahai*], o perdão [*'olu'olu*], a piedade [*ha'aha'a*], e a celebração de si mesmo e de uns com os outros [*lokahi*], nossos esforços conscientes estão em harmonia com o padrão no âmago de nosso ser. O Céu e a Natureza se precipitam para voltar a uma condição de equilíbrio [*pono*] e concordância [*pololei*]".[37] No vocabulário ocidental de Heinberg estão os princípios de *aloha* e o caminho oceânico para o paraíso na terra e com a terra.

PARTE DOIS

Aprendendo Aloha

Nesta seção, você aprenderá...

sobre cinco componentes-chave da receita do prazer, as qualidades de *aloha*:

- AHONUI: paciência, a ser praticada com perseverança. Você aprenderá de que modo a tolerância e o caráter equânime fortalecem a imunidade e levam à felicidade.
- LOKAHI: unidade, a ser expressa harmoniosamente. Você aprenderá de que modo uma vida de profunda união contribui para mais saúde e felicidade no coração.
- 'OLU'OLU: concordância, a ser expressa de modo agradável. Você aprenderá que o único obstáculo maior à saúde, à felicidade e à longevidade é a expressão do ódio e da hostilidade.
- HA'AHA'A: humildade, a ser expressa de modo modesto. Você aprenderá de que modo o altruísmo se traduz diretamente em resistência física e mental, e como ele resulta na alegria saudável que se irradia a quantos estão a sua volta.
- AKAHAI: gentileza, a ser expressa de modo terno. Você aprenderá que dar e partilhar resulta em momentos de "êxtase" sem o colapso das emoções, e de que modo essas atitudes ajudam a proteger a você e aos outros da doença.

No final de cada capítulo, há uma *ha'awina*, uma "lição" de humor ou exercício que iluminará cada qualidade de *aloha* em sua vida. A essas lições você pode recorrer sempre que sentir o *aloha* se esvaindo de sua vida. São elas também dádivas sutis de consciência que você pode partilhar com a família, os amigos e colegas de trabalho quando os vir padecendo de deficiências em sua capacidade de sentir prazer.

CAPÍTULO SETE

O Prazer da Paciência — O Estilo Aloha do Sucesso

Ahonui: paciência, a ser expressa com perseverança.
"Umi Ka Hanu I Ka Houpo"

(SUPORTA COM O MÁXIMO DE PACIÊNCIA)

Na terça-feira do dia 20 de julho de 1993, com um revólver das Forças Armadas do tipo colt que herdara do pai, o qual por sua vez morrera anos antes, um homem conhecido como uma muralha de força deu cabo de sua vida.[1] O brilhante procurador, Vincent Foster, era um homem de muito talento e êxito. Era conselheiro íntimo do então Presidente dos Estados Unidos. Segundo o relato dos amigos e da família, Foster era um perfeccionista que valorizava uma coisa acima de tudo o mais: sua reputação. No seu discurso, quando de sua colação de grau na University of Arkansas Law School alguns meses antes de sua morte, Foster disse: "A sua reputação pode ser... o maior bem ou o seu pior inimigo. [Nada]... vale o agravo da sua reputação... Manchas nessa reputação... são irreparáveis".[2]

Levado por forte necessidade de ser considerado o melhor, e atormentado pela autocrítica, pela dúvida e pelas recriminações que fazia a si mesmo, coisas que soem ocorrer nessas formas de compulsão, o senhor Foster morreu em decorrência do sofrimento de uma sensação de urgência que rouba à vida o prazer que advém de tolerar a fragilidade em si mesmo e nos outros. Ele foi uma figura pública sacrificada pelo mesmo erro fatal cometido por milhões de pessoas menos conhecidas: a incapacidade de compreender que somos sempre uma obra em andamento e que o perfeccionismo só nos priva da alegria de viver em meio ao caos da vida.

Depressão à Deriva

Vivemos numa sociedade que não raro espera que nós nos esforcemos para dar o que melhor possuímos e para conseguir o que merecemos. Não perdoamos a nós mesmos nem aos outros pela incapacidade quanto a realizar o que Robert J. Samuelson chama de "nossas grandes esperanças da idade em que se está habilitado". Em conseqüência disso, constantemente nos pegamos desapontados e desiludidos.[3] Muitos de nós passam pelo que Samuelson chama de "depressão à deriva", uma impaciência crônica e de desilusão com respeito a nós mesmos, a nossos líderes políticos e ao mundo em geral.

Chegamos a uma prosperidade sem precedentes e à liberdade pessoal; somos saudáveis fisicamente, temos mais coisas e vivemos mais do que nunca... no entanto, muitos parecem ter dúvidas quanto ao seu desempenho. Essa tristeza vaga em face da prosperidade é a conseqüência de nossa incapacidade de entender a importância de uma vida paciente e serena, de *querer o que temos em vez de sempre tentar ter o que queremos.*

Enquanto continuamos a viver na "Idade em que se Está Habilitado" e a buscar uma vida "melhor" em vez de uma vida tranqüila, continuamos frustrados e não encontramos a felicidade que procuramos. O Produto Interno Bruto continua a aumentar, mas uma nova medida nacional de desenvolvimento em curso — o Índice de Alegria Nacional — continua a diminuir.[4] Nossa impaciência visa nos levar à melancolia, à frustração e à fadiga que advêm da ilusão eterna de que "melhor" e "perfeito" são os qualificativos ideais de nossa vida.

Além da Idade em que se Está Habilitado

"Nunca sejam menos do que vocês podem ser", bradou o professor adjunto enquanto andava de um lado a outro no palco. "Vocês podem conseguir tudo se forem tudo o que podem ser. Se se empenharem em ser menos do que podem, terão menos do que merecem. E vocês merecem mais! Por seu próprio mérito! A perfeição está ao alcance de vocês se vocês a querem o bastante e estão dispostos a correr atrás dela. Mesmo que não a alcancem, têm de continuar a se esforçar por ela. Estão prontos para isso?" A platéia de mais de mil pessoas levantou-se e aplaudiu.

Essa psicologia comum do "correr atrás de alguma coisa" e da abordagem da capacitação do ego é a matéria-prima no negócio de centenas de seminários "motivacionais" e "de sucesso"; entretanto, trata-se de uma falsa profecia, porque, enquanto estivermos "correndo atrás" da perfeição, não avançaremos nunca o bastante para encontrá-la. Como salientei na Parte Um, todos os estados que envolvem o desejo são passageiros. Samuelson escreve: "Tendo por meta o melhor, não haverá nenhuma chegada, mas tão-só uma frustração contínua por causa da viagem infinita".[5]

Quando temos a sensação de fracasso por não estarmos "sendo tudo o que podemos ser", acabamos impacientes, com raiva de nós mesmos e de quantos percebemos estão impedindo o nosso progresso.

Uma abordagem mais compreensiva e serena da vida é um modo de diminuir os riscos da impaciência e da revolta. Um *kahuna* (curador) resumiu a importância de uma vida mais paciente ao dizer: "Nunca vi uma pessoa feliz e saudável que fosse impaciente. A impaciência sempre traz em si alguma revolta e comumente muita inveja. A paciência é a chave para diminuir a raiva e a inveja porque deixa de lado as pressões envolvidas na tentativa de controlar o tempo, a fim de que você possa usufruir a vida".

O Caráter Virulento da Impaciência

Por causa da ilusão que temos sobre como as coisas deveriam ou poderiam ser, nos inquietamos com nosso trabalho, com a conduta dos membros de nossa família e com nossos colegas de trabalho, além de com o fracasso em nosso espírito, nossas relações amorosas e até nosso desempenho em atividades do lazer. Nossa impaciência é muito mais do que uma preocupação com limites de tempo e prazos, embora nunca pareça haver tempo suficiente para dar conta de nossos modelos de sucesso ou para aprender com os infortúnios inevitáveis da vida. Corremos demais para nos abrir às epifanias sutis do dia-a-dia, e somos apressados demais para estarmos disponíveis às lições de nosso sofrimento necessário. Um *kupuna* disse: "Acho que estamos sempre nos precipitando demais em busca da cura. Em conseqüência disso, não podemos sarar, nem aprender, nem nos tornar mais íntegros com nosso sofrimento".

A impaciência nos priva de uma vida tranqüila e piedosa, e por vezes assume a forma da Síndrome do Sucesso Tóxico, que se pode desenvolver lentamente, como vimos no caso de Vincent Foster, ou de imediato. Ironicamente, a impaciência é considerada uma virtude e, como tal, é bastante valorizada pela nossa cultura. Muitos dos maiores autores, poetas e líderes foram impelidos por uma intolerância interior quanto a serem menos do que podiam ser e por uma contínua luta para ter um melhor desempenho. A impaciência persuade essas pessoas de que elas não estão aprendendo o bastante, tampouco rapidamente. A impaciência socializada leva constantemente a comparações aborrecidas com os outros e à preocupação quanto ao que eles pensam e parecem ter. Em ambos os casos, essas pessoas estão à caça da ilusão da perfeição. Ninguém pode lograr o que é "melhor" porque, por definição, esse melhor está sempre além de nós. Uma pessoa muitíssimo bem-sucedida que foi entrevistada neste livro disse: "Quando suspiro e digo 'Agora, aquilo é melhor', quero de fato dizer 'Melhor por ora', mas nunca 'Suficientemente bom'".

O Grande Sucesso Pode Ser uma Forma Branda de Loucura?

Há uma doença mental chamada *ciclotimia*. Trata-se de um tipo de "loucura da impaciência", e se refere a uma pessoa que oscila constantemente entre estados de espírito vivazes e "para cima" e sentimentos de depressão. A ciclotimia pode predispor uma pessoa ao distúrbio psiquiátrico mais preocupante – a psicose maníaco-depressiva. Atualmente, há evidências de que algumas das pessoas mais criativas e brilhantes podem ter sofrido em graus variáveis de ciclotimia, o que as pode ter levado a ter uma saúde fraca e, em alguns casos, à morte precoce.[6] Edgar Allan Poe reconheceu essa tênue linha entre o gênio e a loucura ao escrever, "Os homens me chamaram de louco, mas a questão ainda não foi esclarecida – se a loucura não é a forma mais elevada da inteligência – se muito do que é glorioso – se tudo o que é profundo – não advém da doença do pensamento, dos estados de espírito exaltados à custa do intelecto comum".

A ciclotimia tem sido chamada de "fina forma de loucura", um distúrbio temperamental que se relaciona com certo sentido de perfeccionismo fracassado e com o subdesenvolvimento do sétimo sentido, o que resulta na falta de prazer no dia-a-dia. Grandes poetas como William Blake, Lorde Byron e Alfred Tennyson escreveram sobre essas graves alterações do estado de espírito a exemplo de poetas modernos como John Berryman, Sylvia Plath, Delmore Schwartz e Anne Sexton. Vincent Van Gogh, Robert Schumann e Charles Mingus também se viram atormentados por essa mesma loucura, assim como Winston Churchill, Franz Kafka e Isaac Newton.

Os psiquiatras e psicólogos reconhecem uma longa lista de sintomas para o que eles chamam de *personalidade ciclotímica*. Esta envolve uma condição que se apodera das vias naturais de prazer do cérebro e as bloqueia. Infelizmente, as pessoas com esses sintomas não raro recebem a admiração da sociedade, o que torna a ciclotimia um vício muito valorizado, "puro", no que concerne a se esforçar pelo melhor. O mundo que essas pessoas influentes criaram para nós, e as qualidades na vida que suas obras representam, são moldados tanto a partir dessa loucura quanto a partir do brilhantismo.

À proporção que você for lendo a lista de sintomas, considere se os seus artistas favoritos, poetas, autores, compositores, musicistas e pessoas bem-sucedidas que você conhece sofreram ou não de algum grau de ciclotimia.

Sintomas da Ciclotimia

1. Elevada auto-estima, acompanhada de cinismo.
2. Energia farta ao ponto da agitação, seguida de períodos de fadiga intensa e recolhimento.
3. Alta produtividade acompanhada de períodos sem motivação nem sentido.
4. Desconfiança, mal-estar e incapacidade de receber cumprimentos, talvez porque sirvam como estimulantes para maior empenho ainda.

5. Impaciência com as falhas dos outros e com as suas próprias.
6. Excitabilidade e disposição para a raiva.
7. Convicções fortes acerca da correção e propriedade de suas próprias opiniões.
8. Exagero ao ponto do julgamento insatisfatório, acompanhado de impulsos destrutivos.
9. Relações pessoais e profissionais caóticas.
10. Falta de consideração com a saúde e a segurança pessoal, ao ponto do abuso de substâncias, da promiscuidade sexual, da inconseqüência no ato de dirigir e de outras formas de comportamento que ameaçam a vida.

Uma razão pela qual muitos não conseguiram encontrar o prazer que procuram na vida é que as normas segundo as quais nosso mundo moderno funciona, além dos critérios do grande êxito, são em grande parte formadas por essas perspectivas que envolvem o perfeccionismo. Ser "normal" neste mundo agitado de hoje envolve aceitar uma forma de doença crônica mental. Elegemos e promovemos nossos líderes com base nessa fina forma de loucura, associamos a eles padrões impossíveis de perfeição, e os instigamos a procurar o "melhor" para nós e nossa comunidade. Em nossa ânsia de buscar mais felicidade, sacrificamos a que temos no momento. Passamos a ter uma vida insuportável para alcançar a *promessa* de uma vida mais feliz no futuro.

O famoso médico Buckminster Fuller sugeriu que nenhum de nós é um gênio, e que alguns de nós são apenas menos prejudicados do que a maioria. O potencial para a vida alegre e cheia de sentido repousa dentro de cada um de nós, mas por vezes corremos e vamos além de nosso próprio reconhecimento de nosso potencial do prazer. Os comentários que fazemos em conversas casuais tais como "Que vida maluca!" e "Devo ser louco por viver desse jeito" são indicadores comuns de nosso vício no que concerne à impaciência.

Perdido na Selva

Você é um dos milhares de pessoas que se lançam a um estado aproximado de psicose maníaco-depressiva. Sente-se "para cima" quando está na corrida e "para baixo" depois que se vai a emoção dessa corrida, independentemente de ganhar ou perder? Vê-se presa do seu desejo de ter "mais"? Para muitas pessoas, "vencer" alimenta o desejo impaciente de mais vitórias, e "perder" acarreta uma profunda insatisfação e sentimentos de derrota que só são superados por uma sensação de êxtase (ou uma "vitória"). Uma vez que esse ciclo nocivo de sucesso se estabelece, ele é conservado pelo vício neuro-hormonal e pelo condicionamento social. Disse um *kupuna*: "Nunca vi na verdade um rato numa corrida, mas vejo muitos humanos correndo".

A assim chamada crise da meia-idade de que se queixam muitas pessoas não raro é apenas uma pausa momentânea e de reflexão nesse período da vida – uma breve vista d'olhos sobre o absurdo da caça empreendida em função do vislumbre da mortalidade. Com um pouco de terapia, com o registro motivacional correto, um novo carro, uma casa maior ou uma mulher mais jovem, essas pessoas estão prontas para tomar outro curso novamente, na sua acalorada busca de mais felicidade; contudo, falta-lhes a compreensão de que todos, em graus variáveis, estamos em crise, atormentados por uma loucura suave e pela impaciência.

O verso inicial do *Inferno* de Dante professa o desespero que a constante impaciência por vezes acarreta: "No meio do caminho desta vida,/me vi sozinho numa selva escura,/solitário, sem sol e sem saída". Uma ênfase despropositada sobre a urgência pode no melhor dos casos resultar na Síndrome da Deficiência do Prazer e, no pior, custar a nossa vida.

Mais Dados Sobre a Síndrome do Sucesso Tóxico

Enquanto me preparava para escrever este livro e para criar o Teste de *Aloha*, empreendi um breve estudo de pessoas consideradas "bem-sucedidas" por seus colegas. Entrevistei sete homens e quatro mulheres que lograram o êxito por seu próprio mérito. Chamo-os de os "Cinco-e-Cincões", porque cada um deles tinha bens líquidos que equivaliam a mais de cinco milhões de dólares, além de ter a responsabilidade por forças-tarefa com mais de quinhentas pessoas. Os Cinco-e-Cincões estavam encabeçando a lista do grupo de 1.465 líderes que fizeram o Teste de *Aloha*.

Cada um dos Cinco-e-Cincões me concedeu uma entrevista de meia hora, anonimamente e sem instruções prévias. Eles também me permitiram entrevistar alguém que identificaram como uma "pessoa-chave" em sua vida ou trabalho. Para muitos, essa pessoa era o seu parceiro, mas para alguns era uma secretária, um sócio no trabalho ou um colega. Um dos Cinco-e-Cincões me recomendou o seu "técnico", a quem contratara a fim de convocar toda manhã para receber "orientação, apoio e motivação". Esse miniestudo das pessoas muito bem-sucedidas e das pessoas de sua confiança constitui a base para minhas teorias da síndrome do sucesso prejudicial.

As características de união de todos os Cinco-e-Cincões eram que eles claramente sofriam do sucesso prejudicial. Pareciam ter feito tudo, ter todas as coisas, no entanto eram cínicos, impacientes, agitados, além do que sempre à procura da felicidade. Eram incapazes de usufruir plenamente a sua vida "boa", tampouco de encontrar prazer nela, porque estavam ocupados demais procurando uma vida melhor. Numa escala de 0 a 10, com o 10 representando "muito feliz com minha vida neste exato momento", a contagem média dos Cinco-e-Cincões foi 5.5. A maioria dos levantamentos quanto à felicidade na cultura ocidental indica que a contagem das pessoas vai de 6.5 a 6.8 – e isso inclui os que ganharam na loteria e os que têm doenças graves![7] Em comparação, a amostragem de controle do Teste de *Aloha* de cem polinésios teve como média a marca de 8.6 no que diz respeito à felicidade. Obviamente, o lucro financeiro e o êxito na sociedade não se relacionavam com a felicidade para as pessoas que participaram do estudo.

Uma outra descoberta alarmante advinda do exame dos Cinco-e-Cincões foi que os parceiros deles, além de outras pessoas de sua confiança, não só chegaram a um cômputo muito menor do que o dos polinésios, mas também a uma marca inferior à de seus parceiros bem-sucedidos. A contagem média dos cônjuges foi de 3.9, e a contagem média de amigos pessoais dos Cinco-e-Cincões solteiros foi de 4.3. Assim, a despeito de seu grande sucesso, esse grupo extremamente bem-sucedido e as pessoas próximas dele eram verdadeiramente menos felizes do que uma pessoa comum – e muito menos felizes do que seus vizinhos oceânicos, dos quais um sem-número de pessoas com muito menos "tutu".

No que tange ao Teste de *Aloha*, a contagem média de *aloha* de todo o grupo do mundo dos negócios foi de 82 (de 100), e o cômputo do subteste de *ahonui* desse grupo foi de 17 (de 20). Em comparação, os Cinco-e-Cincões conseguiram a contagem de 69 e 18, respectivamente. Ora, compare-se isso à média de grupo de controle de 8 em todo o Teste de *Aloha* e de 1 no subteste de *ahonui*. O quanto valorizamos e cultivamos as qualidades de *ahonui* na sociedade? Uma *kupuna* se sentou comigo durante algumas das minhas entrevistas e quando fiz o Teste de *Aloha* com os líderes empresariais num encontro em Mauí. Ela não disse nenhuma palavra enquanto não acabaram as entrevistas; depois, enquanto caminhávamos ao longo da praia rumo a minha casa, ela olhou para o mar e disse, "Você o pode chamar de Síndrome do Sucesso Prejudicial se pensar que eles vão ouvir esse nome. Nunca vi mais pessoas com dons naturais maiores e tão incapazes de usufruí-los. São como pessoas surdas numa sinfonia. Mesmo neste encontro aqui, no Havaí, eles parecem mais ocupados fazendo negócios do que fazendo amor, e agitados demais *fazendo* coisas para sentir o *aloha* de cura que há neste lugar. Lamento muito por elas. Espero que você as ajude a aproveitar a sua jornada, porque elas parecem ficar olhando apenas para um destino a que nunca chegarão".

Os Sete Sintomas da Síndrome do Sucesso Prejudicial

Há sete sintomas que caracterizam uma pessoa como tendo a Síndrome do Sucesso Prejudicial. À medida que ler as seções seguintes, considere o quanto esses sintomas estão relacionados com a reação de urgência, o sétimo sentido para o prazer, e como *ahonui* os pode neutralizar.

1. Uma disposição hipossensível.
2. Uma atribuição errônea da fonte do sucesso.
3. Um Tipo T, ou personalidade concentrada no tempo.
4. Uma necessidade mais forte de se realizar do que se associar.
5. Perfeccionismo.
6. Concentração em recompensas palpáveis.
7. Viver para trabalhar em vez de trabalhar para viver.

Disposição hipossensível. O psicólogo Jerome Kagan pesquisou o temperamento, um conceito complexo e controvertido.[8] Seu cuidadoso trabalho fisiológico mostra que, muito pouco depois do nascimento, os bebês se enquadram em dois grupos gerais: os de temperamento inibido e os de temperamento desinibido.

Conquanto possam ter um intelecto equivalente e o mesmo potencial, os bebês inibidos de apenas quatro meses apresentam um relacionamento de hiperatividade e impaciência com o seu mundo. Esperneiam e se debatem ao menor estímulo. Os bebês desinibidos são mais calmos e tendem a requerer muito mais estímulo antes de reagir da mesma forma intensa.

Minhas entrevistas e meu trabalho médico indicam que muitas das pessoas bem-sucedidas foram bebês e crianças desinibidas. Herdaram uma predisposição fisiológica para um bom começo em termos de ascensão e reação. Nasceram inclinadas a ser hipossensíveis, e, assim, a tolerar e até mesmo requerer mais *input* intenso, de ordem física e emocional, do que o comum das pessoas. Talvez por causa disso, as pessoas que padecem do sucesso prejudicial podem estar se pagando de sua comparativa insensibilidade fisiológica ao procurar um estímulo cada vez mais intenso.

Todos os Cinco-e-Cincões disseram que a descrição que os pais faziam deles sugeria mais hipossensibilidade do que a de seus parentes. A exemplo das crianças e dos adultos no estudo de Kagan, disseram que eram capazes de tolerar estímulos elevados e múltiplos, e, de fato, estes eram preferidos e até procurados. Durante a entrevista, mostraram-se positivos em termos de expressividade, sorriram espontaneamente e até voltavam de pronto ao relaxamento, sendo capazes de retomarem quase com exatidão uma conversa suspensa pelo que me pareceu uma chamada telefônica estressante ou um outro contratempo. A mulher de um dos Cinco-e-Cincões disse: "Eu quase tenho de gritar para que ele me ouça".

Todos disseram que se arriscavam, mais do que seus parentes e colegas. Como os hipossensíveis de Kagan, essas pessoas eram relativamente infensas às alergias e todas, à exceção de duas, tinham olhos castanho-escuros ou pretos. Todas eram mesomórficas (de constituição e altura medianas) particularmente em comparação a suas "pessoas-chave", ectomórficas (magras e mais altas) ou endomórficas (pesadas e mais baixas). Também a exemplo dos hipossensíveis de Kagan, com exceção de uma, todas as pessoas tinham o que se poderia denominar rosto redondo e mais cheio do que as pessoas-chave.

Não se pode dizer que nenhuma das características arroladas acima demonstre que as pessoas vítimas do sucesso prejudicial são bebês hipossensíveis que crescem e se tornam adultos que, por sua vez, desejam de modo impaciente e maníaco estímulos cada vez maiores; todavia, as comparações com o estudo de Kagan foram claras nesse pequeno grupo bem como em todo o grupo dos líderes empresariais. Isso sugere que essas pessoas se compensam por um temperamento hipossensível por meio da busca constante de "mais e melhor", o que constitui maior ameaça e mal-estar àqueles com um temperamento hipersensível.[9] Se os bebês hipersensíveis crescem ou não até ser os parceiros de casamento mais recolhidos e dependentes no que concerne a esses "reatores" de sangue quente, isso não se sabe, mas observei esse padrão nos encontros em que falo a mulheres e homens bem-sucedidos que comparecem com seus parceiros.

Perguntas a considerar: Que histórias os seus pais contam sobre você na sua infância? De que histórias você se lembra? Como o seu parceiro, os seus colegas próximos ou o seu melhor amigo o descreveriam em termos de procurar ou evitar esses estímulos fortes?

Falsos atributos à sua fonte de sucesso. Embora minhas entrevistas fossem mais informais do que planejadas, eu fazia perguntas-modelo em cada uma delas. Além de aplicar o Teste de *Aloha*, enquadrando as pessoas na escala da felicidade e discutindo o temperamento delas quando crianças, cada entrevistado recebia a pergunta "A que você atribui o seu sucesso?"; cada pessoa-chave ou cônjuge também tinha de responder sobre "A que você atribui o sucesso do seu parceiro?" As respostas de todos os Cinco-e-Cincões foram inteiramente diferentes das de sua pessoa-chave. Eles se concentravam na capacidade potencial, o poder de "vir a ser", que é a face "B" da impaciência e da imperfeição. As pessoas-chave reconheceram seu poder essencial, o poder "de ser" ou *ahonui*.

Cada um dos Cinco-e-Cincões atribuiu seu sucesso à "perícia". Outras respostas foram "perseverança", "trabalho duro", "bastante energia", "saber como tirar vantagem da sorte", "ser mais rápido e mais perspicaz do que o competidor", "sair de um embate ainda mais forte" e "saber como fazer as coisas e escolher pessoas que podem fazer as coisas depressa".

Esses associados-chave atribuíram as grandes realizações dos Cinco-e-Cincões ao caráter em vez de ao desempenho. Dois assistentes responderam que "ela tem cuidado" e "ele se compromete com fazer a coisa certa". Os nove cônjuges responderam: "Acho que é o cuidado que ele tem com as pessoas", "O orgulho que ela sente quanto ao que faz", "Ele é acima de tudo uma pessoa boa", "Devido a certa natureza religiosa e à prática dessa religião todo dia", "As pessoas realmente gostam dele", "É o tipo de pessoa em quem você pode confiar", e "Uma pessoa amável".

A maior parte dos estudos sobre o sucesso em qualquer tentativa indicam que enquanto o sucesso de curto prazo pode ser alcançado por meio da rapidez, da menor aceitação da imperfeição e do trabalho duro, a longo prazo a pessoa saudável, bem-sucedida e eficiente é inteiramente diferente. Comumente, segue à risca suas prioridades, sua vida se pauta por elas, e essa pessoa é alguém humilde, gentil e paciente que valoriza a família e tem como prioridade grandes momentos de lazer com ela.[10] Para os polinésios, isso implica viver com *ahonui*.

As pessoas presas do sucesso prejudicial interpretam erroneamente as fontes de seu sucesso e quase tendem a repetir a modo de superstição os comportamentos autodestrutivos que acreditam ser a razão do seu êxito. As pessoas com o sucesso prejudicial não conseguem aprender a verdadeira natureza de seu sucesso porque não desenvolveram seu sétimo sentido para o prazer saudável e para a inteligência emocional que o acompanha no mesmo grau em que essas pessoas aguçaram seus meios cognitivos. Posteriormente, elas sucumbem ao que a medicina e a psicologia chamam de "reações de *stress* extremo" – esgotamento físico e emocional. Um *kupuna* sintetizou a avaliação errônea das pessoas bem-sucedidas ao dizer, "As pessoas do continente medem o sucesso pelo sentimento pessoal que elas julgam vir da competição e da comparação. Elas acham que ele é uma conseqüência do poder individual ou da inteligência. Nós, polinésios, encaramos o sucesso como a boa fortuna destinada a todos e advinda da colaboração com os outros. Ela não é de fato de ninguém em particular, porque só pode vir de todos trabalhando juntos, já que não tem sentido sem os outros para partilhá-la. Não temos pressa de ser felizes, mas somos felizes por nunca termos muita pressa".

Perguntas a se considerar: Por que critérios você mede o sucesso? A que os outros atribuem o seu sucesso? De que modo a sua definição de sucesso mudou no decorrer dos anos?

Personalidade do tipo T. Cada um dos Cinco-e-Cincões relatou que sua vida era regida pelo relógio. Até nas férias eles tentavam "usar" cada momento, achavam difícil "desligar" seu cérebro agitado e por vezes sentiam mais cansaço depois das férias do que antes. Um dos entrevistados sorriu quando disse, "Deus me pôs na terra para realizar certo número de coisas. Neste exato momento, estou tão atrasado que nunca vou morrer".

Essa afirmação sobre a morte reflete uma motivação comum do sucesso prejudicial. Em vez de viver com prazer, essas pessoas tentam ultrapassar a mortalidade e seu equivalente vivo, o fracasso. Um entrevistado disse, "Eu posso estar em *fast-forward* ou em *pause*, mas nunca em *rewind*. Isso seria perda de tempo. Eu nem rebobino as fitas de vídeo que alugo". Para testar essa compreensão do tempo, pedi a cada membro do grupo que fechasse os olhos e, sem contar, adivinhasse exatamente o tempo ao cabo de um minuto e abrisse os olhos. Oito pessoas abriram os olhos em menos de quarenta segundos, uma em menos de quinze segundos. As outras duas começaram a sentir sono, refletindo a natureza típica de "on/off" do sucesso prejudicial. Em comparação, o grupo de controle dos polinésios esperou além de um minuto e, em alguns casos, foi preciso dizer-lhes para abrir os olhos.

Um dos *kahuna* do meu grupo de controle vive na ilha de Kaua'i. Quando lhe dei o teste do minuto, ele não abriu os olhos por alguns minutos e pareceu adormecido. Quando lhe perguntei delicadamente, "Está dormindo?", ele respondeu, "Não, estou muito mais acordado agora do que quando você me pediu para fechar os olhos". Um outro *kupuna*, ao fazer o teste do minuto, explicou, "O tempo não cura todas as chagas. Na verdade, se o deixamos governar a nossa vida, ele causa a maior parte de nosso sofrimento. Não compreendo o modo de viver *haole*. Ele parece baseado em poupar tempo, mas nunca encontrei um *haole* que tivesse bastante tempo".

Perguntas a se considerar: Quantas vezes você olha o relógio durante o dia? Arrume alguém para fazer o teste do minuto com você e compare o relógio interior de vocês dois. Quantas decisões suas se baseiam fundamentalmente no tempo? Você se sente apressado e impaciente mesmo enquanto lê estas palavras?

A necessidade mais forte de realizar do que de se associar. O psicólogo David McClelland, renomado professor de psicologia na Boston University, está interessado em identificar as forças propulsoras fundamentais na vida humana e pesquisou a diferença entre a necessidade de realizar coisas (que ele chama de nR) e a necessidade de se associar (nA).[11] Ele descobriu que três formas de necessidade são bem importantes: a de realizar, a de poder e a de união ou associação. O sucesso saudável é um equilíbrio dessas necessidades, mas o prejudicial advém da predominância das necessidades de realização ou de poder.

Submeti o meu grupo a um teste quanto à sua necessidade de realizar (nR) fazendo-os olhar para um quadro e me contar uma história sobre ele. O quadro era de uma canoa polinésia à deriva no oceano a meio caminho da praia, e de um jovem polinésio olhando a canoa. O tema da história de cada Cinco-e-Cincão se relacionava com a realização e/ou a necessidade de poder. Por exemplo, um deles disse: "O garoto olha para a canoa para ver se consegue imaginar um modo de fazer com que ela seja mais rápida. Ele então entra na canoa e é o primeiro a cruzar o oceano Pacífico numa canoa". Uma história polinésia típica foi baseada na necessidade de associação: "O menino olha para a canoa, para o mar, para a areia, as ondas, o céu, o sol e ouve o trinado dos pássaros. Lembra-se de que seus ancestrais construíram canoas como aquela e velejaram nelas, de modo que ele se senta à sombra ao pé da canoa e espera que a família volte para que possam passear".

No livro *The Seven Habits of Highly Efective People*, Steven Covey, especialista em negócios, escreve sobre o conceito de caráter acima da personalidade.[12] Ele afirma que a chave para o sucesso efetivo e saudável é um equilíbrio entre a coragem (nR) e a consideração (nA). O sucesso prejudicial ocorre quando a necessidade de realização e o poder se tornam a motivação dominante. Um polinésio em meu grupo escolhido disse, "Se você der a um havaiano a opção entre ajudar um vizinho ou triunfar numa disputa, ele escolherá *kokua* (ajudar) sempre. A pessoa verdadeiramente próspera é a que ajuda a maior parte das pessoas".

Perguntas a se considerar: A quantos grupos você pertence? (Estes podem ser profissionais, sociais, organizados voluntariamente ou familiares.) Quantos não apresentam estruturas hierárquicas? Em quantos você atua como subordinado, em oposição a estar no controle das coisas? Você optaria por passar alguns momentos com um amigo ou por "terminar algum trabalho"?

A luta pela perfeição. No estudo que o pesquisador Frederick Herzberg fez sobre duzentos engenheiros e contadores, ele descobriu que cinco fatores se apresentam como indicadores do sentimento de sucesso no trabalho: a realização, o reconhecimento, a natureza do próprio trabalho, a responsabilidade e o progresso.[13] O sucesso prejudicial se relaciona com a predominância excessiva da realização, do reconhecimento e dos fatores de progresso, a todos dos quais o meu grupo composto de pessoas bem-sucedidas se referiu em termos de perfeccionismo e impaciência.

Quando indagado sobre suas preocupações mais prementes relacionadas com o trabalho, cada um dos Cinco-e-Cincões respondeu em termos da necessidade de evitar o fracasso e ser visto como não se empenhando para chegar ao máximo de sua capacidade; não sendo reconhecido como perito, brilhante ou talentoso; e não fazendo avanços significativos. Uma resposta típica era, "Acima de tudo, quero que meus colegas me vejam como alguém bem-sucedido. Se eu pensasse por um minuto que eles falam sobre mim como alguém que não é de fato brilhante nem domina o jogo, eu ficaria verdadeiramente perturbado". Essas pessoas bem-sucedidas valorizavam uma reputação "perfeita" e eram motivadas a evitar qualquer sugestão de serem menos do que pensavam que deviam ou podiam ser.

Uma resposta típica do grupo de controle polinésio foi esta afirmação de um homem havaiano, "Eu detestaria se as pessoas pensassem que eu sou arrogante, ou que só estou preocupado com o meu sucesso, sem me importar com os outros. Sei que estou longe de ser perfeito, e espero que todos saibam que eu sei disso". Essas afirmações iluminam a diferença filosófica fundamental sobre a responsabilidade e o valor à comunidade. Os Cinco-e-Cincões acreditam que sua meta é destacar-se num grupo, ser um exemplo, um conquistador. Os polinésios procuram ser parte do grupo, ser agentes da mudança realizada no interior de um modelo de família maior da sociedade.

Perguntas a se considerar: Você se identifica mais com o homem havaiano ou com os Cinco-e-Cincões? Acha que a abordagem oceânica poderia funcionar com você, ou ela lhe parece "pouco prática"?

A concentração sobre recompensas palpáveis. Quando indagados sobre "Por que vocês trabalham?", todos os Cinco-e-Cincões ressaltaram as recompensas palpáveis. Alguns mascararam sua resposta com chavões sobre fazer algo de valor, porém, quando pressionados, o critério de valor se relacionou com recompensas externas concretas ou com a atribuição de *status*, muito mais do que com o valor intrínseco do próprio trabalho.

A pesquisa moderna mostra claramente que trabalhar à espera de recompensa contribui para o fracasso pessoal. Os estudos sobre o sucesso descobriram que as recompensas extrínsecas pelo que são intrinsecamente atividades recompensadoras posteriormente acabam por fazer dessas atividades intrinsecamente recompensadoras menos compensadoras.[14]

Os polinésios se abstêm de recompensas palpáveis porque têm consciência do perigo dessas recompensas. Pergunte a uma havaiana o quanto ela quer receber para dançar ou cantar, e você receberá em troca um olhar inquisitivo. "Dê o que você quiser, não quero que a minha dança sofra por causa do dinheiro", é a resposta comum. Os polinésios chamam essa orientação de *pu'uwai aloha* [coração dando amor] — doar com o coração generoso e amável. A psicologia moderna chama esse princípio de *teoria da justificação excessiva.*

Essa afirma que a recompensa exterior aumenta a motivação intrínseca da pessoa quando ela atribui seu desempenho a essa recompensa. Quando a inspiração do comportamento é buscar recompensas e conseguir qualidade no desempenho por meio da quantidade e da extensão da recompensa, a motivação intrínseca sempre diminui. Em todas as minhas entrevistas as pessoas falaram sobre "o divertimento desaparecendo do trabalho que costumava ser divertido". Ouvi relatos ternos sobre os "bons tempos" quando "eu trabalhava só pelo prazer de fazer isso".

Perguntas a se considerar: Você aguarda ansioso tanto ir para o trabalho como voltar para casa? Anseia pelos "bons tempos" no trabalho, ou está satisfeito com o presente de um modo geral? Se fosse possível, trabalharia sem remuneração?

O trabalho como vida. Por fim, perguntei a cada pessoa bem-sucedida, "Você trabalha para viver, ou vive para trabalhar?"; todos responderam em graus variados que, na verdade, haviam-se "tornado" seu próprio trabalho. Uma resposta comum foi, "Sou o que faço, e eis tudo o que sou ou que posso ser". Todas as suas pessoas-chave concordaram. Uma esposa respondeu, "Se ele não tivesse mais trabalho, deixaria de viver, e, na verdade, ele não vive muito atualmente!"

O psicólogo Kenneth Pelletier estudou o impacto do trabalho sobre a saúde.[15] Descobriu que aqueles que nunca conseguem recompensas exteriores o bastante jamais se sentem bem-sucedidos. Falta-lhes equilíbrio e união na sua vida, e posteriormente acabam fracassando e não apenas no trabalho. Também propendem mais a se tornar doentes física ou socialmente, e a sofrer no que tange a suas relações mais íntimas.

O pesquisador E. C. Rhodes estudou o problema do trabalho excessivo e descobriu que aqueles que transformaram sua vida em trabalho não conseguiram prosperar. Ainda que dessem a impressão de ser felizes, seu casamento, seus amigos e relações familiares passavam por conflito.[16] Rhodes identificou as características que se seguem da orientação própria do "viver para trabalhar":

1. Reflexão constante sobre problemas no trabalho.
2. Horas extras no trabalho para compensar a produtividade menor.
3. Uso de álcool ou drogas para fugir da tensão.
4. Tendência a postergar férias e a trabalhar nos fins de semana.
5. Vida familiar caótica.
6. Ênfase na independência; a pessoa cada vez mais só.
7. Estilo de vida sedentário.
8. Interesses limitados.
9. Incapacidade de rir de si mesmo.
10. Negação de muitos dos sintomas arrolados acima, alegando que se trata de "males necessários" de uma vida bem-sucedida.

No Capítulo Quatorze, procedo à análise da abordagem do *aloha* a ser trabalhada pormenorizadamente, porém, à proporção que você passar por esta seção do livro, não se esqueça de que *ahonui*, ou a paciência persistente, é a medida mais importante para o trabalho saudável e agradável, bem como para êxito alegre partilhado com os que estão a sua volta.

Isso é Ter Sido Bem-sucedido

Há um escritor ocidental famoso que esteve em contato com sua mente nativa e que compreendeu o Terceiro Caminho do bem-estar paciente como via para o sucesso saudável. Termino este capítulo sobre *ahonui* com a mensagem desse escritor.

Ralph Waldo Emerson, em seu ensaio sobre o sucesso, oferece uma interpretação da paciência persistente que leva à riqueza em termos de emoção em vez de à riqueza financeira, e ao profundo prazer na vida cotidiana.

Emerson primeiramente escreve que o sucesso implica "*rir com freqüência*". Trata-se da abordagem bem-humorada da vida, seguida pelos polinésios, expostos à alegria e às maravilhas do dia-a-dia. O riso, ou *'aka'aka*, é uma das maiores capacidades humanas no que concerne a lidar com o caos natural da existência. Se você se pega partilhando o riso com os outros várias vezes por dia, você preencheu o primeiro critério do estilo *aloha* do sucesso!

A seguir, Emerson acrescenta a capacidade de "*... granjear o respeito das pessoas inteligentes e a afeição das crianças*". O sucesso não se mede pela popularidade, tampouco pelo prestígio, mas pelo respeito de pessoas sensatas, saudáveis e equilibradas. Se você é amado e procurado pelas crianças, você sabe que logrou um grau de sucesso saudável porque os bem jovens têm a sabedoria interior simples, que distingue o verdadeiro do falso. Seu sétimo sentido natural ainda não se embotou.

O terceiro critério do sucesso proposto por Emerson é "*... granjear a simpatia de críticos honestos e suportar a traição dos falsos amigos*". O sucesso resulta de ser receptivo às críticas sem se tornar impaciente consigo mesmo ou com os críticos. Também requer tolerância quanto à fraude, pequenez e traição de pessoas tão impacientes com elas mesmas, que isso se estende a seus relacionamentos mais íntimos.

O critério seguinte de Emerson, "*... apreciar a beleza e encontrar coisas boas nos outros*", é um dos componentes mais importantes do sucesso típico de *aloha*. Quando somos regidos pelas reações egoístas, de impaciência e urgência do cérebro, não podemos encontrar tempo suficiente para apreciar verdadeiramente a graça e a magnificência do mundo que nos cerca. Isso nos faz desprezar o que os outros têm a nos oferecer porque só procuramos neles suas fraquezas, ou tentamos impressionar, em vez de entendê-los e zelar por eles.

Emerson acrescenta, "*Deixar o mundo um pouco melhor, quer através da geração de um filho saudável, do cultivo de um canteiro no jardim ou de uma situação social tornada estável*". O ponto central da vida bem-sucedida é a união e o zelo. Doar-se e amar o bastante para fazer do mundo um lugar melhor, e zelar pelos recursos da terra, incluindo os seus habitantes, é o verdadeiro sucesso de *aloha*.

Emerson conclui, "*Saber que pelo menos uma vida pôde respirar com mais facilidade porque você viveu – isso é ter sido bem-sucedido*". Isso ecoa o sentido original de *aloha* – partilhar o sopro sagrado.

À proporção que você continuar lendo, reserve alguns momentos para prender a respiração e respirar junto com sua família e com entes queridos, pois tal é a verdadeira fonte e testemunho da sua "realização" saudável e agradável. Uma vida de alegria é guiada pela idéia de que não se desenvolve a paciência porque se tem tempo; na verdade, porque se tem mais tempo do que é necessário, já que se aprendeu a ser paciente.

Ahonui Ha'awina (Lição de Paciência)

Tente seguir o exercício de "uma moeda pela sua paciência" durante uma semana.

No primeiro dia, ponha três moedas no bolso, que a partir de então você passará a chamar de "bolso da paciência". Cada vez que você ficar impaciente ou irritado com você mesmo ou com os outros, ponha a mão dentro do bolso, gire uma das moedas entre o indicador e o polegar e respire dez vezes sem tirar a mão do bolso. Depois, pegue uma das moedas do bolso e a dê a alguém, ou simplesmente deixe-a onde alguém a possa achar. No final de cada dia, veja quantas moedas você deixou. Se ainda tiver moedas no "bolso da paciência", guarde-as e acrescente-as às três no seu bolso no dia seguinte.

Se, à medida que a semana for se aproximando do final, as moedas começarem a tilintar enquanto você anda, congratule-se consigo mesmo por promover a equanimidade, e comemore pegando as moedas e depositando-as numa caixinha para caridade.

CAPÍTULO OITO

O Ciclo da Ligação — Como Superar a Ilusão da Separação

Lokahi: Unidade, a ser expressa harmoniosamente.
"Ho'okahi 'iliwai o ka like"

(UM É EXATAMENTE COMO O OUTRO)

"Se você não colocar essa pedra no lugar dela, a gente nunca vai conseguir dar a partida neste caminhão", disse o havaiano a um visitante vindo do continente. Seu convidado achara a pedra na praia enquanto pescava. Levado pela sua beleza, enfiou-a na mochila. Ora, enquanto o sol se punha no horizonte e as palmeiras inclinavam sua silhueta negra sobre o oceano, uma chuvinha no começo da noite caía sobre o pára-brisa. O havaiano e seu amigo relutantemente se prepararam para partir, porém, apesar de girar a chave diversas vezes, a velha picape não ligava.

"Não entendo", disse o visitante. "O que uma pedrinha tem a ver com o fato de a sua picape não dar a partida?" O havaiano pôs o braço para fora do caminhão, voltou a palma da mão para cima e disse, "Sente essas lágrimas? Os deuses estão chorando porque não querem que a *pohaku* (pedra) saia da casa dela. Ela não lhe pertence. Você está quebrando a *lokahi* (unidade) dela com a terra. Coloque-a no seu lugar e os deuses vão-nos deixar partir".

"Seu havaiano louco", riu-se o visitante. Ele ouvira esse tipo de coisa de um amigo antes, e por vezes o arreliara por isso. Sem querer ofender o havaiano, o visitante atirou a pedra ao chão. "Dê a partida", ele se riu. "A casa da pedra." O havaiano sorriu e sacudiu a cabeça. "Veja. Vou tentar pra você ver, mas não vai dar a partida." Ele girou a chave, mas só se ouviu um zumbido fraco. O visitante, por sua vez, estendeu o braço e girou a chave; no entanto, ainda assim não conseguiu dar a partida.

"Você tem de colocar a pedra no lugar dela", disse o havaiano com mais firmeza. "Faça isso com respeito e peça desculpa pela perturbação causada." O visitante percebeu uma profunda preocupação nos olhos do amigo.

"Você não pode estar falando sério", resmungou, enquanto de um salto saiu do caminhão, pegou a pedra, transportou-a alguns metros pela praia para colocá-la onde a havia encontrado. "Aí está, pedra", disse zombeteiramente, "você está em casa. Portanto, deixe a gente voltar para casa". A chuva aumentou e o visitante foi ficando ensopado enquanto voltava para o caminhão.

Antes que o visitante se sentasse, o havaiano girou a chave mas não conseguiu dar a partida. Ele olhou para o amigo com mais piedade do que impaciência, tirou a chave da ignição e colocou a mão no ombro do amigo. O visitante percebeu que o havaiano não estava brincando e que tinha os olhos marejados de lágrimas.

"Por favor, volte lá e peça desculpa de novo. Mas só faça isso se você sentir o que está dizendo, se se desculpar for a sua intenção. Caso contrário, vamos ter que ficar aqui por muito tempo – talvez mais do que você possa imaginar. Mesmo que eles nos encontrem e reboquem o meu caminhão, não haverá vantagem nisso. Você tem que demonstrar respeito por todas as coisas aqui. Você pode deixar esta ilha, mas sempre será parte dela, assim como essa pedra. Deixe o seu respeito e leve o *aloha* deste lugar no seu coração, não na sua mochila."

O visitante ficou profundamente comovido com a sinceridade do amigo e sentiu que suas lágrimas se misturavam com a chuva a lhe cair no rosto. Andou lentamente até a pedra, ajoelhou-se e disse sem o menor embaraço na voz, "Lamento realmente. Eu não havia entendido. Por favor, me desculpe. Espero voltar de novo e ver você". Bem nesse momento, ele sentiu o vento roçar-lhe o cabelo. A chuva diminuiu e parou. A distância, ouviu o motor do caminhão pegar e dar a partida.

"*Hele mai*! (Venha!)", acenou o havaiano. "Mas não se esqueça de dizer adeus à *pohaku*. Ela vai sentir a sua falta, enquanto você estiver ausente."

Doença e Falta de União

A história da *pohaku* é verdadeira. O havaiano é um dos meus melhores amigos e um dos polinésios que fizeram parte do meu grupo de controle para o Teste de *Aloha*. Sei de antemão que esse caminhão velho nunca teve nenhum problema para dar a partida antes desse fato, e que começou a funcionar de modo confiável e sem necessitar de conserto desde então. Para o meu amigo havaiano, a idéia de unidade, chamada de *lokahi*, é muito mais do que uma metáfora ou uma filosofia da nova era. Trata-se de um princípio real, fundamental e poderoso da vida cotidiana, o qual, quando violado, tem conseqüências negativas. Quando respeitado, porém, resulta em grande alegria e bem-estar.

Para a desencantada cultura ocidental, a terra e tudo o que há sobre ela estão aqui para nosso "uso" ou exploração. Vivemos de maneira tão premente no nosso planeta, usando seus recursos, que o calor gerado pela nossa opressão febril está aumentando de maneira perigosa a temperatura da atmosfera.

A cultura ocidental é mormente de controle e de posses, em vez de ser de unidade e apego. Na cultura oceânica, não existe separação entre os mundos espiritual e físico. Nosso mundo está vivo e é sensível, e é preciso que se lide com ele dessa forma.[1] Nada pode ser possuído ou controlado por ninguém, e o respeito profundo e total, o apreço e a responsabilidade pelo bem-estar do planeta é uma chave para a felicidade e o bem-estar de tudo e de todos.

A medicina ocidental agora está aprendendo que toda doença e infelicidade está, em última análise, relacionada com a falta de vínculo. O padre Chris Williamson salienta que as pessoas que querem se desenvolver espiritualmente não freqüentam mais seminários sobre auto-aperfeiçoamento, tampouco se isolam em mosteiros para contemplação, mas entram em relacionamentos significativos e os conservam.[2] A *interdependência*, não a independência, é a atitude das culturas insulares.

Num domínio diferente, a psiconeuroimunologia está documentando de que forma, sempre que nos comportamos de maneiras que nos separam de outras pessoas ou coisas, sofremos física e emocionalmente: nosso sistema imunológico enfraquece, nosso coração fica isolado do resto de nosso corpo e nosso espírito se torna solitário e em desespero.[3] Para os polinésios, "a cura de si mesmo" não é possível porque toda doença é um tipo de ruptura no relacionamento, não um fracasso do indivíduo. A cura de si mesmo é uma ilusão do isolamento no Ocidente e uma abordagem de caráter mais introspectivo no Oriente.

A Necessidade Fundamental

Somos mais felizes e realizados quando nos sentimos plenamente unidos. O psicólogo ocidental Abraham Maslow escreveu sobre a "transcendência" como a necessidade humana mais elevada.[4] Ele considerava essa necessidade como entrando em jogo só quando as necessidades individuais inferiores tais como o amor-próprio e a compreensão de si mesmo eram satisfeitas. O pensamento oceânico vira do avesso a hierarquia proposta por Maslow. Ele nos ensina que transcender o eu para ser e sentir em total união com a vida é nosso impulso *fundamental*, e que todas as outras necessidades se baseiam no conhecimento e no comportamento em conformidade com esse motivo central da existência.

Transcender, na Polinésia, não equivale a ser excelente, bem-sucedido, ultrapassar em excelência, destacar-se ou ir além. Implica renunciar, partilhar, sacrificar-se e penetrar todo o sistema do mundo a fim de dar de si mesmo para o bem do todo, e sentir o imenso prazer que advém de semelhante unidade. O pensamento oceânico não é *hierárquico*, mas *harmonioso*. Os psicólogos modernos fizeram pesquisas para mostrar que é exata essa visão da harmonia acima da hierarquia. Eles documentaram de que modo nas épocas mais importantes de nossa vida somos regidos pela necessidade de unidade.[5] Provavelmente, você pode pensar em inúmeros exemplos de altruísmo transcendente. Os pais adentram a casa em chamas para salvar os filhos, e mártires como Mahatma Gandhi jejuam pelo bem dos outros. Apesar do ceticismo cínico de evolucionistas do desenvolvimento, que sugerem que o comportamento altruísta é tão-só uma proteção dos genes de caráter egoísta, sugiro que reagimos a uma necessidade muito mais profunda, sagrada e arraigada, qual seja a de transcender o eu, a de nos ver nos outros e a de viver segundo o princípio de *lokahi* e para ele.

Quando os turistas vêm a Mauí, no Havaí, eles querem ver as baleias que voltam para as águas quentes de lá todo inverno. Enquanto aguardam na praia para ver esses gigantes do mar brincando, eles gritam, bebem, comem e se lançam ruidosamente nas águas do mar. Tão logo alguém exclama, "Olhem, uma baleia!", há manifestações de júbilo, mas então toda a praia queda-se em silêncio quando uma cauda gigantesca golpeia a água com vibrações tão fortes que são sentidas na areia. Mesmo depois que a baleia se vai, há silêncio e sussurros sobre a grandiosidade do que se acabou de ver. São necessários alguns minutos para que a algazarra se instaure uma vez mais na praia. Por alguns momentos a necessidade fundamental de sentir a união com a majestade da natureza tem precedência sobre tudo o mais, e enche os observadores de um prazer saudável e íntegro, mais importante do que a simples fruição pessoal.

Lokahi, a expressão da unidade jubilosa, apresenta três facetas: união pessoal, interpessoal e transpessoal. Este capítulo explora cada um desses elementos.

União Pessoal: Unidade com o Eu

Há uma diferença entre o prazer da consciência de si mesmo e o isolamento da absorção em si mesmo. Um aspecto-chave de *lokahi* envolve ser plenamente consciente de seu próprio corpo, assim como você se liga à terra e aos corpos que o cercam. Viver segundo a receita do prazer requer estar plenamente consciente da linguagem do corpo, mas continuar isento da autoglorificação arrogante.

Os polinésios se referem aos ossos, ao sangue e a outros tecidos como *unihipili*, ou eu inferior. No caso, "inferior" não significa menor, mas diz respeito à localização. O *unihipili* é tão venerado quanto os sistemas "superiores" da mente e do mundo exterior porque é uma parte e uma manifestação do ato de partilhar a vida com todos esses sistemas. A visão polinésia não é a da mente sobre o corpo, mas a da mente, do corpo e do mundo como uma coisa só. A receita do prazer envolve ver o corpo não como algo a ser aperfeiçoado, fortalecido e moldado, mas como um conduto entre o mundo e a alma. Ela professa que devemos prestar atenção ao nosso corpo, mas não chamar a atenção sobre ele. Professa que não *temos* um corpo mas, como é verdadeiro para a unidade com a natureza, *somos* nosso corpo.

Nosso corpo físico nos fala o tempo todo, enviando mensagens de saúde, felicidade e necessidades de atenção e reparos. Infelizmente, por vezes tentamos obnubilar essas mensagens com antiácidos, remédios para dor de cabeça e reguladores do intestino. O psicólogo Gary Schwartz, da University of Arizona, passou dez anos estudando a importância de se encarregar da retroalimentação a partir de nossos sistemas corporais. Ele descreve os comerciais de televisão como meios de nos dizer de que modo desligar a linguagem do seu corpo: "A mensagem era: 'Coma tudo o que quiser. Se tiver dor de estômago, não mude seu comportamento para dar ouvidos ao corpo. Em vez disso, tome Alka-Seltzer...'; eles nos ensinam a dizer, 'Que se dane o seu estômago, não interfira no meu comportamento'".[6] Ele mostrou que os que ignoram seu corpo, que se afastam das sensações dele – quer sejam boas ou dolorosas – ou tentam conservar a linguagem corporal interiormente e não atentar para ela nem reparti-la com os outros, são muito mais propensos a ter um coração fraco e imunidade baixa.[7]

O ensinamento oceânico nos diz para dar ouvidos ao nosso corpo assim como ouvimos o trovão e o vento. Professa que todos os sinais da natureza são lições, e que essa natureza nos fala por meio dos diversos sentidos do corpo. Nosso sétimo sentido nos ajuda a ouvir o nosso corpo com certa "faculdade para o sentimento" muito além de nossos cinco sentidos comuns e até mesmo de nosso sexto sentido psíquico. O sétimo sentido é responsável pela energia natural que é a linguagem poética de todos os processos naturais, e nosso corpo é um dos seus transmissores-chave. Quando o seu corpo "fala", trata-se de nosso sétimo sentido tentando chamar-lhe a atenção. Nosso sétimo sentido não apenas recebe. Ele está constantemente tentando nos enviar mensagens sobre qual caminho seguir na vida.

Para ter mais sincronia com nosso corpo, Gary Schwartz propõe o que chama de *Teoria da ACE*: Alerta, Conexão e Expressão. Estar "alerta" significa estar constantemente atento quanto às mensagens do corpo na forma de sinais para a ação positiva e para a mudança na vida, em vez de para sintomas de problemas a ser mascarados ou reparados. "Conexão" significa entender os sinais do corpo como uma reação à natureza de nossa existência do modo como ela é inseparável de tudo e de todos, e como advertências de que podemos estar nos separando de nosso mundo, não simplesmente como experiências pessoais. "Expressão" significa falar consigo mesmo e com os outros sobre como o corpo está funcionando e se sentindo, em vez de seguir a filosofia da autonegação típica de "o *show* deve continuar". Quando estamos alertas, quando estabelecemos conexões e expressamos nossos sentimentos físicos, damos rédeas para que nosso sétimo sentido cumpra seu trabalho de nos afastar das doenças do isolamento rumo ao vigor de um bem-estar integrado.

Conexão Interpessoal: Unidade com os Outros

Todos precisamos de momentos em que ficamos sós. Eles nos dão a oportunidade de contemplar e refletir; mas o isolamento nos torna doentes e pode até mesmo dar cabo de nós. O isolamento não é a ausência de pessoas ao nosso redor, mas sim certo sentimento de solidão e falta de vínculo, de ter sido de alguma forma deixado fora do "todo", mesmo quando estamos em meio a outras pessoas.

Sem o alimento do apoio social, um coração solitário se torna empedernido e racha. A exemplo de uma flor que não é regada, o coração literalmente atrofia e morre. Um estudo de 2.320 homens que sobreviveram a ataques cardíacos mostrou que, mais do que o cigarro, do que a pressão sangüínea alta, o colesterol alto, o diabetes e outros fatores de risco para a saúde que se conhecem, a *solidão* foi o elemento predominante da morte precoce.[8] As pessoas sozinhas tinham quatro vezes mais probabilidade de morrer de ataque do coração do que as pessoas com mais vínculos sociais.

A pesquisa moderna no campo da PNI (psiconeuroimunologia) continua a mostrar que os vínculos aumentam a longevidade e que a falta deles encurta a vida. Um estudo envolvendo sete mil pessoas em Alameda County, Califórnia, revelou que a morte precoce era muito mais freqüente entre aqueles que tinham poucos vínculos sociais, bem como poucos sistemas de apoio na sociedade. Os cientistas ocidentais, céticos quanto a uma variável "suave" tal como *lokahi* ou a conexão, oferecem a resposta da "galinha e do ovo" a esses estudos. Talvez, disseram eles, a solidão e o isolamento sejam uma conseqüência do fato de estar doente, não a causa. Valendo-se de técnicas estatísticas avançadas, no entanto, os pesquisadores conseguiram mostrar que a solidão de fato era a causa, e não o efeito, da doença.[9] Um outro estudo fundamental do impacto da solidão sobre a morte precoce, estudo realizado em Tecumseh, Michigan, confirmou essas descobertas.[10] Os oceânicos não consideram *lokahi* como apenas mais uma forma de evitar a morte prematura, mas como o caminho para o prazer saudável na vida. Eles não se surpreendem com o fato de que as pessoas "com vínculos" vivam mais tempo e de modo mais saudável porque sabem que tais pessoas usufruem a proteção natural e interior da alegria partilhada. Uma vez mais, os anciãos polinésios se surpreendem com o fato de que a ciência moderna tenha levado tanto tempo para "provar" aquilo em que os polinésios há muito acreditavam: que a sensação da unidade é boa simplesmente porque ela é boa.[11]

Os psiconeuroimunologistas estão começando a descobrir exatamente de que modo a solidão isola e oprime o coração. Quando estamos tensos em decorrência de sentimentos desesperançados de solidão, os níveis de hidrocortisona do sangue, um hormônio secretado sob tensão, são muito mais elevados.[12] A solidão também está associada a baixas concentrações de lipoproteínas de alta densidade [HDL, em inglês], o tipo saudável de colesterol que protege das doenças do coração, do enfraquecimento da imunidade e dos níveis baixos de hormônio, essenciais ao fortalecimento dos músculos do coração. Quando nossos relacionamentos sociais são frágeis, nosso coração também se torna fisicamente mais frágil. "Vínculos sociais frágeis são a causa das cordas do coração frágeis", disse um *kahuna*.

Você pode estar surpreso com saber que a maioria das pessoas nos Estados Unidos que tiveram seu primeiro ataque cardíaco antes dos 50 anos não passou por nenhum dos fatores de risco — cigarro, pressão alta ou obesidade. A maior parte, contudo, viveu a experiência da solidão.[13] A medicina ocidental jamais poderá lidar efetivamente com a doença do coração, nosso principal inimigo, sem levar em conta o prazer dos relacionamentos e os perigos do isolamento social.

Conexão Transpessoal: Unidade com Todas as Coisas

Os polinésios não vivem em *lokahi* com seu ambiente natural porque eram ou são incapazes de mudar o ambiente para se adaptar a suas necessidades, nem porque lhes faltasse a sabedoria para dominá-lo e usá-lo sensatamente. Suas instalações para criação de peixe, que datam de centenas de anos, e seus aquedutos, testificam sua perícia como pessoas que usam os recursos ecológicos. Eles não procuram a união de amor com a natureza unicamente por causa de sua atitude holística e de reverência para com a natureza (embora essa atitude seja profunda e penetrante). Os polinésios se esforçam para viver em harmonia com respeito para com a natureza porque, como disse um homem, "Vamos além de nós mesmos ao sermos íntegros com tudo o mais. Não procuramos nenhuma experiência mística extraordinária fora de nós mesmos, mas nos limitamos a nos sentar diante do mar e a sermos nós mesmos com ele. Eis como nos unimos a Deus".

A palavra *transcendência* às vezes é usada na psicologia moderna, mais especificadamente pelos psicólogos transpessoais. Na psicologia, a transcendência por vezes se refere a uma dimensão além da experiência comum.[14] A abordagem oceânica da transcendência aceita-a como uma imersão cotidiana em tudo o que a existência comum tem para oferecer. A transcendência dos polinésios considera Deus não como "lá em cima" ou "lá", mas como "em" tudo e todos. Não se trata de um objetivo pessoal, mas de um modo de vida partilhada.

A transcendência dos polinésios que traz o prazer saudável não é uma busca da iluminação pessoal, mas envolve um momento para estar com alguém que amamos. Não é uma técnica da nova era, mas uma ternura por parte das pessoas quanto a viver. Não envolve tanto escalar a montanha para procurar a sabedoria, mas sobretudo andar de mãos dadas ao longo de uma senda tranqüila na montanha em companhia de alguém mais para partilhar a glória do presente como dádiva fundamental da natureza.

O Monge, o Kahuna e o Panteísmo Polinésio

Um *kahuna* me disse, "Se você está procurando Deus, olhe para o mar. Olhe o horizonte. Entre na sua canoa e parta rumo ao horizonte. Quando chegar lá, encontrará Deus". Ele quis dizer que, quando nos ligamos a algo mais do que o eu, temos de ser nós mesmos com a natureza, mas jamais pensar que podemos situá-la precisamente e traçar um limite em torno dela. Os polinésios consideram o transpessoal, o Sagrado, o Criador, o "algo mais" como muito pessoal. Um outro *kahuna* disse, "Pense no Criador como estando mais próximo de você do que você mesmo. Se você pensa que é Deus, você é arrogante. Se ignora que o sagrado flui através de você, se exprime através do seu corpo, você é surdo ao divino".

Essa mesma orientação para a experiência transpessoal é expressa pelo filósofo Spinoza, que falava de *deus sive natura*, ou "Deus é natureza". O panteísmo do Pacífico, contudo, é muito mais do que "Deus é tudo". Os polinésios se referem literalmente ao sagrado em sua vida cotidiana, e não pensam em Deus apenas como uma expressão metafórica de forças combinadas e de leis da natureza. Os polinésios verdadeiramente acreditam e se comportam de um modo que mostra como as pedras e árvores são tão reais quanto Deus e que falar a essas coisas é um modo de falar com Deus. Tal é o mundo encantado da Polinésia.

O autor e monge beneditino David Steindl-Ras descreve essa unidade transpessoal ao escrever, "Temos a experiência de nossa realidade mais íntima, a que está mais próxima de nós do que nós mesmos, de alguma forma não simplesmente como nós mesmos, mas além disso, assim como o horizonte recua ao nos aproximarmos dele".[15] É interessante notar que Steindl-Ras usa a mesma metáfora do horizonte do *kahuna* polinésio, mostrando que o Terceiro Caminho da Polinésia passa pelo caminho oriental e ocidental em pontos cruciais. Talvez o poder, a sabedoria e a eficácia dos caminhos oriental e ocidental tenham obscurecido suas idéias fundamentais sobre o sentido e o objetivo da vida, que a visão oceânica essencial ainda aceita notadamente. Talvez as verdades naturais sobre o prazer saudável ensinadas pelo caminho do *aloha* possam servir como um ímã para atrair uma à outra a sábia espiritualidade do Oriente e a ciência intelectual do Ocidente. É possível que a Polinésia possa ser o centro espiritual e intelectual do mundo em vez de apenas um recanto favorito para as férias.

Compare-se a afirmação de Steindl-Ras com a do *kahuna* que falou sobre navegar com a canoa rumo ao horizonte para ver Deus. Steindl-Ras diz, "Falamos sobre o fenômeno do horizonte quando tratamos de Deus. O horizonte pertence inseparavelmente à paisagem. Não pode haver uma paisagem sem um horizonte, nem um horizonte sem uma paisagem. O horizonte recua à proporção que você avança, e ele continua a ser o horizonte".[16] O monge e o *kahuna* partilham de uma visão convergente do transpessoal: a de que o Criador é o Espírito de tudo o que existe em nós e é expresso do interior, através e em torno de nós. O espírito da união transpessoal não é apenas um processo mental — transcende a matéria e o pensamento. Trata-se de uma visão em conformidade com a afirmação de São João de Damasco, "Deus está além de nomes e além da essência".

Depois de passar anos aprendendo com os polinésios sobre o espírito e o conceito de *lokahi* transpessoal, a unidade harmoniosa com o Todo, percebo que sua sabedoria se reflete belamente em alguns versos do poeta Walt Whitman. Ele escreve, "Alguém estava pedindo para ver a alma? Olhe a sua forma e aspecto, olhe as pessoas, as substâncias, as feras, as árvores, o rio corrente, a pedra e a areia".

O Arco-íris Noturno

A ilha de Moloka'i é uma das menos desenvolvidas do arquipélago havaiano. Ali não há semáforos e as pessoas se conhecem umas às outras. Quando visito esse lugar, sou sempre bem-recebido, e aprendi muito com as pessoas tranqüilas, gentis e conscientes desse lugar, às vezes chamadas de "as pessoas do arco-íris noturno". Esse se refere a um arco-íris de beleza incomum, que se forma em torno da lua. Ele apresenta um matiz de púrpura intenso, com centenas de gradações de azul, e acredita-se que esse "arco da lua" seja um sinal dos ancestrais para que nos lembremos de *aloha* e *lokahi*.

Ao sentar-me certa noite com uma de minhas amigas em Moloka'i, ela me deu uma explicação de *aloha* que, segundo disse, trazia implícita a lição da unidade, da harmonia e da transcendência. Eis o que ela disse:[17]

"*Aloha* está sendo parte de tudo, e tudo, parte de mim. Quando há sofrimento, há o meu sofrimento. Quando há alegria, há a minha alegria também. Respeito tudo isso como parte do Criador e como parte de mim. Não causarei dano de modo intencional a ninguém e a coisa nenhuma. Quando é preciso conseguir o alimento, satisfaço apenas minhas necessidades e explico por que estou fazendo isso. A terra, o céu e o mar são meus para que eu possa zelar por eles, nutri-los e protegê-los. Isso é havaiano. Isso é *lokahi*. Isso é *aloha*."

A Bênção de Tia Betty

Sempre que participo de um encontro havaiano, quer por motivo de trabalho, de educação ou de religião, *lokahi* é um dos focos do encontro. Uma das *kupuna* havaianas mais respeitadas é Tia Betty Jenkins, que organiza e dirige encontros populares e educativos no Havaí. Ela é uma mulher imponente que se posta com sua altura e seu ar de orgulho na frente do grupo. Mesmo quando está às voltas com salas cheias de políticos e profissionais, ela fala com a voz firme e os modos de uma verdadeira professora de escola primária. Se não há silêncio na sala e se não há condições de começar a reunião no momento exato, ela tem o hábito de bradar, "*Hui*", a gíria havaiana que designa "Façam silêncio e se organizem!"; quando a platéia faz silêncio, ela diz delicadamente "*Ho'i mai*", que significa "Voltem" e faz um sinal para que o grupo volte a suas origens e se lembre da alegria da vida.

Os que participaram dos encontros de Tia Betty sabem o que vem a seguir. O ritual é a chave para a vida polinésia, um modo de se ligar ao passado e trazê-lo ao presente com respeito e amor. O ritual é a maneira por que todas as três abordagens de *lokahi* – pessoal, interpessoal e transpessoal – se integram. A *hula* celebra a unidade pessoal e a consciência do corpo do modo como estão unidas à Terra e a todos os corpos passados e presentes, e não raro faz parte dos rituais. O cântico convoca as pessoas à união interpessoal, uma vez mais não só umas com as outras mas com os ancestrais e a natureza. A *pule*, ou oração, promove a união transpessoal, ajudando os partícipes a se recolherem o bastante para se expandirem a fim de encontrar sua alma em meio a todas as outras almas, e de se unir a Deus no horizonte de sua existência.

Como *kumu* (professora), Tia Betty simplifica os três níveis de união num único gesto, no que é seguida por todos na platéia. Ela fecha os olhos, e todas as pessoas fazem isso na sala. Numa voz clara, levanta as mãos em frente a ela, volta as palmas para o alto, como que a receber alguém, e diz "*Lokahi* é". Os participantes a ela se unem em harmonia, quase cantando. Embora não possamos ver, porque nossos olhos estão fechados, sabemos que as mãos de Tia Betty formaram lentamente um triângulo polinésio em frente do seu coração. Fazemos o mesmo. Ela canta alto, "Unidade entre Deus, o homem e *'aina*", e cantamos com ela enquanto nossas mãos se voltam para Deus em cima, para nosso coração dentro de nós, e para *'aina* embaixo.

O Poder de Unificação do Ritual

O cientista inglês Rupert Sheldrake pesquisou um fenômeno que ele chama de *campos morfogênicos*.[18] Ele diz que as assim chamadas leis da natureza não são dádivas mutáveis, mas modelos de ocorrência que se tornam mais fortes à proporção que se repetem tais acontecimentos. Esses "padrões recorrentes" são como hábitos da evolução porque, quanto maior a freqüência de um acontecimento, mais probabilidade há de que ele ocorra no futuro.[19]

Tia Betty, com efeito, forma uma conexão com esses campos morfogênicos. Sua cerimônia de *lokahi*, a *hula*, o cântico e a oração que a cercam são modos de unir o passado ao presente e de irradiar tudo isso para o futuro. Os rituais polinésios tais como o dela são o meio de garantir que nunca tenhamos de estar sozinhos – se seguirmos o hábito cultural do ritual sagrado, todos os do passado podem estar conosco agora e para sempre.

A Pesquisa Moderna sobre Lokahi

Rupert Sheldrake propôs sete experiências que ele acredita poderiam mudar a face do planeta.[20] Menciono essas experiências aqui porque cada uma é um exemplo do poder mágico de *lokahi.* Até mesmo ao propor essas experiências, Sheldrake nos adverte do perigo de estarmos tão seguros de nosso eu científico ocidental, que nos afastamos do estudo do poder de cura potencial da unidade, da harmonia e da união em nossa vida cotidiana.

As sete experiências de Sheldrake têm por objetivo lançar luzes sobre sete fenômenos conhecidos que são uma expressão do vínculo pessoal, interpessoal e transpessoal. São elas:

1. O poder que os animais de estimação têm de saber o momento em que seus donos voltam.
2. As formas de migração e de volta à terra nativa característica das aves.
3. A capacidade que as colônias de insetos têm de se comunicar como se se tratasse de uma "mente única".
4. A capacidade que as pessoas têm de saber quando estão sendo observadas pelas costas.
5. As pretensas "sensações de uma parte do corpo que não existe mais".
6. As "constantes" sempre-mutáveis (inconstantes), fundamentais da natureza, que são a base para todos os cálculos estatísticos e todas as experiências.
7. O impacto da crença dos cientistas em seus dados e o fato de que, apesar dos estudos de duplo-cego, os que fazem a experiência tendem a achar o que esperam e aquilo em que acreditam.

É possível, evidentemente, que as experiências realizadas em qualquer dessas áreas ou em todas elas jamais possam explicar a natureza desses acontecimentos. Sheldrake sugere, contudo, que, se formos sensatos e abertos o bastante para nos libertar da idéia de que "o inútil não tem valor", das limitações objetivas da ciência ocidental, ou das dependências das abordagens mais míticas e introspectivas do Oriente, poderemos ser capazes de criar experiências na vida cotidiana que não contam com estatísticas nem com misticismo, mas com nossos sentidos pessoais. Esses estudos de "observação do senso comum em casa" de índole mais democrática, poderiam ser acrescentados aos estudos controlados "dentro do laboratório". Em conseqüência disso, poderíamos ver que há, na verdade, um sétimo sentido que liga e influencia todos nós. Se algumas famílias planejam e fazem suas próprias experiências para ver, por exemplo, se os cachorros pressentem a chegada dos donos, e se nós temos mente aberta o bastante para considerar suas descobertas além das tradicionais descobertas nos laboratórios, todo o paradigma limitado de como as coisas funcionam em nosso mundo pode ser alterado para sempre. Talvez, como crêem os polinésios, todas as coisas pensem, sintam e se comuniquem de maneiras que ainda não sonhamos e talvez as abordagens orientais e ocidentais não estejam tão longe uma da outra para se juntarem.

Lokahi Ha'awina (Lição de Unidade)

Para ter uma experiência pessoal, interpessoal e transpessoal da unidade mais harmoniosa no seu dia-a-dia, reserve alguns minutos para entrar em *lokahi.*

Faça os exercícios seguintes e tome nota de suas reações. Examine as suas anotações depois de algum tempo para ver se você está se conectando suficientemente para praticar a receita do prazer na sua vida.

A Conexão Pessoal: Deite-se e atente para todo o seu corpo, desde o topo da cabeça até a planta dos pés. Preste atenção às mensagens transmitidas pelo seu corpo. Não censure nenhuma dessas mensagens, só atente para cada uma delas e para cada sinal que o corpo lhe envia, quer agradável quer negativo. Diga a alguém mais o que o seu corpo tem a lhe dizer atualmente, e pergunte se essas pessoas receberam algumas dessas mensagens enviadas pelo corpo delas. Então, tome a iniciativa de agir com base nesses "boletins do corpo". Por exemplo, se você continuar a ter dor de cabeça, não tome apenas aspirina. Pergunte ao seu corpo o que está errado e faça algo sobre isso. Talvez você descubra que o seu corpo precisa de tranqüilidade e solidão, de um banho quente, de alguns exercícios, ou que você pare de beber tanto refrigerante. Se você está se alimentando de antiácidos como se bebesse água, pergunte ao seu estômago o que, como e com quem você deveria estar comendo para que o seu corpo fosse mais feliz e menos instável.

Conexão Interpessoal: Passe pelo menos cinco minutos por dia sentado em silêncio com alguém. Não tente fazer nenhuma ligação, deixe que ela aconteça. Não discutam problemas, só fiquem quietos enquanto estão juntos. Depois desses momentos, conversem sobre essa experiência, e vocês verão como o sétimo sentido pode ser poderoso no que respeita a estabelecer um vínculo além dos sentidos físicos e psíquicos.

Conexão Transpessoal: Selecione um ritual para praticar todo dia, sem falta. Uma oração, uma dança, cantar junto com a família, dar graças antes das refeições e sentar nas mesmas cadeiras à mesa são rituais que os outros escolheram e usufruíram.

Enquanto você acrescenta rituais significativos a sua vida, você sente a presença de todos os que se foram antes, além da alegria de saber que *lokahi*, todas as conexões, são para sempre.

CAPÍTULO NOVE

O Poder da Amabilidade — Nenhuma Felicidade, Nenhuma Conquista

'Olu'olu: Agradável, a ser expresso com amabilidade.
"Puehu li'ili'i ka lehu o kapuahi"

(As Cinzas Voam para Dentro dos Olhos do Cozinheiro Quando Ele Sopra o Fogo)

Seu telefone o acorda tarde da noite com uma ligação errada, e a pessoa do outro lado da linha bate o telefone. Um adolescente passa perto fazendo barulho com o som do carro no máximo. Depois de demorar muito, o garçom grosseiro traz o prato errado. Um motorista corta você no trânsito e faz um gesto obsceno. Alguém estúpido esbarra em você na mercearia mas não diz nada. Depois de você estar esperando muito tempo na fila, uma outra pessoa toma-lhe a frente. O que você pensa, como se sente e o que faz quanto a essas e outras perturbações da vida moderna?

Qual a sua reação mais imediata à frustração? Será que a pessoa que o conhece mais diz que você é "esquentado", perde as estribeiras facilmente e tem o costume de dizer impropérios? Será que essa pessoa diz que você fica nervoso quando age com menos eficácia em função de erros alheios, ou se irrita facilmente quando não lhe dão o crédito por um bom trabalho?[1] Os aborrecimentos na vida lhe são trivialidades, ou entraves para a felicidade?

Examine a contagem do subteste de *'olu'olu* (condição agradável) no Teste de *Aloha*. Lembre-se: quanto maior a sua contagem, *menos* você está vivendo segundo a receita do prazer. Compare a sua contagem com a do grupo de controle polinésio, que teve como média 3, e com a contagem dos Cinco-e-Cincões, que tiveram como média 17; contudo, tenha cuidado ao interpretar esta contagem de *aloha* e a sua. Todos temos um acompanhante atento, nos observando às costas quando fazemos testes, e por vezes tentamos impressionar esse acompanhante tentando mostrar que somos "bons", em vez de responder com sinceridade.

A maioria dos que vivem nessa civilização tumultuada, agitada e anônima a que chamamos de "corrida de rato" se aborrece quase todos os dias. Se você se enquadra nas situações descritas anteriormente, seu sistema de prazer inato pode facilmente ricochetear. Se elas estão acumulando provocações que com freqüência trazem à tona a reação de urgência (quando elas ocorrem *e* quando você reflete sobre elas), sua saúde está se esvaindo em função dos ímpetos desse tipo de hostilidade crônica.

A contagem do subteste de *'olu'olu* maior do que 5 indica que você armazena hostilidade suficiente e expressa agressividade vezes o bastante para que isso interfira nas suas vias de prazer neuro-hormonal e natural. Em conseqüência disso, você está colocando em risco o seu sistema cardiovascular, e diminuindo significativamente sua imunidade e a de quantos estão a sua volta.

Os Componentes da Hostilidade

A Relação da Personalidade Multifásica de Minnesota (RPMM), constituída de muitos subtestes, é um dos inventários da personalidade mais amplamente usados. O subteste de "Hostilidade" da RPMM é o mais útil para prever o risco cada vez maior de doenças da morte.[2] Outros testes de hostilidade, a exemplo do desenvolvido pelo cardiologista Dr. Redford Williams, do qual adaptei algumas das formas de prejuízo e a seção de *'olu'olu* do Teste de *Aloha*, foram muito usados em seminários e *workshops*.[3] Todos esses testes têm um valor evidente, quanto a fazer com que aqueles que se submetem a eles relatem que sua contagem reflete exatamente a raiva que carregam consigo no dia-a-dia.

Minha experiência profissional com o subteste de *'olu'olu*, com a Escala de Utilidade da RPMM e com o "Questionário de Hostilidade" de Williams indica que há três componentes de hostilidade que nos põem em risco quanto à doença e à perda de prazer. A palavra *hostilidade* se refere à malevolência, à falta de amizade, ao antagonismo e ao sentimento de que as outras pessoas são inimigas. Os polinésios usam a palavra *paio* para designar hostilidade, e essa palavra implica um modo de pensar, um sentimento e um comportamento que não traz alegria a ninguém e que se compõe de experiências mentais, emocionais e físicas envolvendo a raiva.

A hostilidade é uma combinação perigosa de cinismo, raiva e agressividade. Ela inclui uma atitude de desconfiança, um estado agitado e de defesa e a expressão da agressividade desses pensamentos e sentimentos por meio de linguagem interior e exterior e de comportamentos. Em resumo, a hostilidade pode ser vista como vingança contra si mesmo em função de erros alheios.

Batimentos Cardíacos Inúteis

A hostilidade é o exato oposto da felicidade, e o ímpeto da raiva é o estado emocional mais distante do revérbero saudável do prazer. A pesquisa é clara: alguém que tenha "cabeça quente" superaquece o coração. Contrariamente à crença popular, reprimir a raiva não prejudica o coração, porém a hostilidade declarada aumenta em cinco vezes as suas chances de ter um ataque cardíaco![4] O psicólogo Martin Seligman sugere que todo coração, como uma bomba mecânica, tem um limite ou classificação predeterminados.[5] Essa classificação nos diz quantos batimentos a bomba pode realizar antes de esgotar-se. A classificação dessa bomba não é determinada apenas pela natureza mas também pelo regime alimentar e pelos exercícios; por outro lado, cada coração tem fundamentalmente os seus limites. Exceda-os e você acaba por esgotar a bomba. Enquanto o exercício e o lazer temporariamente aumentam a taxa do seu coração, esta diminui com o tempo e verdadeiramente resulta em poupar batimentos cardíacos a longo prazo. Expressar a raiva, não obstante, utiliza inteiramente os batimentos cardíacos de modo mais rápido do que qualquer outra emoção e só serve para elevar a taxa de batimentos cardíacos.[6] Cabe a você decidir como despender esses batimentos.

A pesquisa recente mostra que as pessoas com diagnóstico de doenças cardíacas, as quais reprimem a raiva ou a depressão, chamadas de *personalidade do Tipo D*, podem morrer mais cedo do que as pessoas que expressam suas emoções.[7] Vez por outra, o "D", às vezes considerado como representando "deprimido", é o quarto modelo da personalidade acrescentado comparativamente à assim chamada personalidade do Tipo A, hostil e sofrendo as pressões do tempo, predisposta a doenças cardíacas; a personalidade do Tipo B, mais tranqüila, menos hostil e, portanto, mais saudável em termos de sistema vascular; e o Tipo C ou personalidade "predisposta ao câncer", que supostamente reprime a raiva e, portanto, se torna mais vulnerável a que as células do corpo percam o controle. Os pacientes que reprimem suas emoções têm quase quatro vezes mais possibilidades de morrer de doença cardíaca do que os que não fazem isso. A chave, contudo, não é extravasar a raiva mas estar consciente dos seus sentimentos e os confessar claramente a si mesmo e aos outros. O isolamento social que resulta de não ter contato com as próprias emoções, por ser avesso a partilhar os verdadeiros sentimentos ou ser incapaz disso, ou mesmo por não se esforçar para partilhar calmamente esses sentimentos (inclusive a raiva) é um fator predominante de risco à saúde. A relutância em extravasar a raiva não é. Aristóteles resumiu uma abordagem equilibrada para expressar as emoções quando escreveu, "Qualquer um pode ficar com raiva – isso é fácil, mas ter raiva com relação à pessoa certa, no grau e no momento certos, com o objetivo apropriado e da forma correta – isso é difícil".

A escolha é sua. Você pode despender batimentos cardíacos de modo sensato e saudável, ou pode desperdiçá-los em ímpetos e rompantes de ódio.

Um Perfil da Raiva

Os seres humanos são os animais mais propensos à raiva, e essa é provavelmente uma das emoções mais antigas. Tal sentimento é uma das razões pelas quais os seres humanos, e não alguns outros animais mais dóceis, dominam o planeta. O grande perigo na raiva é a eficácia sedutora no que concerne a liberar certa sensação de vitória a curto prazo e de proteção no território que a pessoa reconhece como seu. Infelizmente, o vitorioso ganha também o marcapasso.

Recentemente, dei uma palestra num encontro de pessoas que haviam se submetido a um transplante de coração, um dos grupos mais estimulantes que conheci. Por ser eu mesmo alguém que passou por esse tipo de cirurgia, falei à platéia de transplantados, à família deles, bem como à família dos doadores, na condição de paciente e médico.[8] No final do encontro, deu-se uma coisa muito triste que exemplifica a importância de *'olu'olu*.

Depois de minha palestra, um homem de cabelos grisalhos e rugas profundas na fronte me abordou. Prontamente e com voz alta me disse que era um transplantado e que recebera um coração novo quatro anos antes, depois de um problema grave no coração. Ele disse, "Recebi meu coração novo do filho dela", e apontou para uma mulher próxima a ele, sem olhar para ela. Observei que o rosto dele estava vermelho, as pupilas dilatadas e os punhos cerrados. Ele disse, "Gostei da sua palestra, mas algumas outras palestras idiotas só me põem nervoso. Eu queria era dar um chute no traseiro deles. Eles divagam, me fazem perder tempo e não sabem bulhufas. Meu desejo é que eles tenham problemas no coração como eu tive. Que se danem". Ele jogou no chão o programa do encontro e foi embora, pronunciando entredentes mais imprecações.

A mãe que doara o coração do filho a esse homem irritado começou a soluçar incontrolavelmente. Abracei-a e, por meio de suas lágrimas, ela partilhou comigo uma importante lição sobre a vida.

"Meu filho era uma pessoa feliz, amável e agradável. Nunca ouvi dele uma palavra de revolta. Na noite de seu acidente de carro, quando resolvemos doar o coração dele, rezamos para que a pessoa que o recebesse tratasse dele de modo tão amável e carinhoso quanto nosso filho. Quando vejo esse homem desperdiçando a dádiva do meu filho, isso me deixa muito triste. O coração desse homem não falhou, foi o homem que fez seu coração falhar. E agora ele está fazendo isso com o coração do meu filho!"

Consolei a mulher e tentei assegurar a ela que um ímpeto de raiva não significava que a pessoa que recebera o coração do seu filho não iria acalentar e proteger o órgão doado. Disse a ela que o coração lhe era novo e que levaria tempo para que ele transmitisse a energia de prazer e de graça do seu filho a todo o sistema corporal do homem. Disse a ela que essa pessoa era perfeita para o coração do filho dela porque, a exemplo do Homem de Lata em *O Mágico de Oz*, ele precisava muito de um coração amável e carinhoso. Falei-lhe sobre os relatos surpreendentes dos pacientes transplantados que por vezes começam a ter os mesmos sonhos do doador falecido, e que a energia de alegria e paz do filho dela provavelmente iria acabar transmitindo ternura ao coração desse homem irritadiço.

A mãe pareceu aliviada, mas sei que ela ainda rezava para que a dádiva da vida e o amor do filho não fossem desperdiçados num corpo ainda regido por um cérebro sem disciplina, egoísta e hostil. Lamentei com ela sobre como o paciente transplantado e nervoso estava desperdiçando sua nova bomba. Um coração novo e saudável posto a serviço de um cérebro irado poderia falhar de modo tão certo quanto o equipamento original.

A despeito de nosso empenho em fazer transplante de coração ou colocar nele um marcapasso depois que o esgotamos, o segredo verdadeiro é fazer que nossa bomba funcione o mais agradavelmente possível. Talvez, se todos pensássemos em nosso coração e em nosso corpo como pacientes de transplante a quem se deu uma segunda oportunidade, teríamos mais alegria em nossa dádiva e viveríamos anos mais felizes.

A Anatomia da Raiva

Os três componentes da hostilidade (cinismo, raiva e agressividade) podem ser minorados pela prática da receita do prazer.[9] Manter nosso coração saudável requer distinguir entre esses três aspectos da hostilidade, compreender os mitos sobre a raiva e seguir as lições polinésias para pôr em prática *'olu'olu* em nossa vida. O primeiro passo é entender que a raiva é um processo. Ao estarmos conscientes dos pensamentos que a despertam, e das reações que a expressam, podemos determinar as ações que haverão de aliviá-la.

Não pense como um macaco irritado. Contrariamente ao mito, nossos ancestrais primatas não eram macacos vegetarianos mansos, cujo cérebro grande posteriormente os ajudou a criar ferramentas melhores. Eles se assemelhavam mais aos macacos de *2001: Uma Odisséia no Espaço*: símios carnívoros, dos quais os mais aptos sobreviveram porque criaram armas e passaram a usá-las com agressividade explosiva e premente.[10] Esses macacos furiosos eram regidos pelo imperativo do território – e nosso mundo moderno reflete a natureza de nossos ancestrais violentos.

O *stress* é uma conseqüência do pensamento cínico. Quando percebemos uma ameaça, a competitividade defensiva de nosso cérebro nos diz que nosso "território" está sendo invadido. Isso põe em funcionamento nossa reação de urgência. Nunca diminuiremos o *stress* apenas por meio de técnicas de relaxamento, tampouco acalmando ou esvaziando o cérebro de seus pensamentos de urgência. Temos de aprender a substituir esses pensamentos por pensamentos mais agradáveis e amáveis.

Para acalmar-se, primeiro reconheça o modo como seu cérebro pensa sobre o mundo. Faça o subteste de *'olu'olu* de maneira séria, e siga a receita do prazer no que concerne à hostilidade: *não a expresse, não a reprima, confesse-a*! Eis o modo mais saudável de lidar com a raiva. "Confessar" a raiva significa que você entende que ainda tem dentro de si um macaco furioso, e que está alerta para a possibilidade de libertá-lo. Esse pensamento inicial, independentemente de suas especificidades, sempre se traduz em "Quem você pensa que é, invadindo meu território?" Os que facilmente se irritam têm um pavio curto. Passam logo do primeiro pensamento à ação.

Nosso corpo se torna "irado" até mesmo antes de "sabermos" disso. Faz isso por meio de um ritmo cardíaco crescente, uma descarga de hormônios de *stress* e um tensionamento dos músculos. Estar alerta quanto à tendência do seu cérebro de preservar rigidamente seu território é uma medida-chave para desenvolver *'olu'olu.*

A idéia de ter o território invadido é estranha ao modo de pensar dos polinésios. Já que eles não pensam em termos de posse, não têm nenhum "território" a proteger e, assim, não se predispõem à luta. Infelizmente, muitos ocidentais confundem a afabilidade do povo polinésio com ingenuidade ou passividade. Por outro lado, muitos ocidentais acreditam que as coisas, e até outras pessoas, podem ser propriedade sua, de modo que estão numa condição constante de defensividade quanto a seus domínios, o que fácil e prontamente se traduz em raiva e agressividade.

Deixe seu corpo acalmar o seu cérebro. Você não tem de fazer nada para que um pensamento que envolva invasão de território ponha o seu corpo pronto para o combate. O seu cérebro automaticamente se encarrega disso e diz ao corpo o que fazer e sentir. Ele fará todo o trabalho de agressividade para você. Verá que o seu sistema nervoso simpático ou "quente" entra em ação; seus músculos se mobilizam para o assalto; sua pressão sangüínea e seus batimentos cardíacos aumentam para produzir mais sangue disponível para a contenda; e menos sangue flui para o seu cérebro a fim de ser usado pela mente para o pensamento não orientado para a batalha. A neuroquímica do seu corpo tornar-se-á atípica do ódio momentâneo, difundido, de caráter hormonal e sistêmico. Seu cérebro interromperá o funcionamento do seu sistema imunológico, porque está mais ocupado com ferir do que com curar, e menos voltado para uma longa vida do que para continuar vivo agora. Ele o fortalecerá com sua reação de urgência, bombeando endorfinas por todo o corpo com vistas a um ápice hormonal que suprime quaisquer formas de distração e que o mantêm concentrado na situação que se depara, além de garantir-lhe a motivação para a atitude nociva.

De que modo é possível dizer se o macaco furioso está à solta?

Atente para as úlceras provocadas pela raiva e para a ruminação da hostilidade. Para ver a extensão dos prejuízos causados pela raiva a seu corpo e pelo cérebro, conte o número de medicamentos para dor de cabeça, para o estômago e os intestinos na farmácia perto da sua casa. Depois, conte o número desses medicamentos na sua casa. Essas substâncias que são sinal da raiva constituem "alimento para o macaco furioso"; quanto mais alimentos desses você tiver, menos feliz será a sua vida, além do que você terá mais possibilidade de sofrer de doenças provocadas pela raiva.

Os distúrbios estomacais, a flatulência e as úlceras são manifestações da hostilidade crônica. As úlceras incluem buracos na parede do estômago (úlceras gástricas), nos órgãos em torno do estômago (úlceras pépticas), acima do sistema digestivo (úlceras esofágicas), ou no limite do estômago e dos intestinos (úlceras duodenais). Estas não se formam durante a raiva, mas durante os períodos de recuperação do *stress*. Se você está num estado crônico de recuperação da raiva, está continuamente em condição de formação de úlcera. Ninguém sabe ao certo qual a porcentagem de úlceras causadas pelo *stress*, mas a maioria dos pesquisadores hoje está certa de que a raiva é uma causa predominante da vulnerabilidade para as úlceras ou do enfraquecimento do sistema imunológico, o que, por sua vez, ajuda a controlar as bactérias que causam algumas úlceras.

Quando você está nervoso, seu cérebro não se preocupa quanto à digestão. Ele está mais envolvido com cuspir do que com engolir, ou está mais voltado à agressão verbal e até física com respeito a outra pessoa, a fim de se proteger de uma invasão de território imaginada. O líquido digestivo no seu estômago é muito ácido, mas o revestimento do seu estômago está constantemente produzindo camadas de massa protetora. A exemplo das células que constituem o cabelo, as que compõem o seu sistema digestivo se desenvolvem muito rapidamente, multiplicando-se em segundos. Quando você sente muita raiva e se comporta de modo agressivo, seu cérebro diz ao seu estômago que ele não precisa de células protetoras no momento porque toda a sua energia é requerida para a luta. O alarme neuro-hormonal é, "Lute, não se alimente". Assim, o estômago pára de produzir as células para a sua proteção.

Finda a batalha, seu cérebro pode dizer ao seu corpo que ele está a salvo para celebrar a sua "vitória". A ruminação da maldade, de modo semelhante à fome que acompanha o uso da *marijuana*, também pode ser seguida de acessos de raiva. Assim, é possível que você tenha uma vitória tranqüila e total ou se empanturre de comida de má qualidade. Quando os ácidos fortes da digestão começam a fluir de novo, eles se deparam com o revestimento do estômago que diminuiu, de modo que perfuram-no e causam úlceras.[11]

Não envolva seus intestinos num bate-boca. Nossos intestinos também são afetados pela nossa reação de raiva. O ato de comer é uma de nossas atividades mais agradáveis, e muito do que comemos pode ter um bom sabor, mas nem sempre é usado de todo pelo corpo. O que não usamos permanece no intestino grosso depois que o estômago, os dutos biliares e o intestino delgado fizeram seu trabalho de seleção. Quando você está pronto para lutar em favor da defesa do seu território, seu cérebro quer "descarregar" toda bagagem excessiva para estar mais leve e livre para lutar.

A linguagem que usamos quando sentimos raiva reflete o que se passa em nosso corpo. Berrar um palavrão envolvendo a idéia de defecação expressa o desejo de nosso cérebro quanto a livrar-se do conteúdo dos intestinos porque ele pode retardá-lo em sua batalha. Provavelmente, é-lhe dado analisar seu próprio vocabulário: quantas vezes você usa palavras que expressam a necessidade de defecar, urinar ou ter relações sexuais? Você pode observar o total comando dos sistemas do corpo ocorrendo por ordem do cérebro em fúria.

A conseqüência de envolver seus intestinos num bate-boca é a flatulência, a diarréia ou problemas intestinais. A alimentação também atravessa o sistema de um modo tão rápido que o corpo não se distrai com as obrigações típicas da digestão. Isso resulta num aumento da mobilidade do intestino grosso, significando que tudo atravessa rápido demais para que a água seja absorvida com propriedade. A conseqüência é a "diarréia da defesa". Conseqüências ainda mais graves podem ser distúrbios intestinais, que incluem colites, cólon espasmódico, inflamação dos intestinos, constipação e dor de barriga.[12]

Cuidado com pessoas esquentadas ou frias. Como vimos no Capítulo Seis, algumas pessoas são "reatores quentes" inatos e se compensam pela hipossensibilidade buscando estímulos extremos, ao passo que outros são "reatores frios" inatos, já por si só excitáveis, e que tentam evitar a estimulação.[13] Essas condições são estados de desequilíbrio, ou falta de *pono*. Os reatores quentes passam por muitas provocações cardiovasculares todos os dias. Como o tráfego que se desloca ao longo de uma avenida repetidamente e forma "panelas", a pressão intensa e crônica do sangue surgindo por meio das artérias em resposta à raiva produz fissuras mínimas nas paredes dos vasos. Essas esfoladuras e arranhões criam condições para a formação da moléstia e, por fim, o entupimento da artéria é a conseqüência.

Se ficamos de "cabeça quente", a espera de nos bater com alguém para nos "ligarmos" (na condição de reatores quentes), ou, com medo, "esfriamos", nos protegendo de conflitos que nos perturbem (reatores frios), o sistema de oscilação equilibrado de nosso corpo acumula tensão em excesso por meio do alerta da proteção do território, alerta que é excessivo.

Para controlar o seu cérebro inerentemente predisposto à raiva, preste atenção *ao* corpo, não tome remédios em excesso nem mascare os seus sinais. O corpo lhe diz quando está sofrendo o agravo do cérebro, assim, use a abordagem do ACE proposta pelo psicólogo Gary Schwartz e esboçada no Capítulo Oito. Se você sentir o seu estômago manifestando alguma alteração em função da raiva, diga ao cérebro que tem consciência do que se passa. Pergunte a si mesmo se quer ou não abrir alguns buracos no estômago, prejudicar os intestinos ou desperdiçar mais batimentos cardíacos na defesa de seu território físico ou emocional. Se não, sente-se, cale a boca, respire fundo e diga ao cérebro que se acalme.

Não ataque o seu coração. Assim, o seu cérebro tem-lhe dito que aquilo que considera seja o seu território tem sido ou pode ser violado (o pensamento), o que o deixou emocionalmente pronto para a luta (a reação). Sabendo que o corpo não pode ser mantido num estado de hostilidade e agitação por muito tempo, o cérebro o encoraja a atacar. Todos os sistemas do seu corpo criados para o prazer agora são convocados para a guerra.

A agressão que advém das emoções defensivas raramente é modulada. O cérebro não está envolvido com o fato de uma ameaça constituir ou não um perigo real e presente. Mesmo que o cérebro esteja em alerta por meio de um estímulo presente que representa uma invasão passada que ocorreu anos atrás, ele passa pelas mesmas formas de moção. O corpo pode ser tanto despertado pelo reflexo da raiva como estar na presença do perigo imediato, e nosso sistema imunológico, bem como o coração, são postos em risco não apenas pelas ameaças presentes mas pelas recordações das frustrações do passado.

Por civilizados que pensemos ser, o que estamos fazendo quando somos agressivos é tentar "ferir" ou "matar" o invasor. A não ser que tenhamos aprendido os primeiros dois elementos da receita do prazer, *ahonui* (paciência) e *lokahi* (unidade), de imediato abandonamos *'olu'olu* (amabilidade) a fim de atacar quem quer que nos ameace. Devido ao fato de, como crêem os polinésios, todas as barreiras serem ilusões e sermos todos um, sempre que atacamos alguém ou algo, estamos atacando na verdade uma parte de nós mesmos.

À agressividade se seguem ações identificáveis. Pelo simples fato de fazer sua mente "tomar parte" do ciclo de agressividade do cérebro, você o pode interromper. Dessa forma, quando começar a agir ou a falar agressivamente, tente se lembrar de se "AFastaR" de sua territorialidade evolucionária.

A = *agressão*. Quando nosso cérebro sente a frustração, ele tende a intensificar a ação em vez de considerar outras reações. Como foi ressaltado na Parte Um, o cérebro é uma glândula reflexiva e pode facilmente irromper num jorro de hormônios nocivos que se espalham pelo corpo. A não ser que usemos nossa consciência superior para ensinar-lhe a paciência, a união e a afabilidade, ele exigirá de nós que exageremos nossas ações e que castiguemos qualquer transgressão em nosso território.

F = *frustração.* A hostilidade é um reflexo da idéia de poderio. Quando nos sentimos impacientes e separados do mundo, nos sentimos ineficazes. A menos que pratiquemos intencionalmente *ahonui* e *lokahi* em fartura para aumentar nossa equanimidade, nos sentiremos de todo frustrados. A agressão é a reação natural à frustração.

R = *regressão.* O comportamento agressivo nunca funciona. Gritar, bater e rebaixar os outros de modo sarcástico nunca nos traz paz nem alegria. O cérebro frustrado e enfurecido nos faz ter acessos, e agimos como crianças se batendo em disputa por causa de um balde numa caixa de areia.

O ciclo desse se "AFastaR" não ocorre apenas entre as pessoas. Nosso cérebro predisposto à raiva também nos põe em luta com nossos próprios pensamentos, situações e coisas. Considere um exemplo simples: pendurar um quadro. Você começa a bater o prego, erro o alvo e acerta o polegar. A princípio, você diz "Ai!". Na vez seguinte em que acerta o dedo, você começa a sentir a frustração de uma invasão no seu território físico, no seu tempo, na sua pele e no amor-próprio que envolve pendurar um quadro. Assim, você fixa o prego e resolve bater nele com mais força. Se errar de novo, isso o leva a mais raiva e a uma coordenação menor, de modo que você acerta o polegar mais uma vez. Em regressão irracional e infantil, você ensina ao martelo uma lição ao jogá-lo ao chão, bradando-lhe imprecações e ficando ainda mais contrariado quando vê que ele bateu na mesa e arrancou-lhe uma lasca. Esse ciclo de frustração, agressão e regressão se dá em todo o nível do comportamento humano, desde um romance até guerras internacionais. Lembre-se: essa vida cheia de raiva implica "AFastaR" de si mesmo o prazer saudável dos oceânicos.

Dez Mitos Sobre a Raiva

O pensamento oceânico tem como conseqüência menos limites imaginários para defender. Como qualquer proprietário que more em frente ao mar vai-lhe dizer, o oceano não tolera barreiras. Para pôr um fim à sucessão do "AFastaR", tente intervir no primeiro passo: o pensamento. Cultive pensamentos menos territoriais sobre o mundo. Pergunte a si mesmo, "O que estou, de fato, protegendo?" e "Quero cometer abusos contra o meu corpo dessa maneira?" O pensamento claro diminuirá a hostilidade. Enquanto tal reação hostil é tão imediata, que por vezes agimos antes de pensar, com prática na consciência paciente você achará cada vez mais fácil dominar as inclinações à raiva.

Eis aqui os dez mitos sobre a raiva que podem nos levar a ações coléricas automáticas. Você acredita em alguma delas? Depois de saber a verdade sobre elas, será capaz de colocá-las sob seu comando?

Mito sobre a raiva 1: A raiva não-expressa leva ao câncer. Há poucas pesquisas que comprovam a existência da assim chamada personalidade "Tipo C" ou predisposta ao câncer.[14] Especulou-se que pessoas assim propensas são incapazes de exprimir a raiva, mas estudos nessa área não conseguem apoiar esse argumento.[15] Algumas pesquisas recentes mostram que as "pessoas que explodem", ou as que têm rompantes freqüentes de raiva, têm mais câncer do que os que não se comportam dessa forma.[16] Um *kahuna* me disse, "Seus sentimentos não estão dentro de você. Eles sequer são seus. Eles são *ha*, o ar que respiramos. São uma parte de todos nós e são partilhados por todos nós. Você só passa por eles de quando em quando. Se você os põe a perder quando eles o atravessam, misturando-os com a raiva, você acaba por envenenar todos nós e tudo porque não vive *aloha*".

Mito sobre a raiva 2: A raiva não-expressa aumenta a pressão sangüínea e causa doenças no coração. De fato, o oposto é verdadeiro. Expressar a raiva aumenta a pressão sangüínea e interfere significativamente na eficiência do coração.[17] As pesquisas sobre isso são claras: a expressão declarada da raiva é a principal ameaça ao sistema cardiovascular, e, pelo fato de isolar as pessoas, tal condição também as leva à doença.

Uma dançarina polinésia me disse, "Não posso dançar quando estou nervosa. Se fui desprezível a alguém, minha dança será desprezível, e isso ofenderá os deuses. Eu sempre *pule* (rezo) antes de dançar e peço para ser perdoada por qualquer raiva que eu tenha transmitido ao mundo e para perdoar os que tiveram raiva de mim".

Mito sobre a raiva 3: Depressão é a raiva às avessas. Essa falácia freudiana de oitenta anos agoniza. A psicologia popular ainda sugere que nossas emoções funcionam como líquidos no *container* que é nosso corpo. Tape o fluxo em qualquer pessoa e em qualquer lugar e ele transbordará num outro. Essa teoria psicodinâmica propicia uma boa desculpa para a expressão da agressividade, mas simplesmente não é verdadeira. A pesquisa moderna tem mostrado que nossas emoções não estão dentro de nós, mas, de preferência, compõem um sistema de interação com tudo e todos. Assim, quando agimos agressivamente, não somos vítimas indefesas de uma "tampa" emocional em nosso sistema de bombeamento neuro-hormonal. A raiva não é depressão às avessas, tampouco uma reação contrária à válvula de escape deficiente das emoções. Com efeito, a pesquisa de PNI indica que ficar com raiva verdadeiramente piora a depressão.[18] A agressão *é*, contudo, uma evidência da Síndrome de Deficiência do Prazer. As pessoas felizes em geral não são pessoas agressivas.

Disse um *kupuna*, "Sempre posso distinguir uma pessoa feliz. Só tenho de olhar para os que estão à volta dela. Olho para as plantas dentro da casa dela e em torno de sua casa. As pessoas felizes têm um lugar feliz".

Mito sobre a raiva 4: Mostrar a sua raiva é apenas ser sincero sobre suas emoções. A cultura ocidental nos ensina a ser sinceros e a expressar nossos sentimentos mais íntimos, particularmente a raiva. O problema é que as emoções existem para dar cor a nossas experiências e por vezes deturpá-las e exagerá-las.

Devido ao fato de muitos de nossos cinco sentidos fundamentais serem fracos em comparação com os de outras espécies, nosso cérebro e nossas emoções intensificam o que nos chega para compensar. As emoções nos levam a agir com intensidade. O modo como nos sentimos pode ser honesto, mas nem sempre é *sincero*. Quando somos predominantemente passionais, não vemos a verdade com muita clareza, temos apenas a versão da realidade que é ditada pelo cérebro, e a interpretação deste é uma projeção aumentada e tendenciosa do que foi selecionado.

Um *kahuna* disse, "Não deixe que as suas emoções sejam você. Elas são como a fragrância das flores, mas não são a flor. São como música e podem motivá-lo, mas não são a dança. Se você tivesse de expressar a sua emoção mais verdadeira, sempre estaria expressando *aloha*. Não desperdice seus momentos de prazer ficando com raiva".

Mito sobre a raiva 5: Demonstrar a sua raiva é o modo que você tem de obter justiça. Quando nos sentimos frustrados e com raiva, estamos por vezes procurando justiça para uma transgressão percebida. O seu cérebro só vê um lado do problema: o seu lado. Como advertiu Benjamin Franklin, há sempre uma razão para irar-se, mas é raro que haja uma boa razão. A reação de urgência exagerada da raiva não se destina a ver o mundo do ponto de vista de alguém mais, só visa garantir nossa sobrevivência pessoal. A raiva e a agressão a que essa reação leva são hipócritas, não autênticas.

Um *kupuna* certa vez me disse, "O oposto da injustiça não é a justiça, é *aloha*".

Mito sobre a raiva 6: Você alcança o ápice da força e da eficácia quando está com raiva. O sentimento de raiva sadio pode ajudar quando você está sendo ameaçado durante um roubo ou um assalto, mas ela é quase inútil no que diz respeito à vida cotidiana. A raiva é uma emoção que caminha paralelamente à culpa, ao ressentimento, ao medo e ao ódio. A raiva se alimenta de si mesma, frustrando-nos intelectual e emocionalmente quando mais precisamos pensar com clareza. A fumaça do fogo da hostilidade é uma névoa que nos tolda a visão. Dizer que nos permitimos sentir raiva e ficar aborrecidos pode ser estimulante, mas acusar alguém mais de nos deixar com raiva é uma aceitação da falta de poder.

Um *kupuna* disse, "Assim como o cozinheiro que fica com raiva do fogo e sopra a brasa e as cinzas com força, você ficará com os seus olhos e a sua boca cheios de cinza, e nunca será capaz de ver e usufruir a vida enquanto estiver ocupado aumentando a força de suas chamas".

Mito sobre a raiva 7: Dar vazão a sua raiva impede a violência. Enquanto a mente oriental-asiática não seja inclinada a dar vazão às emoções, a cultura ocidental enfatiza a expressão de quase todo tipo de sentimento, em qualquer lugar e a qualquer momento. Uma pessoa só precisa andar pelos corredores de uma escola e ouvir a linguagem dos estudantes para ver como as emoções, particularmente a raiva, são expressas livremente. A partir de nossa crença nessa liberação de sentimentos, semeamos uma das sociedades mais violentas da história. O conceito polinésio de que as palavras têm *mana*, ou energia, é verdadeiro. Nosso vocabulário reflete como vivemos e também ajuda a determinar esse modo de viver.

Um *kupuna* disse, "Cada palavra tem um *mana* poderoso. Você cria o mundo quando fala, portanto, fale sempre com *aloha*".

Mito sobre a raiva 8: Os pais deveriam extravasar a raiva um no outro a fim de serem pais melhores. Os pesquisadores sociais e na área da saúde sabem que talvez o único risco maior para a saúde e felicidade das crianças seja as desavenças entre os pais.[19] Quando você briga com seu parceiro, pode fazer justiça a curto prazo para si mesmo, mas o legado para os filhos será a injustiça. Todos os principais estudos sobre a vida familiar claramente corroboram uma advertência: nunca brigue na frente dos seus filhos.[20]

Um *kupuna* disse, "Os pais deveriam mostrar aos seus *keiki* (filhos) como viver *aloha*. Se eles brigam e discutem, estão criando guerreiros e estão nos ferindo a todos nós".

Mito sobre a raiva 9: Uma boa "explosão" de raiva purifica o ar. Trata-se da teoria da catarse da raiva, que sugere que uma boa briga de vez em quando naturalmente purifica e revitaliza o relacionamento.[21] Infelizmente, só o oposto é verdadeiro. Expressar a raiva só faz aumentá-la. Ela contamina os relacionamentos e por fim absorve deles o *mana*. A raiva leva ao desprezo, este ao desgosto, e nada há como o desgosto para impedir uma vida de prazer partilhado.

Um remador havaiano disse, "Realmente tomamos cuidado quando saímos com nossas canoas. Sabemos que estamos criando nossos próprios ventos, assim, não queremos ficar com raiva e criar tempestades para termos de navegar através delas".

Mito sobre a raiva 10: É preciso sair da pose. Esse mito é sobre o poder. Segundo ele, quanto mais raiva você expressa, mais êxito consegue por meio da confiança positiva e do limite de competição. O problema com os limites é que você pode ultrapassá-los acidentalmente; as pessoas com raiva ficam cada vez mais furiosas na dependência viciosa da reação de urgência. Cursos para o treinamento da atitude positiva pipocaram na última década, mas a pesquisa de novo contradiz a psicologia popular. É claro que os que confessam sua raiva do modo mais agradável, apropriado e aceitável socialmente, são os mais bem-sucedidos em todos os setores da vida.[22]

Disse um *kahuna*, "Se você quiser ser saudável, seja bom. Se quiser curar, seja gentil. Se quiser ajudar alguém a ser saudável, seja generoso".

O Controle da Bomba Emocional: "Confessar" a sua Raiva

O quanto de prazer você usufrui na vida está em proporção direta com o grau em que você não expressa a raiva. A forma euro-americana de lidar com a raiva é voltá-la para os relacionamentos. Ela se baseia no "erro de atribuição" que diz que se alguém mais tem raiva isso se deve a sua personalidade, mas se você mesmo está com raiva isso se deve às circunstâncias. Por outro lado, o modo oriental de lidar com a raiva por vezes leva a um recuo de passividade e agressividade a um só tempo quanto aos relacionamentos íntimos. Como você já leu, o Terceiro Caminho Oceânico é "confessar" a raiva em vez de "expressá-la" ou dar vazão a ela.

Confessar a raiva envolve admitir para si mesmo e a quantos o rodeiam que você não está pensando, sentindo nem se comportando apropriadamente quando está com raiva. Não pode fazer isso num vácuo emocional, aprendendo assim o princípio de *ha'aha'a* (a humildade modesta, analisada no Capítulo Dez, constitui uma boa parte desse processo).

Se a sua contagem foi relativamente alta na sessão de *'olu'olu* do Teste de *Aloha*, pode ser útil que você pense em si mesmo como o que o psicólogo Martin Seligman chama de "controlador da bomba emocional".[23] Você sabe que pode explodir emocionalmente e, assim, você tenta estar consciente do pensamento cínico que acende o estopim da sua afetividade, e dos sinais do corpo que lhe permitem saber que o estopim foi aceso.[24] Nesse sentido, você pode começar a tomar providência para desativar a bomba.

Olu'olu Ha'awina (Lição de Concordância)

Uma das polinésias em meu grupo de entrevistas falou-me do que ela denominou como sendo a técnica do controle da raiva *'a'i* (pescoço), que lhe foi ensinada pela bisavó.

Quando seu cérebro lhe chama a atenção para o fato de que houve uma transgressão, toque de leve o lado do pescoço para sentir a pulsação da carótida. Se a sua pulsação começar a aumentar, seu cérebro está em regressão, seu coração está concentrando tensão e o seu sistema imunológico está sendo posto em risco. Lembre-se do primeiro dos dez cânones do comportamento de Thomas Jefferson: "Quando estiver nervoso, conte até dez antes de falar. Se estiver muito nervoso, conte até cem".

A seguir, abaixe a mão e respire lenta e profundamente por dez vezes. Tome o pulso de novo. Não pense na transgressão que percebeu enquanto a sua pulsação não tiver diminuído.

Conquanto o cérebro freqüentemente informe o corpo do que fazer, este também se comunica com aquele. Dê ouvidos ao corpo e deixe que ele o ajude a se acalmar e dar um fim à contenda.

Não só nos comportamos como nos sentimos, mas também podemos vir a nos sentir como nos comportamos. Nunca se envolva com a raiva quando seu corpo estiver em forma de ataque. Se quiser lidar com uma transgressão, tome nota dela, anote também o que o cérebro considera seja a fonte dessa raiva e então faça uma pausa. Retome o problema dias depois, quando o seu corpo estiver mais calmo e o seu cérebro menos na defensiva. Lembre-se: os estados de raiva não resolvida aumentam muito mais velozmente do que um acesso de raiva recente, de modo que é melhor você se livrar dela do que falar sobre ela. Se acha que não tem tempo para se livrar dela, vá dar um passeio antes de retomar o problema. O estopim da raiva é inflamável durante muito tempo.

O psicólogo Daniel Goleman adverte que, quando estamos com raiva, perdemos o controle das emoções.[25] Quando não nos vemos cheios de hormônio da raiva, podemos tentar ser as pessoas racionais que somos quando calmos. Dizem os polinésios, "Sempre aja como a pessoa que você gostaria de ser em vez da pessoa que você afirma os outros o fazem ser".

Todos "perdemos" às vezes. A chave para o prazer é não ficar com raiva de você mesmo porque você sentiu raiva. A exemplo da infelicidade, todos devemos ter nossos momentos de raiva e podemos aprender com eles. Eis aqui o caminho para o prazer do modo como foi expresso por um *kumu hula* havaiano (professor de *hula*): "A vida aprazível é uma vida de prazer. A raiva não dá vida, só faz tirá-la. É uma afronta aos deuses. Aos ancestrais também, além do que faz com que a terra sinta dor. A raiva se derrama na terra e nas pedras, e flui para o mar e o polui e mata os peixes. Você acaba nadando nas águas que ajudou a poluir. Nunca expresse a sua raiva, mas sempre aprenda com ela ao confessá-la. Vez por outra, os *aumakua* vão provocá-lo e submetê-lo a dificuldades, parecendo deixá-lo com raiva; na verdade, estarão observando se você está vivendo *aloha*. Quando estiver com raiva, não terá nenhum *aloha* porque não há condições para isso. Ninguém é feliz por ter tido raiva.

Você não é importante o bastante para que as pessoas ou para que Deus despenda tempo tentando deixá-lo nervoso. Um cortador de cana chinês me disse certa feita, 'Se você for paciente num momento de raiva, não terá de passar por cem dias de sofrimento'".

CAPÍTULO DEZ

A Magia da Modéstia — Silenciar o Eu, Salvar a Alma

Ha'aha'a: Humildade a ser expressa com modéstia.
"Ku'ia ka hele a ka na'au ha'aha'a"

(UMA PESSOA HUMILDE ANDA COM CUIDADO,
DE MODO QUE NÃO MAGOA OS QUE ESTÃO PERTO DELA.)

"Oba!", gritou o jovem taitiano depois de mergulhar espadanando nas águas reluzentes do mar. Puxou a máscara de mergulho sobre a testa e ergueu os braços para o ar. "Quase me esqueci de vir à tona para respirar. Fiquei tão perto do tubarão, que cheguei a sentir a respiração dele. Perdi por completo a noção do tempo e de que eu estava debaixo da água", disse ele. "Amigo, nunca me senti tão vivo. Eu estava de fato com aquele tubarão. Tão próximo da vida real quanto é possível estar – uma experiência próxima da vida."

Em nosso mundo moderno, infelizmente, essas experiências "próximas da vida" não recebem tanta atenção quanto as assim chamadas experiências "próximas da morte". Estas, que compõem relatos do sentimento de exaltação de pessoas que foram ressuscitadas depois de uma parada cardíaca, deveriam ser chamadas com mais propriedade de "iluminação antes da morte". Não raro tem-se a impressão de que só compreendemos a alegria de viver depois de deparar a realidade de que podemos não viver muito e de que nosso sentido individual de nosso eu físico é finito. Batemo-nos para perpetuar o eu, no entanto, ironicamente, parecemos incapazes de usufruir plenamente a alegria em nossos sete sentidos, em nossos muitos eus e no planeta de que fazemos parte.

Em última análise, não podemos ter uma visão agradável da vida se a única coisa que vemos é o nosso eu. Não podemos ver a beleza se voltamos os olhos apenas para nossas expectativas em vez de para as oportunidades simples e um tanto imperceptíveis que a vida nos dá. Quando estamos envolvidos com nós mesmos, não conseguimos ouvir os sons da natureza porque só ouvimos a algaravia em nosso cérebro. Quando pensamos apenas em "nós", escapa-nos o toque terno da mão dos outros. Não conseguimos sentir o ar puro da terra nem sentir o gosto do néctar natural dos alimentos se pensamos só em como evitar as toxinas e diminuir nosso colesterol e nossos níveis de gordura. Não nos dispomos ao fluxo e refluxo das energias psíquicas que nos circundam quando cedemos às instâncias do cérebro para conseguirmos todo o estofo físico a que nosso eu se sente intimado. Quando nossos seis sentidos fundamentais são isolados e usados apenas para a "sobrevivência", nosso sétimo sentido para o prazer, para o sentido e para a união começa a se atrofiar.

A Epidemia da Eficácia do Eu

O pesquisador e cientista Lewis Thomas acredita que a necessidade de preenchermos nossos dias fazendo algo para proteger nossa saúde e evitar a morte se tornou endêmica em nossa cultura. Ele escreve, "Os americanos são obcecados pela sua saúde. [O aspecto negativo é que isso dá]... a impressão de que somos feitos como um tipo de organismo imperfeito – falível e frágil e propenso ao colapso, a menos que tenhamos o amparo do que ora se convencionou chamar de sistema de cuidado com a saúde".[1] Não é coincidência que um dos livros mais vendidos da última década seja *The Seven Habits of Highly Effective People*.[2] Ele vendeu mais de seis milhões de exemplares só na América do Norte, e foi traduzido para 28 línguas. O seu autor, Steven Covey, aborda nossa patologia da infelicidade e da necessidade de grande competência. Covey afirma, "Não é natureza nem alimentação; é nossa escolha. Somos uma conseqüência de nossas opções. Creio que algumas pessoas fizeram a opção de seguir um caminho ruim".[3] Ele acrescenta, orgulhosamente, "Não posso me lembrar de nenhuma infelicidade em minha vida".[4] Talvez por causa de sua própria vida afortunada, Covey parece querer dizer que uma infância sem amor nem estabilidade familiar é opção da criança, e que o câncer é opção do paciente. A filosofia oceânica não aceita esse modelo do "eu todo-poderoso".

Ironicamente, a própria infelicidade que leva muitas pessoas a comprar centenas de livros de auto-ajuda é causada pelo desapontamento em parte devido à mensagem enganosa desses livros. Na verdade, conservar o prazer advém de nos permitir a alegria de uma experiência plena – tanto boa como má em nossa vida. Ambos os estados são uma parte natural e *inevitável* de estarmos vivos. A doutrina oceânica professa que "a auto-ajuda" é impossível porque não somos criaturas separadas. Nossas melhores lições não provêm de tentarmos ser felizes, mas em ceder e termos consciência de nossa natureza humana e da natureza da vida, para que a felicidade e a saúde nos possam ocorrer.

Contrariamente ao que se chama popularmente de "psicologia do fortalecimento de si mesmo", nem tudo o que nos acontece na vida se deve às escolhas que fazemos, assim como uma baleia encalhada no refluxo da maré não optou por nadar em águas erradas. Fazemos *parte* de um mundo naturalmente caótico, e não somos de todo eficientes nem poderosos a ponto de o controlar. Em sua força majestosa, a beleza de um tornado não difere muito da de uma cascata silenciosa. A receita do prazer se baseia na suposição de que não somos sempre eficientes, nem sempre temos opções e por vezes não podemos fazer muito sobre o que nos acontece, a não ser usufruir de tudo tanto quanto possível.

Um outro paradoxo do prazer é que parece que temos mais vida quando temos menos consciência de que estamos vivos. Nunca estamos unidos vitalmente com toda a experiência humana e com o nosso mundo – não estamos mais do que quando nos achamos menos absorvidos com quem somos e como podemos ser mais "eficientes" e mais "felizes".

Quando faço palestras, minha platéia amiúde se surpreende quando digo que nosso medo maior, o término do sentido físico que temos do eu, é verdadeiramente o maior prazer de que dispomos. Enquanto prossigo com a descrição dos momentos mais agradáveis de nossa vida, as pessoas começam a concordar que perder a idéia de eu é de fato o melhor modo de usufruir a vida. Alguns exemplos de ego menor e mais vida incluem fazer amor de modo tão terno e pleno, que você se torna inteiramente unido ao outro; deitar-se na grama olhando para a vastidão do céu e os bilhões de estrelas que trazem em si os mesmos elementos encontrados nos seus ossos; rir tão alto, que faz você dizer que algo é tão engraçado que o está "matando"; ou a súbita mudez da sua consciência de si mesmo ao deparar a grandeza e graça de um animal gigantesco.

Lembre-se de uma das suas próprias experiências próximas da vida. Pense em uma das melhores épocas que você teve na vida. Lembre-se de uma circunstância em que se sentiu tão unido e envolvido com o que estava fazendo, que seus aborrecimentos e obrigações se tornaram irrelevantes, a ponto de você perder todo o sentido do eu. Pense naquela vez em que você se banhou ao sol das maravilhas de estar vivo e sentiu o assombro que Sir Frances Bacon chamou "a semente do conhecimento e a cogitação da forma mais pura de prazer". Qual foi o momento da sua vida em que você ficou mais extasiado diante da glória de sua oportunidade de estar vivo? Eu afirmo que suas próprias "experiências próximas da vida" são resultado do Terceiro Caminho, o de estar menos consciente do ego independente.

Epifanias e Epiorganismo

Uma *epifania* é a súbita manifestação do sentido e objetivo da dádiva da vida. Trata-se de uma experiência que envolve o típico "Aha!" da constatação, uma idéia aguda sobre a natureza essencial e a essência da vida. Ela se dá quando transcendemos a reação de urgência e as exigências do cérebro egoísta para sentir a união essencial com tudo e todos. A epifania nos faz sentir mais sábios e vivos. Sentimos que não apenas estabelecemos uma reação, mas nós, como as criaturas, nos tornamos mais conscientes de sermos Unos com o Criador.

A perda do eu é o componente-chave da epifania. Nós nos revitalizamos por meio da morte do narcisismo que nosso cérebro promove na nossa vida cotidiana. Não nos tornamos tanto um organismo separado, mas passamos a ser sobretudo um epiorganismo. Este é um termo biológico para indicar uma parte de um sistema que opera com uma energia, um sentido e um propósito muito além dos indivíduos que o compõem. Durante a epifania, o eu fica em silêncio e fazemos parte de uma experiência integral e complexa da vida e funcionamos como um organismo.

O mitólogo Joseph Campbell sugere que há apenas duas vias para a iluminação: o sofrimento e a epifania. Essas duas experiências humanas naturais e necessárias são profundamente influenciadas por nossa boa vontade quanto a deixar de lado o egocentrismo a fim de desenvolver nossa capacidade de dominar o quarto elemento de *aloha*, que é *ha'aha'a* (uma palavra polinésia que traz em si o fator típico do "Aha!").

Como se lerá no Capítulo Quinze, o sofrimento é essencial ao prazer porque é uma das duas formas pelas quais aprendemos o objetivo, o sentido e as alegrias potenciais da vida. Quando procuramos e achamos apoio social e nos distraímos de nossa concentração em nosso eu, o que por vezes resulta do sofrimento físico ou mental, o grau do sofrimento pode ser diminuído, e as oportunidades para aprender podem aumentar muito. Os analgésicos atuam abrandando artificialmente o eu: eles entorpecem o cérebro para diminuir o estímulo físico que nos causa o mal-estar. Esse tratamento não promove o conhecimento, mas tão-só anestesia. Estabelecer vínculos mais íntimos com os outros e com o mundo é uma outra forma de diminuir o sofrimento, pelo aumento do sentimento de alegria e as alterações hormonais que o acompanham. Essa abordagem do *ha'aha'a* tem a vantagem de promover o conhecimento e aumentar a consciência.

Os polinésios se referem à epifania como *malamalama*, e chamam de *na'auao* o processo de se ligar mais sensata e visceralmente ao mundo. Eles ensinam que a sabedoria adquirida com *malamalama* deriva da consciência coletiva e da capacidade de sentir alegria em estar totalmente ligado a uma tarefa presente, a um pensamento ou a uma ação conjunta. Um polinésio me disse, "Nossa *na'auao* (iluminação) não é 'tornar nosso ato conjunto', mas é, de fato, sentir que atuamos conjuntamente".

Enquanto você reflete sobre suas próprias experiências próximas da vida, pode descobrir que a sua sensação mais penetrante nesses momentos foi certo sentimento de perda da consciência de si mesmo. Cada um dos cinco componentes de *aloha* requer dos outros quatro que lhe dêem seu poder, portanto, a alegria de *ha'aha'a*, o eu mínimo, só pode ser alcançado ao se praticar *ahonui* (paciência), *lokahi* (unidade), *'olu'olu* (concordância) e *akahai* (amabilidade).

Lembre-se:

- ▼ Um eu agitado (falto de *ahonui*) é apressado demais para fazer uma pausa e usufruir os prazeres simples da vida.
- ▼ Um eu sem união (com muito pouca *lokahi*) é demais solitário para repartir e usufruir a beleza quando ela é vista e sentida.
- ▼ Um eu com raiva (com muito pouca *'olu'olu*) é por demais antagônico para dispor-se ao convite sutil do prazer de todo dia.
- ▼ Um eu agressivo (com muito pouca *akahai*) está demasiadamente na defensiva para abrir-se aos prazeres proporcionados por quantos o rodeiam.

O Prazer de Fluir

Vivendo no meio do maior oceano da terra e navegando pelo mar na maior parte de seus dias, os polinésios aprenderam a arte de fluir. Para sobreviver nas suas comunidades insulares, eles têm de viver juntos como um epiorganismo, têm de "ir com a maré" de sua existência insular. Não se podem dar ao luxo de ser egoístas porque a independência concentrada no ego pode destruir seu lar em forma de ilha. Eles levam uma vida caracterizada pelo que Mihaly Csikszentmihalyi chama de *fluxo*, as mesmas características de comportamentos, pensamentos e sentimentos que com mais probabilidade levam às epifanias ou *malamalama*, que causam uma vida significativa, alegre e saudável.[5]

Csikszentmihalyi identifica oito fatores que levam ao prazer máximo. Compare cada um desses oito "fatores de fluxo" com as suas próprias experiências próximas da vida, e você provavelmente descobrirá que esteve muito mais próximo de estar verdadeiramente vivo por ter estado em condição de fluxo.

1. A diversão da pesca. Você tem certa sensação de que pode completar a tarefa. Uma queixa constante é a de que nosso trabalho nunca se realiza e não há nenhum fim à vista. Olhamos para as pilhas em nossa escrivaninha, consultamos nossa agenda diariamente e sentimos que, independentemente de nosso trabalho duro, sempre há algo para fazer. Uma experiência de fluxo está isenta dessas metas sem fim e se caracteriza por uma compreensão de que tudo o que fazemos tem um objetivo claro.

Uma polinésia explicou isso em termos de seu trabalho fazendo *leis* [colar havaiano de flores]: "Quando estou fazendo meu *lei*, gosto de ver o fim antes de começar. Enquanto trabalho em torno do círculo e acrescento cada flor, há algumas vezes centenas de botões com que trançar meu *lei*. Sei que vou terminá-lo, mas não trabalho só para vê-lo acabado. O próprio *lei* fica pronto quando eu chego ao ponto onde comecei. Perco-me em meu *lei* e escolhemos acabar juntos".

2. A diversão da concentração. Você é capaz de se concentrar completamente na tarefa. Pelo fato de grande parte da vida moderna requerer que façamos muitas coisas ao mesmo tempo, por vezes descobrimos nosso cérebro interrompendo o curso de nossos pensamentos. Enquanto tricotamos, dançamos ou fazemos amor, o cérebro egoísta interrompe, dizendo, "Não se esqueça de que você tem de acordar cedo amanhã". Ou "Você tem coisas mais importantes a fazer". Quando nos permitimos entrar em sintonia com o que estamos fazendo, enquanto o estamos fazendo e sem distração, caímos num ritmo agradável da vida.

O papel da concentração total numa dada atividade é resumido por um havaiano: "Quando faço meus anzóis para a pesca, só penso neles. Penso em como estão ficando lisos, como estão saindo os ângulos, e que cor estão assumindo. Não penso em como vou usá-los nem em quantos peixes vou pescar. Quando sou um fabricante de anzóis, sou um fabricante de anzóis. Quando sou um pescador, pesco".

3. O prazer do objetivo. A tarefa à mão tem metas definidas. Quando começamos a fluir e a perder nosso eu em nossa atividade, a alegria advém de compreender exatamente o que deve ser feito e de como saberemos quando estiver concluído. Por outro lado, trabalhar duro sem metas claramente definidas resulta em tensão.

O fabricante de anzóis de pesca partilhou sua alegria de um claro objetivo desta forma: "Você pode esfregar o seu anzol vezes sem conta, e, de certa forma, nunca termina; mas de algum modo você sabe quando já trabalhou o bastante. Você sente isso, e tal sentimento sempre o guia. Meu objetivo é ajudar o anzol de pesca sair do osso que estou talhando, o que me permitirá saber exatamente quando ele está pronto, se eu ouvir e olhar. Eis o que me mantém agindo por horas. Esfrego e talho até que esteja tão acabado quanto um anzol pode estar, não tão acabado quanto os outros fabricantes de anzol consideram que ele deva estar, nem quanto os outros anzóis parecem estar".

4. Retroalimentação física alegre. A tarefa fornece informações sensoriais imediatas. Em nossa época de comunicação eletrônica, rara é a retroalimentação pessoal, física, imediata e direta. Aquelas atividades que estimulam diretamente os seis sentidos levam à manifestação do sétimo sentido quanto ao fluxo que torna as atividades passíveis de serem usufruídas.

A fabricante de colares havaianos deu poeticamente um exemplo desse aspecto físico do fluxo. "Posso sentir cada pétala acariciar meus dedos quando ponho a flor na agulha. Posso sentir o perfume e posso ouvir a flor me dizer de que modo colocá-la no cordão. Falo às flores o tempo todo. Canto e embalo e deixo o colar me ajudar a fazê-lo. Fazer o *lei* é como *hula*. Você tem de dançar com ele."

5. Estar à vontade no comando. Você tem um profundo senso de controle. Uma das maiores ameaças à reação de felicidade e à sensação de fluxo é que esse pode ser bloqueado pela sensação de perder o controle. Grande parte de nossa vida parece estar sob o controle de forças que não podemos ver. Quantas vezes você ouviu alguém explicar, "Não há muito que eu possa fazer sobre o assunto"? Quando fluímos, contudo, nos sentimos *no controle* sem estarmos *controlando* porque reduzimos a tarefa ao seu tamanho e estamos alertas para nosso impacto e eficácia sobre aquela estrutura limitada. Nossos êxitos e fracassos são como crianças a quem não podemos dar crédito total mas por quem ainda somos responsáveis, além de sermos sensíveis a elas.

O fabricante de anzóis polinésio deu a sua definição desse problema do controle: "Quando faço meu anzol, sinto que tenho o controle total de toda a minha vida, porque não estou tentando ser o chefe. Minhas mãos se movem a seu modo enquanto eu rezo e entôo cânticos. Nunca senti tanto o encargo de algo como quando estou trabalhando com os anzóis. Isso é porque sou parte de tudo, acompanhando o fluxo e não só tentando dirigi-lo. Sinto o poder da natureza através de mim, mas não tenho a impressão de ser alguém poderoso. Sou como uma palmeira se curvando aos ventos que passam".

6. O trabalho de recriação. Suas ações parecem fáceis. As atividades que envolvem fluxo de energia nunca são trabalho pesado, mas são por vezes muito intensas. No estado de fluxo, a pessoa parece "tornar-se" a tarefa em vez de tentar "fazê-la".

A fabricante de *lei* polinésia de que falei também trabalha como recepcionista numa empresa aérea. Ela considera seu trabalho com colares como algo fácil, mas não seu trabalho nessa empresa. "Eu nem sequer sei se o *lei* está pronto enquanto os meus dedos não me dizem que perfiz o círculo. É divertido, mas me sinto muito mais descansada depois que trabalhei por horas com meu *lei* do que quando passei um período sem fazer nada. Sinto-me muito mais calma e energizada depois que trabalhei por horas, muito mais do que quando só fico sentada ou quando trabalho como vendedora de passagens no aeroporto."

7. Prazer intemporal. Você perde todo o sentido do tempo. Quando fluímos, os minutos parecem horas, as horas, minutos. Podemos esquecer de comer ou até de ir ao banheiro. Os que nos cercam podem ter de nos lembrar de nossas obrigações à medida que somos levados alegremente por tudo o que estamos fazendo.

O fabricante de anzóis de pesca não é alheio à intemporalidade do fluxo, "Um turista me perguntou como eu podia trabalhar tanto tempo num anzol. Ele disse que havia passado de carro de manhã e me vira, e que, quando voltou no final da tarde, reparou que eu ainda estava lá, no mesmo lugar, trabalhando no mesmo anzol. Disse-lhe que eu nunca pensara sobre isso. Quando faço meu anzol, não tenho hora para acabar. Só a escuridão da noite me faz parar, embora às vezes a lua me permita seguir em frente".

8. Prazer altruísta. Desaparece a preocupação com o eu. Abrandar o eu é a chave do êxtase do fluxo. *Ha'aha'a* é a conseqüência do fluxo porque a atividade ou interação nos absorve por inteiro e rejeita todo sentimento egoísta. Depois da atividade de fluxo, a sua impressão de um eu autêntico e unido aflora de novo. Você está ainda mais concentrado e consciente do seu apego relacionado do que antes da atividade.

A fazedora de *lei* deu mostras de *ha'aha'a* ao dizer, "Quando estou com meu *lei*, nunca sinto fome nem sono nem sede. Um sentido totalmente diferente toma conta de mim [seu sétimo sentido] e eu mesma pareço não existir. Quando o *lei* diz que acabamos por ora, sinto-me aliviada e gosto da idéia de que o *lei* teceu-me numa outra pessoa. Sinto-me muito bem sobre o *lei* porque ele parece se sentir bem quanto a mim".

A pesquisa ocidental de Csikszentmihalyi sobre o fluxo e o seu efeito positivo sobre a saúde corre paralela ao que os polinésios têm ensinado por séculos: conseguimos algo da vida quando estamos menos conscientes de tentar conseguir o máximo dela. Conseguimos o máximo de nós mesmos nos doando. Essa é a lição de *ha'aha'a*.

A Falta de Alegria do Processo do Eu

Agora que você tem informações sobre o fluxo e sobre a alegria de *ha'aha'a*, considere o outro aspecto do fluxo, que chamo de *processo do eu*. Pense nas épocas ruins de sua vida. Por que períodos dela você não gostaria de passar de novo? Provavelmente, esses tempos são aqueles em que você esteve mais consciente do seu eu individual.

O psiquiatra austríaco Victor Frankl enfatizou que a felicidade não pode ser buscada, ela deve acontecer como um efeito colateral não procurado da dedicação de alguém a um curso de coisas maior do que esse alguém.[6] Nossa ênfase cultural ao autodesenvolvimento e a uma de suas maiores esperanças – o desejo de uma vida melhor e mais longa – resultou em um de nossos maiores medos: a perda do eu eficiente. Tentamos encurralar os competidores, dar um passo à frente dos outros, pegar a melhor fatia e procurar urgentemente aquilo de que somos dignos.

O processo do eu é o exato oposto do processo do fluxo. Enquanto este leva a uma grande satisfação, ele é em primeiro lugar caracterizado por certo sentido de imersão do eu em atividades que ressaltam a comunidade. *Ha'aha'a*, ou humildade, baseia-se no *lokahi* (unidade e união) que ocorre quando você perde a consciência do eu e se perde em suas atividades ou no ambiente. Vê-se dezenas de fazedores de colares havaianos, gravadores de madeira e fabricantes de anzóis de pesca trabalhando em grupos nas ilhas havaianas. Eles estão fluindo em seu trabalho, conversando entre eles, usufruindo a companhia uns dos outros, e estão muito conscientes do grupo de trabalho mesmo quando se perdem em sua tarefa. Seu sétimo sentido para a atividade agradável os mantém unidos.

O processo do eu, de caráter egoísta, se reflete em nossa desconfiança das instituições sociais e políticas e da diminuição da atitude gregária de ser uma parte atuante em organizações sociais. Robert D. Putnam, professor de Harvard de assuntos governamentais internacionais, escreveu um conhecido ensaio intitulado "Jogando Boliche Sozinho: O Capital Social em Declínio da América".[7] Nesse ensaio, ele identificou os perigos do que acontecerá à medida que os americanos se tornarem cada vez menos propensos a se juntar a grupos de qualquer tipo, e levarem uma vida essencialmente solitária. Como exemplo disso, Putnam destaca que, mais do que nunca, as pessoas estão jogando boliche, que essas pessoas jogam mais boliche do que votam, e que ainda assim as ligas de times diminuíram em cerca de quarenta por cento. Em vez de jogar com os outros, os jogadores estão indo sozinhos para as pistas, lançando as bolas de boliche e se sentando para esperar sua vez enquanto encaram o aparelho de televisão suspenso acima nas pistas.

O processo do eu pode ser entendido como a tentativa de exaltar o ego, ser totalmente auto-suficiente e trabalhar duro para chegar àquilo a que se está habilitado. Você sabe que está se afastando de uma vida agradável quando grande parte do seu tempo é gasta em atividades que apresentam os oito fatores de concentração no eu — ou *processo do eu* — que se seguem:

1. Dias intermináveis. Você sente que o seu trabalho nunca termina. Isso pode ser observado várias vezes quando se tenta fazer várias coisas a um só tempo, quando se comete erros por falta de atenção nos trabalhos mais simples e quando a pessoa sente fadiga, embora não esteja fisicamente cansada. A energia parece ir e vir em ímpetos e acessos.

2. Falta de atenção e esquecimento. Você tem uma sensação geral de agitação. Pode se aborrecer o tempo todo com um trabalho desejado em função do que lhe parece falta de atenção ou obrigações sempre novas. Você tenta fazer muitas coisas de uma só vez e parece incapaz de se concentrar inteiramente na tarefa que tem à mão. Idéias prementes afloram constantemente à sua consciência.

3. **Atarefado e sem chegar a lugar nenhum.** Você sente que sua tarefa não tem metas claras nem definidas. Você tende a se agitar mental, física e emocionalmente, mas não vê com clareza um rumo certo e um objetivo importante.

4. **Sem idéia de como está se saindo.** Você sente que está recebendo pouco de palpável acerca de sua eficiência. Exceto pelo retorno financeiro ou pelo prestígio social, você sente que ninguém de fato se importa, e que você não tem certeza do objetivo máximo, das conseqüências e do sentido das suas atitudes.

5. **Muita responsabilidade e pouco poder.** Você acredita que tem muita responsabilidade mas pouco controle para fazer o que deveria fazer ou aquilo de que gostaria. Você se sente pressionado no trabalho ou em casa por essa responsabilidade constante, não apenas para os altos padrões dos outros, mas também quanto ao seu perfeccionismo extremo. Ao mesmo tempo, sente que tem pouca autoridade ou controle sobre o que faz.

"Todos querem ser chefes de si mesmos", disse um operador havaiano de barco de pesca. "Você tenta fazer sugestões, mas eles sempre tentam tomar a frente. Você pensa que essas pessoas ricas e poderosas já têm muita responsabilidade em sua vida, mas sempre querem ter mais. Talvez elas estejam, no fundo, sentindo-se sem poder, embora pareçam ter todo o poder do mundo. Talvez seja essa a razão pela qual elas tentam estar no comando do barco mesmo quando estão de férias. E, sabe de uma coisa?, quanto mais tentam, menos peixe apanham. Parece que a pessoa que não está realmente tentando com empenho, e que ouve, percebe e sente a posição dela fica com a melhor fatia."

6. **Tudo é um grande esforço.** Você se sente pressionado, trabalha duro e faz mais do que necessita só para realizar pequenas coisas. Sua vida lhe dá a impressão de que você está carregando fardos muito pesados. Você se prepara, se esforça, descansa e volta a preparar-se. A exemplo de Sísifo, você sente que arrasta uma pedra morro acima a cada dia, só para que ela role de novo à posição inicial.

7. **Nunca tem tempo suficiente.** Você sente que o relógio está sempre correndo, e você consulta o seu diversas vezes a cada hora, tentando poupar tempo ou sentindo medo de que seu tempo vai se esgotar. Você se queixa de que os anos estão correndo e de que o tempo voa. Sente-se como a personalidade do Tipo T (ou pessoa levada pelo tempo) descrita no Capítulo Sete.

"Simplesmente você não pode pescar correndo", disse o proprietário do barco de pesca. "*Haoles* tentam fazer tudo rápido. Eles deitam a linha e ela escapa à boca do peixe. Eles se perguntam quanto tempo vai demorar para que o peixe morda a isca, mas não entendem que o peixe não tem pressa."

8. O mundo nos seus ombros. Você sente a pressão de viver exclusivamente para as suas expectativas ou as dos outros. Você se sente "em apuros" e se queixa de que tem de estar em alerta para ataques e críticas dos outros e do seu próprio cérebro perfeccionista. Uma série interminável de problemas parece recorrente em sua vida.

"Talvez eles sintam o peso do mundo nos ombros pelo fato de o terem reivindicado para si e tentado carregá-lo", disse um guia de turismo polinésio. "Se a sua vida é um fardo, e se você pensa que deve fazer tudo sozinho, você se agacha e tenta pôr o mundo nas costas. Ninguém faz isso por você. É você que o pega e leva às costas."

Para aprender a fluir com *ha'aha'a*, há duas medidas que você deve tomar. Primeiramente, como foi enfatizado acima, você tem de aprender a abrandar o eu e o cérebro. Em segundo lugar, deve aprender a difundir o seu eu central e a dilatar a sua identidade em vários eus de adaptação.

Um Eu Menos Egoísta

Em bem poucos anos, passamos de uma sociedade com um código social de autolimitação e humildade para uma sociedade de arrogância e gratificação de si mesmo.[8] Tornamo-nos a tal ponto consumidores, que nosso eu passou a consumir tudo. Como crianças mimadas, irritamo-nos com os políticos que não conseguem satisfazer nossas necessidades mesquinhas e egoístas. Nosso débito pessoal se deu a par da dívida nacional. O eu consumista e capacitado encheu sua casa e sua garagem com tudo novo. Se queremos ver o eu, só temos de olhar para nossa casa e para o que colocamos nela. Quanto mais o eu adquire coisas, mais ele crê que tem de proteger, mais nervoso ele se torna. Os americanos agora gastam mais com seguranças particulares e alarmes contra roubo do que gastam em impostos que iriam para as forças policiais públicas.

O psiquiatra Thomas Szasz diz, "A felicidade é uma condição imaginária, anteriormente atribuída pelos vivos aos mortos, agora geralmente atribuída pelos adultos às crianças, e pelas crianças aos adultos".[9] A felicidade obtida por meio da receita do prazer não está "lá" — ela não pode ser buscada. O objetivo de uma vida humilde, modesta e sem atrativos não é a autonegação ascética. O caminho de *ha'aha'a* é uma simplicidade sem adorno. O caminho oceânico ensina que as necessidades humanas são insaciáveis e que tais necessidades são definidas socialmente, em vez de derivar da alma. O eu não-egoísta sabe que as verdadeiras fontes da felicidade humana estão a nossa volta nas pessoas amáveis e nos lugares belos do mundo.[10]

O erro de Midas. A exemplo do rei Midas, o eu egoísta se senta em meio ao seu mundo tornado ouro frio e sem vida. Agora somos quatro vezes mais ricos do que nossos bisavós, mas os dados mostram que estamos também pelo menos quatro vezes mais deprimidos.[11] Enquanto é difícil saber ao certo quantos entre nós são felicíssimos, a maior parte das pesquisas mostra que menos uma pessoa a cada grupo de cinco leva uma vida de alegria.[12] O autor e padre John Powell escreve, "Um terço dos americanos acordam deprimidos todos os dias". Pesquisadores da opinião pública estimam que apenas de dez a quinze por cento dos americanos pensam em si mesmos como pessoas felizes.[13] Levantamentos freqüentes do Centro de Pesquisa de Opinião da Universidade de Chicago revelam que os americanos relatam que não são muito mais felizes agora do que em 1957.

Como o solitário rei Midas que quer sempre mais e mais, parecemos nos afastar compulsivamente do verdadeiro encanto de viver pelo que chamo de "regra de dois". Parecemos querer naturalmente cerca do dobro do que temos. O editor da *Harper*, Lewis Sapham, perguntou às pessoas quanto dinheiro elas precisavam para ser felizes. Descobriu que, independentemente do dinheiro que tenham, os americanos sentem que precisam do dobro. A economista Juliet Schor salienta que agora podemos alcançar nosso padrão de vida de 1948 com a metade do tempo que isso exigia antigamente. Em vez disso, preferimos trabalhar duro duas vezes mais para conseguir o dobro... e terminamos felizes pela metade.[14]

As formas de narcisismo. Na psicoterapia, há um conceito chamado narcisismo, do qual há dois tipos, primário e secundário. O *narcisismo primário* é um estado em que a pessoa demonstra um amor do ego relativamente inocente, infantil, quase despercebido dos outros por causa da alegria na identidade individual da pessoa então recentemente vinda à tona. O narcisismo infantil não é uma opção. Ele é necessário para o modo pelo qual a criança se desenvolve através das tarefas esmagadoras que envolvem o cuidado com o eu imaturo.

O *narcisismo secundário* não é tão inocente. É egoísta, e reflete a decisão de exaltar o eu independentemente dos outros. Implica escolher dar ao eu um tratamento acima do tratamento que se dá aos outros, optando por ser eficiente em vez de unitivo. O narcisismo secundário impede a reação de alegria porquanto cria um obstáculo à felicidade de estar com os outros, o que é essencial para o prazer saudável. Trata-se de um narcisismo alimentado por aquisições, por riqueza à custa dos outros e pela glória da independência eficiente.

O sistema de prazer natural foi feito para nos afastar do eu consumista, secundário e de caráter narcisista, de modo que nos sintamos melhor ao doar, partilhar, ajudar e zelar por alguém, e pior ao obter coisas e magoar. Se prestamos atenção a nossa necessidade de alegria, aprendemos que conseguir um monte de coisas quase sempre significa perder muito prazer. Quanto mais coisas as pessoas têm, menos capazes elas são de encontrar a alegria no que dizem que querem mais – amor, relações felizes com os outros.

O pesquisador Jeremy Seabrook entrevistou diversos trabalhadores de mais idade e lhes perguntou sobre a prosperidade na vida deles. Um dos seus entrevistados exemplificou o impacto do narcisismo secundário ao dizer, "As pessoas não estão satisfeitas, só não parecem saber por que não estão. A oportunidade de estarmos satisfeitos que podemos imaginar não se dá por meio de ter mais do que temos agora. É o que temos agora que nos deixa insatisfeitos, de modo que ter mais dessas coisas só nos põe insatisfeitos".[15]

Os estudos mostram claramente que os principais determinantes da felicidade não se relacionam com bens mas com uma vida familiar feliz, com um casamento seguro, um bom trabalho, tempo de lazer para usufruir essas coisas e amizades. Poucas pessoas relatam a "aquisição de mais coisas" como a meta de sua felicidade, e, no entanto, a vida dessas pessoas parece dedicada a essa busca.

O autor James Ogilvy identifica ainda um terceiro tipo de narcisismo que ele chama de *narcisismo terciário*. O narcisismo primário inocentemente se ama a si mesmo, por estar absorvido com ele mesmo, na falta de reconhecimento do eu do "outro" como também estando ocupado com sua tentativa de se desenvolver. O narcisismo secundário toma a decisão de amar a si mesmo em vez de ao "outro". O narcisismo terciário é alguém preocupado com o eu sem nenhum exame de um eu nuclear e autêntico. Ogilvy diz que esse tipo de narcisismo traz todos os aspectos negativos do narcisismo primário e secundário, mas nenhum dos encantos inocentes da infância nem a aprovação e orgulho do narcisismo adulto.

O narcisista primário canta sua própria canção esquecido dos outros. Não parece saber que os outros estão a uma distância que lhes permite ouvir. O narcisista secundário canta sua própria canção porque escolheu não ouvir a canção dos outros e não se importa se alguém gosta ou não de sua canção. O narcisista terciário é o que está mais longe de *ha'aha'a*, ou humildade saudável. Seu canto continua oculto dentro de si mesmo, a pessoa está por demais absorvida no conseguir e fazer algo. Acha-se por demais ocupada para dar ouvidos às canções dos outros e pode ver-se assustada com o som da canção. Para o narcisista terciário, a alegria infantil e o orgulho adulto dão lugar à insatisfação crônica.

A Mitologia e os Eus Múltiplos

Há uma outra alternativa para lidar com o egoísmo constrangedor que sentimos diariamente. As formas de narcisismo primário, secundário e terciário são dominadas em graus variáveis pela reação de urgência. A felicidade possível da atitude de seguir a receita do prazer advém do fato de a pessoa ter um eu forte e autêntico cercado de muitos outros eus mutáveis, em evolução e adaptação. Essa teoria dos "muitos eus" é o que a pesquisadora Patricia Linville chama de "o eu complexo" e o psiquiatra Robert Lipton chama de "eu multiforme".

Um sinal da maturidade em desenvolvimento dá-se quando a pessoa pára de tentar determinar "quem ela é" e, em vez disso, trabalha para desenvolver muitos "eus". Uma mulher expressou essa idéia como segue. "Quando eu era jovem, costumava pensar que estava tendo problemas com descobrir o meu eu. Então, falei a um dos *kupuna* no Havaí, que me disse que procurar um eu era como procurar um grão de areia. Sei agora que sou mãe, médica, amante, filha, esposa, criadora e assim por diante. Meu grande desafio e minha grande alegria advêm de alimentar muitos 'eus' e não de só tentar proteger um 'eu'. Se me fixo como mãe de vez em quando, não invalido o conceito que tenho de mim, porque ele é o de 'muitos eus'."

Linville e Lipton fornecem abordagens baseadas no Ocidente daquilo que os polinésios compreendem há mais de dois mil anos – o eu complexo e mutável. *Ha'aha'a* é compreendido por meio da fruição do nascimento de muitos eus em eterno aprendizado por toda a nossa vida e através do estímulo à evolução de novos eus em quantos nos cercam.

O autor Henry Dreher usa os mitos gregos da Hidra e de Proteu para exemplificar as lições sobre o eu saudável. O mito de Hércules e da Hidra se relaciona com a teoria de Patricia Linville do eu complexo.[16] Nesse mito, Hércules dá combate a uma fera de muitas cabeças – a Hidra. A batalha é complicada porque, toda vez que Hércules decepa uma das cabeças da Hidra, duas outras brotam em seu lugar. Só quando Hércules decepa a única cabeça imortal ou "autêntica", enterrando-a depois, é que derrota a Hidra. A lição que esta nos dá é que muitos "eus" nos impedem de "pôr todos os nossos ovos cognitivos numa única cesta", como afirma a doutora Linville.[17] Enquanto todos necessitamos de um eu central, saudável e genuíno que nos mantenha em equilíbrio mental, nunca encontramos a felicidade que buscamos sem uma série de eus antigos que se desenvolveram para lidar com o caos natural da existência.

Um *kahuna* polinésio descreveu sua versão do eu complexo ao dizer, "Temos de saber quem somos, mas isso jamais é o bastante. Temos de saber tudo o que somos e podemos ser, e ajudar os outros a conhecer e a viver todos os eus que eles podem ser. Temos de irradiar muitos eus de nosso eu central. Se perdemos tempo com descobrir e proteger um eu, sufocamos nosso potencial para a felicidade e a cura que advêm de nossa diversidade de eus. Você não tem de ser apenas você mesmo, tem de aprender a ser os seus eus e a ajudar os outros a ser os deles. Esse é o caminho de *aloha*".

O mito de Proteu também apresenta lições que exemplificam o prazer saudável que deriva de ter o eu dinâmico e de adaptação proposto pelo psiquiatra Robert Lipton. Proteu era um velho profeta do mar. Sabia de todas as coisas, mas não queria que seus segredos fossem revelados. Quando alguém o capturava a fim de aprender esses segredos, Proteu escapulia, assumindo formas diversas – um leopardo, um leão, até mesmo a forma do fogo. Se o raptor conseguia amarrá-lo, Proteu assumia sua imagem de ancião e partilhava seus segredos. Uma vez libertado, escapava e voltava ao mar. O Doutor Lipton sugere que Proteu é uma boa metáfora para a saúde e a felicidade em nossa era fragmentada. Lipton escreve: "Posto que a variação seja a essência do eu protéico, esse eu tem certos traços relativamente coerentes".[18]

A idéia de que Lipton tem de "traços coerentes" está em conformidade com a visão polinésia de que, enquanto modéstia e humildade requerem muitos eus em vez de apenas uma auto-imagem forte, rígida e vulnerável, elas também requerem uma base de centralidade em torno de um âmago ou um núcleo de traços estáveis de identidade-chave. Estes incluem a aceitação geral da própria aparência vida afora, o reconhecimento e o respeito das origens familiares da pessoa e um sistema coerente e explanatório forte o bastante para fazer com que alguém passe pelas amarras difíceis da perda e da mudança. Os polinésios sabem que a humilde condição isenta do eu não é fraqueza nem confusão. É sinal de uma identidade de núcleo forte em que o indivíduo sabe que quem ele é se liga a quem todos são. Torna a pessoa capaz de desempenhar vários papéis, de sobreviver e crescer com as falhas sem diminuir a eficiência dos outros, evitando a compensação de reação da arrogância ou da vergonha quando os eus ampliados deparam o sofrimento.

Ha'aha'a, ou a condição isenta do eu, pois, requer que aceitemos que temos muitos eus para que possamos usufruir nosso mundo variado. Requer ter um eu nuclear, tornado autêntico por sua ligação com os outros eus e por seu respeito a eles. Esse eu humilde e modesto pode ser uma Hidra e um Proteu. Em última análise, *ha'aha'a* é algo revolucionário e libertador porque se baseia na idéia de que, enquanto não escolhemos nosso destino, escolhemos como ver a nós outros.

Ha'aha'a Ha'awina (Lição de Humildade)

Para ajudar você a controlar e a evitar o domínio constante do cérebro egoísta, e a praticar *ha'aha'a* em sua vida, tente o seguinte "exercício do pronome polinésio". Tente passar um dia inteiro sem usar os pronomes "eu", "me" ou "meu". Esteja alerta para situações nas quais você usaria essas palavras e use um outro pronome, ou apenas não diga nada.

Se você é como a maioria das pessoas que tentou esse teste do pronome, perceberá que é muito difícil passar um dia inteiro em nossa sociedade sem referências ao eu. Durante esse dia, você provavelmente topará com conversas e com a busca por palavras, porém, depois de algumas horas, descobrirá novas formas de falar – e de pensar. Começará perguntando aos outros sobre como eles se sentem, o que querem e como você os poderia ajudar. Observará que as pessoas se sentem muito mais relaxadas a sua volta. Atente para o vocabulário do "eu" dos outros, e você perceberá muitos pronomes que remetem ao egoísmo. Perceberá também que, à proporção que você diminui o emprego desses pronomes, os outros também os usarão menos.

Ao final do seu dia fazendo o exercício polinésio dos pronomes, passe algum tempo pensando sobre suas experiências e sentimentos. Você pode descobrir que esse foi um dos dias mais agradáveis e tranqüilos que você teve num longo tempo. Você se tornará mais paciente, sentirá mais união com os outros e, por conseguinte, mais prazer. É possível que sinta uma inclinação mais piedosa para com o mundo em geral, a qual é *akahai*, ou a ternura e a gentileza que são o quinto e último ingrediente de *aloha* na receita do prazer.

CAPÍTULO ONZE

O Dom de Dar — Tentar Pequenos Gestos de Ternura

"E wehe I ka umauma I akea"

(Abra o Peito para que Ele Seja Amplo — Tenha um Coração Cálido e Acolhedor)

Enquanto estavam sentados na praia, observando as baleias com sua giba em sua brincadeira, meu velho amigo havaiano apontou para um grupo do que chamou de "tias baleias". "Veja como esses monstros são delicados", disse, sussurrando, como que tentando não perturbá-las. "Todas as outras baleias fêmeas estão ajudando a mãe baleia. Elas ajudaram quando do acasalamento do macho e da fêmea, agiram como parteiras no nascimento e deixaram a mãe em condição de cuidar do bebê. Agora elas continuam circulando para manter os tubarões afastados. Até brincam com o filhote como babás enquanto a mãe baleia descansa. Elas conhecem *akahai*. O maior mamífero é também uma das criaturas mais delicadas da terra."

O jogo sensível e de criação das baleias exemplifica o último dos cinco componentes de *aloha*: *akahai*, que são os relacionamentos gentis, ponderados e ternos com tudo e todos.

Como Você Vê o Seu Corpo?

A medicina ocidental faz uma abordagem agressiva e defensiva da saúde. Fala de "vencer a batalha" contra a doença, prevenindo as moléstias pelo "fortalecimento das defesas do corpo" e aborda o corpo como uma máquina de músculos e ossos, posta para funcionar por uma bomba (o coração) e condicionada por um órgão elétrico (o cérebro). Diagnósticos médicos não raro se referem a condições tais como "enrijecimento da engrenagem", "dedo em martelo", "distúrbio da célula-foice" e "pulso de pistão".[1] Um cientista chegou a dar preço ao corpo, como se ele fosse um saco cheio de produtos passíveis de ser vendidos. Calculou o custo da compra dos componentes do corpo vindos de companhias químicas, e concluiu que o valor de mercado seria de mais de duzentos mil dólares.[2] Sua estimativa foi feita levando em conta os preços de 1980, e não incluía o valor de órgãos transplantáveis. Um outro autor relatou que há bastante água no corpo para encher um barril pequeno de dez galões, gordura o bastante para sete barras de sabão e carbono suficiente para fazer nove mil lapiseiras.[3] Esse pensamento mecânico sobre o corpo implica uma visão objetiva e estática que ignora a dinâmica natural não passível de ser qualificada de nossos pensamentos, emoções e intenções.

A visão oceânica do corpo é mais musical do que mecânica. Ela considera o corpo uma representação rítmica do espírito da vida e uma conseqüência de todas as coisas em ressonância conjunta para criar um sistema harmonioso.[4] Na cultura oceânica, refere-se ao corpo com respeito, delicadeza e amor, e ele não é visto como uma entidade que se separa de seu ambiente. É considerado uma das muitas manifestações da alma humana e, portanto, deve ser tratado tão sensível e carinhosamente quanto possível.

Como você aprendeu, para os polinésios a alma não está *no* corpo, ela *é* o corpo. Acha-se também fundida a todas as almas exteriores ao limite ilusório de um dos maiores órgãos de imunidade do corpo — a pele. Para os nativos das ilhas, assim como não há quaisquer limites da individualidade, não há sentido em falar de um corpo separado, controlado por um cérebro separado.

A medicina e a filosofia oriental e ocidental consideram com freqüência o corpo como uma limitação essencial da alma. A visão polinésia é que o corpo é uma grande dádiva a ser usufruída, degustada e partilhada sensualmente com o mundo por meio do amor, da dança e do canto. Muitos havaianos mais velhos guardam todas as aparas de unhas e cabelos, e os ossos dos mortos são vistos como sagrados e poderosos.

O Terceiro Caminho para o bem-estar ensina que uma vida longa e alegre deriva da experiência amável da união com todos os corpos que nos cercam, incluindo as pessoas, plantas e animais. O bem-estar total dos polinésios não significa só manter o corpo em forma, mas ter prazer em conservar todo mundo em bom estado de saúde. O corpo é um sistema de comunicação fundamental para conservar a experiência de união. Trata-se de uma parte do ecossistema, a qual deveria ser cuidada assim como cuidamos das plantas e dos peixes. Este capítulo sobre *akahai* versa sobre a delicadeza expressa nas suas relações íntimas, nos seus relacionamentos com os outros e com a comunidade, e no seu relacionamento com o ambiente e o mundo.

O Poder de 'Ohana (a Família)

Enquanto o havaiano e eu continuávamos a observar as baleias brincando, vimos a *'ohana* (família polinésia) em ação. O Capítulo Oito apresentou o princípio de *lokahi* (unidade) e descreveu a família como um componente central da vida polinésia e inato nela. A palavra *'ohana* vem de *'oha*, o tubérculo do inhame extraído da raiz e do talo da planta. *'Oha* se refere aos brotos, ou "descendência", do inhame. Acrescente-se à palavra *na* e se tem um plural, de modo que *'ohana* significa os muitos brotos saudáveis crescendo e se desenvolvendo de uma raiz saudável.

Um dos prazeres fundamentais da cultura polinésia é receber o sentimento de alegria e reverência do interior da família ampliada, além de transmitir a ela esses sentimentos. Mary Kawena Pukui, uma das maiores eruditas e mestres havaianas, ensinou que a família é o mundo, e, como uma planta vulnerável e em crescimento, deve ser protegida e alimentada como a raiz saudável de toda vida. Ela escreveu, "Os membros da *'ohana*, como os brotos do inhame, são todos da mesma raiz".[6] A tradição oceânica ensina que não há limites para delinear nossa missão de zelo e terno cuidado. Ensina que só existe um pecado: o de causar dano a uma outra alma. De vez que as almas dançam em toda parte no ambiente, a ternura deve ser praticada em grande escala, não só com o eu, os amigos íntimos e a família. Os polinésios se sentem "em casa" no mundo porque usufruem do fato de *serem* o mundo, em vez de tentar *terem* o mundo. Empenham-se em tratar a tudo e todos como família.

Os polinésios também praticam *ho'okipa*, significando generosidade e carinho, como uma responsabilidade diária. Essa generosidade tem sido por vezes praticada em demasia, de vez que outras culturas menos dóceis, que acreditam na posse e que têm uma definição estreita de família e do que constitui o "a nós", têm tirado vantagem de *ho'okipa,* pilhando as terras e o mar nas ilhas. Os polinésios cultivam um coração carinhoso para proteger e alimentar a tudo e todos numa prática que chamam de *malama*, demonstrando respeito e amor pela grande *'ohana*, a família ampliada da vida.

Minha mulher, Celest Kalalani certa vez elogiou o belo chapéu de uma havaiana. Na vez seguinte em que se encontraram, e, para grande embaraço de minha mulher, a havaiana deu-lhe o chapéu de presente. Desde então, minha mulher e eu aprendemos a ser cautelosos ao elogiar os bens de nossos vizinhos polinésios com medo de que pudéssemos tirar vantagem de seu *ho'okipa* e de dar a impressão de estarmos cobiçando-lhes as propriedades. Muitas culturas indianas e do Oriente Médio também têm essa tradição, o que indica uma vez mais que os três caminhos para o bem-estar se cruzam de modo fundamental.

O Estilo Polinésio de Amar

O sentido fundamental da palavra *aloha* é "amor". O amor oceânico se baseia em *akahai*, que é um comportamento constante, consciente, amável e caridoso. *Akahai* não é um sentimento automático nem impulsivo; não é uma resposta nem uma reação. No Ocidente, o amor "romântico" é uma forma de amar exagerada, impulsiva e voltada ao sexo, que exalta o eu na satisfação erótica e passional. A cultura ocidental nos estimula a pensar que o amor é um sentimento espontâneo que "acontece" a uma pessoa, um sentimento que pode sobrepujar a todos com o seu poder. Afirma que tombamos inermes no estado amoroso, ou saímos dele, e que descobrir o "verdadeiro" amor é questão de encontrar o parceiro certo, em vez de fazer as coisas certas e de ser a pessoa certa. A cultura ocidental vê o amor entre as pessoas como um meio romântico para a satisfação pessoal.

O conceito da tradição oriental no que concerne ao amor tem sido mais abstrato e espiritual e menos secular e romântico. Assim, o comportamento amoroso num relacionamento com outra pessoa é interpretado como um sinal de fraqueza humana, de que se sucumbe às tentações da carne a expensas de um espírito iluminado. Se você escutar atentamente as doutrinas da medicina e da filosofia orientais, pouco saberá sobre como fazer um bom casamento; no entanto aprenderá bastante sobre como se tornar uma pessoa sábia que se sintonizou com o que um dos mestres modernos dessa orientação chama de "o mágico interior".

O caminho oceânico diz que o amor é algo que você *faz*, não algo que sente. Ele se baseia na ação de ser uma pessoa amável. Não se trata de uma entrega ao poder de sedução de uma outra pessoa que promete grandes recompensas para o eu. Não se trata de escambo, tampouco de troca erótica. O amor é volitivo, não emocional. Ele implica *ser* o parceiro certo, em vez de *encontrar* a pessoa certa, ser piedoso em vez de passional, e ajudar, curar e doar-se nas épocas difíceis da vida. Não se baseia tanto na iluminação de si mesmo, mas sobretudo em aliviar o fardo de uma outra pessoa.

Na Polinésia, o casamento se fundamenta na idéia de *aloha* estendida. O objetivo do casamento para a maior parte dos nativos da ilha foi sintetizado por Leon Tolstoi ao escrever, "A meta de nossa vida não deve ser encontrar a alegria no casamento, mas trazer mais amor e verdade ao mundo. Casamo-nos para nos ajudar uns aos outros nessa tarefa".[7] Aos que seguem o caminho oceânico, todo amor é amor do mundo.

Uma chave para o modo de amar polinésio é o conceito de *pana'i*, que mencionamos antes e que significa "ricochetear recíproco". Os polinésios crêem que toda palavra que dizemos tem grande poder, e que dizer coisas ruins sobre alguém ou algo inevitavelmente será atraído de volta a quem fala. O mesmo serve para as coisas boas.

Por sua natureza, essa compreensão holística do amor serve para mais coisas além dos relacionamentos entre as pessoas, e inclui a relação que temos com nós mesmos e com o ambiente. Segundo a mente oceânica, não se pode ter um sem ter o outro. Riane Eisler diferencia entre um modelo de amor "dominador" e "de parceria".[8] O primeiro modelo se refere à intimidade implicada no controle de uma outra pessoa para o bem do eu. Esse modelo funciona baseado no medo e na força, e Eisler salienta que as culturas que aceitam o modelo dominador do "uso" de um parceiro para a exaltação do eu também tendem a pôr os humanos no controle da natureza. A conseqüência é mais sofrimento do que prazer. A cultura polinésia é uma das culturas de parceria mais antigas, e sempre bateu-se com o impacto doloroso das culturas de dominação.

O Perigo da Crítica

Para pôr *pana'i*, ou o ricochetear recíproco, em prática na vida diária, faça o menor número de críticas possível. A crítica transmite o que os polinésios chamam de *mana* ruim, e essa energia volta a quem a transmite mais cedo ou mais tarde. A crítica é um ataque pessoal que nunca leva ao prazer; quase sempre leva a sentimentos de retraimento, raiva, medo e repulsa. Os polinésios acreditam que "a crítica cria", querendo dizer que, quanto mais se desmerece os outros, mais eles agem com o comportamento que neles reprovamos. Queixar-se, por outro lado, pode ser bem útil. As queixas se concentram em ações e podem ajudar a deixar as pessoas conscientes de seus problemas de comportamento, além de mais capazes de os corrigir.

Uma queixa não é lamentar-se por ser vítima ou infeliz. Ela jamais acusa, só faz identificar problemas. Trata-se de uma afirmação da boa vontade para despender tempo e esforço melhorando um relacionamento para ambos os parceiros. "Gostaria que viajássemos mais. Temos que pensar em algo sobre isso juntos", é uma queixa. "Você não me leva para passear a lugar nenhum", é uma crítica que leva a mais problemas do que propriamente à solução deles. Pesquisas atuais mostram que queixas construtivas que chamam a atenção para problemas não pessoais no relacionamento levam às relações melhores e mais duradouras.

Você também pode ver a diferença entre fazer críticas e queixar-se no seguinte exemplo da minha clínica:

"Você nunca quer fazer sexo", disse a mulher. "Perdeu o impulso sexual porque se preocupa mais com o trabalho do que comigo." O ataque pessoal que essa mulher fez ao marido decerto levou ao que os pesquisadores chamam de *transbordamento* fisiológico, emocional e mental do parceiro dela. O transbordamento se caracteriza pelos batimentos cardíacos acelerados, pelo aumento da pressão sangüínea, pela diminuição da imunidade, pelo aumento dos hormônios do *stress* e pela incapacidade de pensar claramente.[9] Conquanto haja exceções em ambos os sexos, os homens em geral transbordam mais rapidamente do que as mulheres e reagem tornando-se impassíveis e contendo suas emoções a fim de reverter o transbordamento.

As mulheres por vezes reagem à contenção masculina com seu próprio transbordamento, o que pode levar a críticas mais severas. Tal fato, por sua vez, leva a mais atitudes idênticas por parte do homem, a que se segue uma perigosa dança das emoções.[10] Pesquisas sérias e rigorosas ora mostram que, com algumas exceções, as mulheres tendem a controlar as emoções nos relacionamentos. São melhores quando identificam problemas entre as pessoas e mais sensíveis a sinais sutis da perturbação. Os homens, de novo com algumas exceções, tendem a dar um jeito nas coisas e a repará-las, além de serem muito menos alertas aos primeiros sinais da perturbação. Os homens refreiam e evitam mais facilmente os problemas quando sentem que não podem solucioná-los, ao passo que as mulheres tendem a enfrentar os problemas e a discuti-los. A pesquisa do psicólogo John Gottman, descrita em todo este capítulo, demonstra claramente que, quando o antigo sistema de alerta de uma mulher leva à queixa, e um homem não consegue perceber essa queixa, a mulher então passa à crítica, a que o homem reage por meio do transbordamento e depois da contenção. Apesar dos protestos de "sexismo", os dados mostram claramente que as mulheres tendem a ser muito melhores no jogo dos relacionamentos do que os homens, e que a consciência dessa diferença fundamental entre os sexos, em vez de a sua negação (uma vez mais, com muitas exceções), é o caminho para relacionamentos melhores e mais saudáveis.

Amor Fatal

Por causa da falta de *akahai* ou relacionamento delicado e sem críticas, não estamos conseguindo superar o desafio do mais difícil e exigente dos relacionamentos: o casamento. Estatisticamente, quase todos os nossos relacionamentos mais íntimos estão fracassando. Enquanto a taxa de divórcio por ano nivelou-se mais ou menos pouco abaixo de 50%, o risco do divórcio – a chance de que um casamento de poucos anos termine em divórcio – tem aumentado muito.[11] Cerca de 10% dos casais que contraíram núpcias em 1890 posteriormente se divorciaram. Quase 70% dos casamentos que começaram em 1990 acabaram em divórcio. Se esse fator de risco continuar no nível atual, por volta do ano 2000 menos de dois entre dez casamentos de poucos anos sobreviverão.

Os casamentos são microcosmos de *aloha*, a capacidade de amar numa escala ampla. Eles aumentam as forças e fraquezas que nos são peculiares no amor, de sorte que possibilitam um bom laboratório para testar nossa capacidade de praticar *akahai* ou ternura e carinhos.

Uma das razões pelas quais quase todos os nossos relacionamentos íntimos fracassam é a Síndrome de Deficiência do Prazer. Perdemos nossa capacidade de receber e dar prazer em nosso casamento, e nossa forma de amar egoísta se torna fatal para esse relacionamento. Terminamos esgotando o nosso casamento da mesma forma que consumimos a maior parte das coisas, jogando-as fora depois de as usarmos inteiramente. Não conseguimos praticar *akahai*, tampouco o princípio fundamental de *pana'i*. Para que se tenha mais *akahai* na vida a fim de que se possa sentir o prazer do relacionamento de amor duradouro, lembre-se das seguintes regras:

Ter Mais Pana'i na Vida

1. *Faça cinco elogios para cada crítica.* Por alguma razão que os pesquisadores ainda não entenderam, a proporção de cinco para um em favor dos elogios com relação às críticas mantém os relacionamentos vivazes e saudáveis.

2. *Observe o seu nível de "transbordamento" quando estiver em conflito.* Use o *a'i* ou método de "pulsação no pescoço" comentado no Capítulo Nove. Esse "transbordamento" implica um aumento na taxa do coração a partir da sua taxa de pulsação quando em repouso. As mulheres têm em média cerca de 82 batimentos cardíacos por minuto em repouso, e os homens cerca de 72 batidas por minuto. O processo de "transbordamento" principia num aumento de cerca de dez batimentos por minuto acima da sua taxa de felicidade quando em repouso. Quando seu coração se acelera acima de dez batimentos por minuto, a reação de urgência já começou a causar danos e você se tornou cego pelo amor em função dos hormônios do *stress*.[12]

3. *Atente para a "ruguinha de desgosto".* Quando entramos no processo de transbordamento, sentimos defensividade em vez de ternura. Não reagimos com amabilidade, mas contraímos os músculos que formam as covinhas, músculos pequenos e fortes que movimentam os cantos da boca para um lado. De vez que o hemisfério direito do cérebro está envolvido predominantemente com nossas emoções negativas, essas tipicamente transparecem mais na face esquerda. Alem disso, podemos revirar os olhos e suspirar de desgosto. Os polinésios chamam isso de "ter olho ruim" e sabem que é provável que o amor venha a naufragar quando esse olhar de desprezo e de desgosto começa a ser freqüente. A pesquisa mostra que, quando um parceiro vê essa covinha de desgosto, seus batimentos cardíacos automaticamente aumentam numa proporção de dois a três batimentos por minuto, acarretando o transbordamento, no início suave. Quando essa covinha em sinal de reprovação é percebida em um dos parceiros no casamento, as mulheres têm mais propensão a uma depressão do sistema imunológico, além de ter mais possibilidades de sofrer de alguma infecção da bexiga ou em função de agitação, bem como de resfriados e gripes. Há também uma grande probabilidade de os homens abandonarem cedo o

relacionamento. Pesquisas recentes mostram que, quando essa covinha de desgosto está presente, o relacionamento tende a terminar em quatro anos.[13]

4. *Atentar para a "raiva nos lábios".* Quando sentimos o desprezo, amiúde cremos que somos muito melhores do que os outros, ou que nosso território foi violado. É possível que demonstremos esse desdém franzindo o lábio superior e voltando o olhar para outro lado.[14] As pesquisas modernas mostram que assumir expressão de infelicidade prejudica nosso sistema imunológico, afasta as pessoas e leva ao final de um relacionamento íntimo.

5. *Tente a "Lista de Sábado".* Lembre-se das lições apresentadas no Capítulo Oito sobre como lidar com a raiva. Não a expresse, não a reprima — confesse-a. Tome nota dos momentos de raiva num caderno ou grave esses momentos no gravador, reservando um dia da semana para trabalhar com esse material. Quando chegar o momento de consultar essa lista, muitas das fontes da sua raiva terão diminuído.

6. *Lembre-se do "Índice F"*: Quando os casais anotaram o número de relações sexuais e de brigas no seu casamento, os pesquisadores descobriram o que passaram a denominar de "índice F", definido como "a freqüência de fornicação menos a freqüência de ataques de fúria".[15] Se um casal briga e faz críticas oito vezes por mês, mas faz sexo doze vezes por mês, seu índice F é +4, o que quer dizer que o relacionamento deles provavelmente há de durar. Se um casal tem conflitos quatro vezes por mês mas só faz sexo uma vez durante esse período, seu índice F é -3, o que indica a possibilidade de que seu casamento termine. Não estou sugerindo que você continue tendo brigas e apenas tenha mais relações sexuais com seu parceiro, contudo, um menor número de críticas pode criar maiores condições para um clima de ternura e sensualidade, além de favorecer uma ecologia mais erótica em seu relacionamento.

Os Riscos e as Recompensas do Amor

Catexia é um termo psicológico que significa canalizar a vida e a energia amorosa para alguém. O ato de confiar é o processo que torna a catexia possível. No Capítulo Nove, expliquei que a catexia é um componente-chave de *lokahi* (unidade) e que isso significa investir uma pessoa, um lugar ou uma coisa de poder.[16] Um dos aspectos mais importantes da receita do prazer é ter alguém em quem investir energia amorosa e que também invista energia amorosa em nós.

Há grandes benefícios para a saúde quando se tem uma pessoa íntima a quem confiar nossos segredos mais preciosos, nossas emoções e nossos medos. Os que apresentam semelhante "catexia" ou investimento em sua existência vivem mais tempo e são mais felizes, mas aqueles que perdem isso e não o substituem por outra coisa são extremamente vulneráveis ao enfraquecimento da imunidade.[17] O perigo de se aproximar de alguém é que você pode acabar se sentindo muito sozinho quando o relacionamento termina. Eis por que uma experiência mais ampla que envolva *aloha* é necessária como um "amortecedor" no que concerne ao final inevitável do relacionamento físico num relacionamento amoroso.

Contar Histórias

Os polinésios se referem ao conceito ocidental de confiança como "contar histórias", que significa essencialmente sentar-se e falar sobre qualquer coisa. Contar histórias envolve uma troca de energia de amor essencial para perpetuar um relacionamento, bem como para manter a sociedade e a cultura vivas. Formas de confiança construtiva e agradável preservam o vínculo não só com pessoas em nossa vida atualmente, mas também com nossos ancestrais. Trata-se de um modo ritualístico de gerar os campos de energia e a "ressonância mórfica", do modo como a definiu o cientista Rupert Sheldrake, analisada no Capítulo Sete.

Uma *kumu* polinésia resumiu a importância de contar histórias quando disse, "Acho que se mais casais contassem mais histórias, teriam um casamento mais feliz e duradouro. Muitos casais não fazem isso, só dão informes sobre sua sobrevivência dia após dia. Não conversam como parceiros. Em vez disso, estão sempre tentando dominar um ao outro. Não despendem tempo o bastante conversando sobre o passado e aproveitando as alegrias que têm no presente. Estão sempre resolvendo problemas, mas esquecem de usufruir o fato de que estão vivos. Não vêem que estão sempre criando lembranças, as quais eles acabam por arruinar e desperdiçar quando falam sobre fazer coisas em vez de usufruir as coisas que eles fizeram juntos".

Eis aqui algumas formas de você se beneficiar do ato de "contar histórias" e transmitir mais *akahai* aos seus relacionamentos importantes.

Como "Contar Histórias"

1. *Catarse não basta.* Catarse com freqüência significa dar vazão às emoções – usar linguagem bombástica ou enfurecer-se e "pôr tudo para fora". Confiar é uma partilha ordenada e ponderada de sentimentos e fatos. Trata-se de um processo longo, racional, calmo e lento que contém queixas, mas jamais críticas. Requer o equilíbrio da sensação de premência de seus

sentimentos, de mistura com a realidade dos fatos relacionados a esses sentimentos.

2. *Tomar nota ajuda.* Pôr os pensamentos e sentimentos no papel ajuda a organizá-los, e pesquisas mostram que esse tipo de escrita promove discernimentos, não só expressão.[18] Quando estudantes tomaram nota de suas preocupações e sentimentos, passaram a se sentir mais saudáveis do que outros que refletiram sobre essas coisas, mas que não tomaram nota delas.[19] "Contar histórias" para si mesmo no papel não é tão-só manter um diário. Este implica um registro constante que por vezes exclui confissões de verdadeiros sentimentos e reflexões. Contar histórias envolve partilha, aceitação, reflexão e responsabilidade.

3. *Confesse o que você está tentando esconder.* A inibição não só consome a energia da mente, mas também consome uma grande quantidade de energia física e enfraquece os sistemas cardiovascular e imunológico. Os polinésios chamam *ha'ina* à confissão, com o sentido de reconhecer os próprios medos, culpas e fracassos a fim de se aceitar a responsabilidade por magoar uma outra alma. Peritos em poligrafia relatam que as pessoas ficam nervosas quando se ligam pela primeira vez a seus monitores. Começam a passar pelo processo de "transbordamento": seu coração dispara, os hormônios do *stress* aumentam e o ritmo da respiração acelera. Se uma pessoa faz uma confissão durante esse teste, um outro teste com polígrafo sempre é realizado para confirmar o resultado do primeiro. Embora a confissão implique primeiramente que a pessoa está prestes a ser presa ou envolva o prejuízo financeiro, o segundo teste com o polígrafo após a confissão mostra que o "transbordamento" terminou. O ritmo do coração, a pressão sangüínea, a respiração e a condutância da pele (outro traço de *stress*) voltam aos limites normais. Mesmo que o confessor convicto seja algemado e levado para a cadeia, a maior parte desse tipo de infrator se põe de pé, cumprimenta o perito no polígrafo e lhe agradece. Essas pessoas, ao contarem sua história, aparentemente encontram mais equilíbrio e tranqüilidade.

4. *Antes de se revelar numa história a uma outra pessoa, confesse-a para si mesmo e confie em si mesmo.* Até mesmo os terapeutas profissionais inconscientemente dão pistas sutis que podem condicionar certas expressões. Devido ao fato de os outros poderem nos influenciar em nossas confissões, é melhor contar a história para si mesmo em primeiro lugar, para que você não se sinta influenciado nem censurado na sua forma de expressão. Lembre-se: você tem muitos eus com que conversar, incluindo seus ancestrais.

5. *Use palavras negativas bem como positivas.* Não faça da história que você conta para si mesmo ou para outra pessoa um exercício de frases positivas, tampouco uma demonstração do seu grau de se firmar. As pesquisas mos-

tram que os que usaram palavras negativas em suas "confissões" pessoais escritas fortaleceram sua saúde física.[20]

6. *Comprometa-se a contar histórias por pelo menos quatro ou cinco dias seguidos.* Em vez de manter um diário em que é possível esquecer de fazer anotações, ou mesmo preferir não fazê-las, opte por escrever por pelo menos uma hora durante quatro ou cinco dias seguidos. A maior parte das pessoas não é coerente com seu diário, portanto, optar por escrever consecutivamente por vários dias num curto período de tempo é uma forma melhor de contar histórias a si mesmo e de se preparar para fazer isso em companhia de outra pessoa.
7. *Reserve bastante tempo para contar e ouvir histórias.* Contar histórias não é terapia unilateral. Trata-se de um processo interativo, *lokahi* (unificador), de modo que você deve ouvir tanto quanto falar. Não existe a "hora de cinqüenta minutos" típica da clínica de psicanálise para contar histórias; isso pode e deve prosseguir por horas se necessário. Se o seu cérebro egoísta se aborrecer, ignore. Vá em frente.

O Compromisso: O que se Aprende com as "Térmitas"

Para os polinésios, nada há que se pareça com o divórcio. Os compromissos são eternos. Conquanto possa haver separações legais, a idéia polinésia de unidade infinita significa que não há como declarar o fim de uma relação. Na cultura ocidental, o divórcio se tornou a "pílula depois do casamento", tomada quando as "coisas não funcionam mais". A pesquisa mostra, contudo, que o divórcio não é uma panacéia: é o único problema social mais complexo da nossa sociedade.[21]

Um dos estudos clássicos na história da psicologia foi elaborado por Lewis Terman. Em 1921, ele começou um estudo amplo de 1528 crianças brilhantes para ver em que grau a inteligência elevada se relacionava com o sucesso.[22] Essas crianças inteligentíssimas se chamavam de "Térmitas", e hoje, um olhar sobre esse estudo de 78 anos, que ainda está em curso, revela lições impressionantes das Térmitas que morreram.

Como se poderia esperar, um grande número de Térmitas morreu desde que o estudo teve início. A surpresa é que, tanto quanto o cigarro, a pressão sangüínea alta e outros fatores de risco à saúde conhecidos, divorciar-se ou ser filho de pais divorciados mostrou-se uma causa fundamental de morte precoce. Os estudos mostram que filhos de pais divorciados apresentam um terço a mais de riscos de mortalidade do que as pessoas cujos pais continuam casados até que esses filhos completem 21 anos.[23] Além disso, o conflito entre os pais e a separação deles é uma influência maior sobre a psicopatologia e sobre a doença física do que a morte dos pais.[24] As próprias pessoas divorciadas têm três vezes mais chances de se matar, e o divórcio é classificado como um fator importante ligado ao índice de suicídios e à violência física.[25]

A ilusão de que possa haver um final rápido e tranqüilo de um relacionamento está tendo conseqüências graves e negativas sobre a saúde e a felicidade em nossa sociedade. O conceito oceânico de vínculos permanentes ensina que, mesmo que haja distância física entre as pessoas, deve-se fazer todo esforço possível para se comportar, pensar e sentir de maneiras que demonstrem que um relacionamento nunca termina e que ele tem um impacto que vai muito além das duas pessoas envolvidas.

Os "Cinco Grandes" de um Casamento Sólido

Os capazes de permanecer casados e de colher os benefícios psíquicos e físicos disso apresentam o que os psicólogos chamam de os "Cinco Grandes" traços que estão em paralelo com as qualidades *aloha*.[26] Os "Cinco Grandes" traços de um caráter forte e saudável são também os cinco elementos de uma pessoa que ama: consciência (*ahonui*), concordância (*'olu'olu*), união (*lokahi*), cooperação (*ha'aha'a*) e confiança (*akahai*). A pesquisa de Terman mostra que na corrida rumo à morte precoce, bons moços e mocinhas chegam por último.[27] Os autores de um estudo que examina os dados de Terman quanto aos riscos à saúde associados com os relacionamentos conturbados concluem, "... se tivessem sido feitas descobertas desse tipo no que respeita à toxicidade de inseticidas, campos eletromagnéticos ou com o regime alimentar... é provável que se instalasse uma situação de emergência quanto à saúde pública."[28] Ironicamente, devido ao fato de esse fator de risco maior ser de caráter relacional, não reconhecemos a crise — tampouco a prevenção.

A não ser que você planeje pôr em prática a receita do prazer e os cinco componentes de *aloha*, não se case! O casamento é só para adultos, e em particular para os maduros e predispostos o bastante para se comportarem de modo amável no decorrer do tempo para sentir amor. A pessoa se casa para aprender a amar, não porque o amor está "dentro da pessoa". Você aprendeu que são claros os dados de que existem diferenças fundamentais entre os sexos quando se trata de intimidade, e a prática de *akahai* ou ternura e amor é a forma de continuar a criar esse amor e a suprir a lacuna entre os sexos. Se o seu casamento está passando por dificuldades, comece praticando *aloha* imediatamente! Não são apenas mais sexo e melhor comunicação que podem salvar o seu relacionamento — é sobretudo a paciência, a união íntima, a afabilidade, o altruísmo, o perdão e a ternura. A menos que você pratique a receita do prazer, o casamento pode ser um dos riscos principais para a sua saúde e felicidade, bem como de sua família.

Carinho: O Quanto Vale Amar os Estranhos

Os antigos polinésios sabiam o que Einstein quis dizer quando escreveu, "Um ser humano é uma parte do todo a que se chama universo". Nossa felicidade depende de compreender que não podemos achar a alegria sozinhos e sem levar alegria aos outros. Einstein prosseguiu dizendo que devemos nos libertar do cárcere das ilusões da separação individual dilatando nosso círculo de compaixão, a ponto de abarcar todas as criaturas vivas e toda a natureza em sua beleza.

Termino nossa análise dos cinco princípios de *aloha* com *akahai* porque a gentileza e o amor são uma declaração pública de que você resolveu transmitir mais *aloha* e, portanto, mais alegria, ao mundo, de modo a irradiar felicidade para sua própria vida e para a de sua família.

O autor Allan Luks dedicou a vida ao estudo do altruísmo. Descobriu que há grandes recompensas que contribuem para a saúde no ato de se doar aos outros e ter carinho por eles. Allan se refere ao "paraíso de quem ajuda", um aumento súbito de endorfina natural que nos compensa da doação terna e altruísta. Os polinésios ensinavam que não há nenhum modo mais eficaz e seguro para ter prazer do que o ato de ajudar.

Luks e outros que estudaram o alocentrismo sugerem que as recompensas bioquímicas do altruísmo têm suas raízes em nossa evolução humana. Como mencionei na análise de *lokahi* (unidade), em última análise, só sobrevivemos por meio da cooperação. Somos obrigados a doar porque isso faz que o mundo sobreviva e nos dê apoio.

O psicólogo Jack Panksepp da Bowling Green State University mostrou que a satisfação da necessidade de contato social e de demonstrar apoio aos outros é acompanhada de um súbito aumento da endorfina em todos os animais.[29] Que mensagem mais evidente poderia haver do Criador do que o fato de que somos recompensados continuamente, em termos de bioquímica, por ajudar os outros?

Não só a empatia, mas também a simpatia está impressa na mente oceânica. A empatia envolve tentar sentir o que os outros sentem; a simpatia é aceitar esses sentimentos, atentos à existência deles, e tentar fazer algo sobre eles. Os polinésios acreditam que não basta dizer "Eu sei como você se sente". *Akahai* requer que se diga "Preocupo-me profundamente com o que você está sentindo e vou tentar ajudá-lo".

O leitor teve conhecimento de que os polinésios acreditam que o princípio que lhes integra a vida é a Unidade, e que todos os atos que contribuem para essa unidade criam vigor, felicidade e saúde. A palavra *waiwai* significa riqueza em havaiano. *Wai* significa água, e os nativos da ilha acreditam que toda vida advém da água. *Waiwai* é a prosperidade mais elevada, a partilha, o zelo e a proteção no que concerne a toda a água e terra, plantas, feras e pessoas que fazem parte do mundo. A pessoa não pode comprar *wai* nem possuir *'aina* (terra), independentemente de seus bens. Só o ato de doar-se às pessoas e ao planeta é capaz de proporcionar uma vida feliz e equilibrada.

Allan Luks e outros mostraram que nosso altruísmo inato pode atrofiar-se, a exemplo de um músculo que não é exercitado regularmente. Com base na pesquisa de Luks e de outros, além das lições dos polinésios quanto a *kokua* ou ajuda, eis aqui seis sugestões para que você ponha em prática sua tendência natural de ajudar.

A Aeróbica do Aloha e do Altruísmo

1. *Dar ajuda a pessoas totalmente estranhas.* Conquanto ajudar a família a que se está diretamente ligado é importante, há uma expectativa desfavorável nesse ato de doação. Como ocorre amiúde a membros da família que cuidam de parentes com doenças crônicas, a fadiga e a depressão podem ser conseqüências dessa doação constante e por vezes incansável, e do sacrifício que o gesto requer. Ao ter em conta a idéia de *'ohana*, ou família ampliada, os benefícios da saúde e da alegria ocorrem a quantos dão de si mesmos a pessoas de todo estranhas.[30]

2. *Fazer contato pessoalmente.* Não envie um cheque — esteja lá você mesmo. A satisfação de quem ajuda advém do relacionamento direto, não de doações impessoais.

3. *Dê a sua energia extra, não fundamental.* Podemos fazer em excesso qualquer exercício, portanto, certifique-se de que você zela pela sua família e pela sua saúde em primeiro lugar. Isso o deixará livre para ter a energia a ser dada aos outros. Seu eu fundamental e autêntico deve ser protegido de forma que os seus eus múltiplos possam se estender à comunidade a fim de lhes prestar ajuda e amparo.

4. *Dedique cerca de duas horas por semana.* A pesquisa de Luks mostra que para conseguir a saúde e a felicidade a partir do altruísmo, precisamos reservar o mesmo tempo de doação por semana que necessitamos para nos exercitar. Assim, não se preocupe tanto com ter "músculos de aço" mas sobretudo com ter um "coração de ouro".

5. *Não se empenhe com vistas a ser muito eficiente.* Ajudar é doar-se, não dirigir. Não avalie a sua bondade e o seu amor por conseqüências que se podem medir. Lembre-se da observação de Einstein de que tudo o que conta pode ser contado, mas nem tudo que pode ser contado conta. Não se envolva com nenhuma competição quanto a ser o "melhor" ou o "mais eficiente" dentre os voluntários, nem tente "dirigir" os que está tentando

ajudar. O benefício aos outros e, em última análise, a você e sua família advém do simples fato de estar presente quando alguém precisa de você e, enquanto você não lhe estende a mão, é visto como alguém estranho.

Cuidando do Humor

O médico do século XVII, Thomas Sydenham, salientou que "A chegada de um bufão exerce uma influência mais benéfica sobre a saúde de uma cidade do que duzentas bestas carregadas de remédios". Enquanto você termina a leitura desta seção sobre os elementos de *aloha*, diga-se que não há *ha'awina* mais prazerosa quanto a difundir *aloha* do que irradiar alegria partilhando o humor.

Você descobrirá que o riso é o modo perfeito para combinar paciência, união, bem-estar, humildade e gentileza num único comportamento feliz, que leva alegria aos que estão à volta. O riso é uma explosão jubilosa do seu sétimo sentido. Ele mostra que você aprecia o que é alegre e quer partilhar sua alegria com os demais. O riso assinala que você teve a paciência necessária para ver os aspectos ridículos do caos natural da vida, e para esperar melhores dias quando passava por tempos difíceis. O riso lhe mostra que você se dispõe a dar a mão e a se unir, até mesmo nessas épocas difíceis, e a partilhar os bons tempos. Ele indica que você demonstra aceitação e prazer o bastante para partilhar uma boa gargalhada com alguém mais, além de implicar que tem a modéstia necessária para rir de suas próprias tolices. Mostra que você é humilde a ponto de saber como pode ser tolo. Por fim, repartir o riso é um modo de deitar a alegria ao vento para que este a sopre por toda parte e a todos.

Fundamentalmente, as pessoas com bom senso de humor têm menos tensão e mais saúde.[31] Alguns minutos rindo diminuem os hormônios do *stress* e aumentam o número de anticorpos que dão combate à doença durante cerca de 36 horas. Não é coincidência que nossa gargalhada mais forte seja a gargalhada social. As pesquisas mostram que também o riso pode fazer com que os elementos de *stress* pareçam menos negativos, além de evocar o apoio social das outras pessoas.[32] Ele é capaz de diminuir o conflito entre as pessoas, contribuir para a eficiência no ensino, promover a sobrevivência do casamento, melhorar os relacionamentos no trabalho e até dar condições de enfrentar a realidade existencial da morte.[33] Atualmente, há evidências de que o senso de humor se associa ao bom desempenho do sistema imunológico, e de que as mães que riram e expressaram seu senso de humor durante a gravidez tiveram menos doenças, além de bebês com menos infecções.[34]

Uma palavrinha de advertência sobre o uso do bom humor: enquanto o humor agradável e terno faz muito bem, as pessoas desairosas e hostis se predispõem à doença e à infelicidade.[35] O humor pode também ser usado como arma. C. L. Edson, editor de um jornal americano deste século, comentou, "Gostamos de uma piada que nos põe para cima enquanto derruba alguém mais". O humor que nos une é o que nos cura. Portanto, lembre-se: saiba quando e como contar a sua piada.

Akahai Ha'awina: Lição de Ternura

Para pôr em prática *akahai* em sua vida, tente o seguinte exercício diário. Comprometa-se a ajudar uma pessoa que lhe é totalmente estranha a cada dia. Essa ajuda pode ser apenas fazer um favor enquanto se está guiando no trânsito, ajudar alguém a carregar pacotes, pagar o pedágio de outra pessoa, deixar que alguém lhe tome a frente numa fila, contar alguma piada a uma pessoa estranha, ou algum outro gesto de consideração e benevolência. Seu gesto de *akahai* também pode ser tão significativo quanto oferecer uma oração a um estranho que viu durante o dia. Se queremos viver *aloha*, e receber o grande prazer, a cura e a saúde que ele proporciona a quantos influencia, devemos ter uma vida muito mais piedosa e carinhosa do que o comum em nossa civilização moderna.

Os havaianos dizem *malama pono*, querendo dizer literalmente "ter cuidado". *Malama pono* também significa *kokua* (ajudar) a manter as coisas no seu caminho – o caminho a que foram destinados, em equilíbrio e com amor. A receita do prazer requer uma vida que envolva cuidar de algo ou de alguém para ajudar a conservar o mundo em equilíbrio. Ter uma vida de gentilezas, de doação e sem fazer críticas, ser companheiro em vez de alguém que domina, confiar nos outros e ajudá-los e ter bom humor nos problemas comuns por que passamos é o caminho de *akahai*.

PARTE TRÊS

Viver Aloha

Esta seção põe em prática os cinco princípios de *aloha* e a pesquisa apresentada nas Partes Um e Dois para os relacionamentos íntimos, a educação das crianças, o trabalho, a cura e o zelo pelo nosso planeta. Cada um dos cinco capítulos nesta seção final se baseia em minhas entrevistas com *kahuna* e *kupuna* da Polinésia à medida que me iam ensinando seu Terceiro Caminho para a felicidade e a saúde. Cada capítulo apresenta um Teste de Capacidade de Prazer, que o ajudará a estimar o quanto você está usando o seu sétimo sentido no universo da família, da criação dos filhos, do trabalho, da vida e assim por diante. A cada teste se seguem as Coisas que Contribuem para o Prazer, lembretes de como você pode pôr em prática a receita do prazer em todos os dias de sua vida.

Nesta seção, você aprenderá...

- A tornar seu relacionamento íntimo mais feliz e mais sólido.
- A arte da "paternidade com prazer" para ter filhos felizes.
- Como encontrar a alegria no trabalho, apesar das muitas mudanças na natureza do local de trabalho.
- Como aprender com os momentos de infelicidade na vida.
- Como fazer do mundo um lugar mais alegre e saudável.

CAPÍTULO DOZE

Criar uma Parceria Agradável

"Por vezes pensamos que, depois de completar nosso estudo do 'um', sabemos tudo acerca do 'dois', porque este é 'um mais um'. Esquecemos que ainda temos de fazer um estudo do 'mais'."

—A. EDDINGTON

Amiúde se admite que os casamentos estão fracassando num ritmo alarmante por causa da violência social cada vez maior, das dificuldades financeiras, das mudanças nas leis que facilitam o divórcio e por causa de outros fatores sociais que causam tensão a nossos relacionamentos íntimos. Tanto as pesquisas modernas como a sabedoria oceânica enfatizam que problemas conjugais são menos a *conseqüência* de tais fatores do que a *causa* deles.[1] A falta de unidade, de união e de uma abordagem cooperativa e tolerante chamada *lokahi* é o problema social *por excelência* de nosso tempo, e a incapacidade de conservar relacionamentos de amor duradouros são a razão da maior parte da infelicidade e dos problemas de saúde em nossa vida.

No Capítulo Onze, expliquei de que modo as idéias comuns de "amor" são limitadoras e, em certo grau, pouco saudáveis. Essas visões são alimentadas por mitos contemporâneos sobre o que é o amor e o que ele acarreta em nós. Muitas das idéias comuns concernentes ao amor advêm da psicologia popular, formulada pela mente ocidental que valoriza a satisfação pessoal acima da "sobrevivência do nós", concentram-se mais na disfunção do que na alegria e são investidas no modelo de terapia individual para a cura dos relacionamentos.

Em que grau você compreende a verdadeira natureza do amor? Faça o seguinte teste do tipo "verdadeiro/falso" e comprove.

1.	Os opostos se atraem	*Verdadeiro/Falso*
2.	O amor é um sentimento	*Verdadeiro/Falso*
3.	Seu parceiro deve ser seu melhor amigo	*Verdadeiro/Falso*
4.	As crises podem destruir um relacionamento	*Verdadeiro/Falso*

5. O bom desempenho no sexo é importante para um relacionamento duradouro — *Verdadeiro/Falso*

Pesquisas atuais mostram que são falsas todas essas afirmações. Escolher um relacionamento íntimo com alguém tão semelhante a você quanto possível é o que contribui para relacionamentos mais duradouros, saudáveis e felizes.[2] Contrariamente aos mitos românticos, o amor é o modo pelo qual a pessoa trata de alguém mais, e não um estado de sentimento em que a pessoa se encontra a si mesma.[3] Conquanto se diga com freqüência que gostar é um pré-requisito para amar, a pesquisa mostra claramente que gostar e amar se relacionam apenas ligeiramente.[4] Gostar é fácil e se baseia no ato de apreciar as qualidades de outra pessoa que nos faz sentir bem. Amar requer que nós façamos com que alguém mais se sinta bem e que nos sintamos bem ao fazer isso.

O que os pesquisadores chamam de "fator de Romeu e Julieta" mostra que os relacionamentos que têm mais probabilidade de dar certo e de durar muito são os que passam por muitas crises, não os que se deleitam num mundo esplêndido e romântico.[5] Há algo numa crise que gera uma energia única e forte. Quando essa energia é alcançada construtivamente por meio de duas pessoas que entendem a necessidade de sofrimento, a conseqüência é a dádiva do amor duradouro e cada vez maior.

Por fim, e talvez surpreendente para muitos, mencione-se o fato de que sexo demais verdadeiramente interfere no desenvolvimento e na conservação da intimidade duradoura. O sexo pode se tornar um atalho para a paixão e pode nos poupar do trabalho duro, do tempo e da vulnerabilidade pessoal despendidos enquanto se conversa, se ouve e se entende. Quando solicitados a estimar o que importava mais em seu relacionamento, a maior parte dos respondedores indicou que 99% desse fator mais importante não está relacionado ao sexo.[6]

Este capítulo mostra o caminho polinésio prazeroso para um relacionamento duradouro, de amor e alegria. Também mostra como nossa ênfase moderna no amor como sentimento individual e nos relacionamentos formados para gratificar o eu são as causas preponderantes da Síndrome da Deficiência do Prazer.[7]

Parceria Polinésia

Os pesquisadores têm identificado três tipos de casamento.[8] O *relacionamento volátil*, caracterizado por conflitos freqüentes e eflúvios emocionais, e o *relacionamento que evita conflitos*, em que um parceiro cede ao outro a fim de evitar perturbações, estão relacionados ao modelo de dominação do relacionamento examinado no Capítulo Dez. O terceiro tipo, o *relacionamento de apoio mútuo*, semelha a intimidade oceânica, e se pauta por uma orientação que visa à parceria e ao prazer. Caracteriza-se por colocar o bem-estar da família acima das preocupações individuais, por um compromisso constante, pela colaboração e pela paciente resolução dos problemas. Na tradição oceânica, esse relacionamento íntimo fundamental é primeiramente e acima de tudo uma união *piedosa*.

Pesquisas recentes constatam que a tradição oceânica tem acertado sempre. O casamento é sólido e duradouro quando dele fazem parte duas pessoas que aprenderam a sofrer juntas além de terem sido atraídas uma à outra por interesse romântico. Ele é perpetuado pelo esforço mútuo dos parceiros de "praticar" o amor, "fazer" amor, em vez de "criar" o amor. Shakespeare fez o elogio desse tipo de amor em *Dois Cavalheiros de Verona* ao dizer, "Não ama quem não demonstra seu amor".

Pôr em prática a receita do prazer no relacionamento íntimo requer muito mais do que boa comunicação, bom sexo e romantismo. Essa prática se baseia em saber como ser paciente, integrado, amável, altruísta e terno o bastante para conservar o relacionamento durante os tempos difíceis. Ela reconhece e aceita a diferença entre os parceiros, e se baseia na premissa de que haverá mútuo empenho em fazer do relacionamento algo agradável para ambos os parceiros — *e* para todos os influenciados pelo relacionamento.

As diferenças no que constitui a intimidade, a freqüência apropriada de sexo e o romantismo suficiente são naturais. Os relacionamentos fracassam quando um parceiro se apega a sua visão e não está disposto a formar um ponto de vista novo e de caráter coletivo. Na tradição oceânica, dois eus aderem a uma orientação inteiramente nova do "a nós" para os variados aspectos e expressões do amor.

Ao mesmo tempo que pode ser erótica, a parceria oceânica se baseia em tolerância e paciência. Ela deita raízes na permanência, na suposição de que o relacionamento *jamais* terminará porque, como todos os vínculos naturais, não *pode* nunca terminar. Ele tira a ênfase na satisfação pessoal em favor de agir e se sacrificar pelo parceiro e, por conseguinte, pela família. Amiúde trata-se de um relacionamento estabelecido mais para o bem da comunidade do que dos indivíduos envolvidos. É uma *hula* de duas pessoas, uma dança de ternura e amor que celebra a unidade a par da proteção do mundo.

A qualidade de um relacionamento oceânico se baseia no prazer que gera em si mesmo e a partir de si mesmo para tudo o que está ao redor. Trata-se do âmago da *'ohana* (família) e, portanto, deve semelhar a raiz vigorosa da planta em desenvolvimento. Eis aqui o Teste do Relacionamento Prazeroso baseado nos modos de intimidade dos oceânicos. Você e seu parceiro devem fazer o teste e discutir juntos as suas respostas.

O Teste do Relacionamento Prazeroso

Corresponde a nós = 2
Às vezes corresponde a nós = 1
Jamais corresponde a nós = 0

1. Vocês procuram ver-se um ao outro todos os dias, começando e terminando o dia com gestos e palavras delicados?
2. Gostam de jogar juntos – cartas, xadrez, jogos com tabuleiro, golfe, tênis – ou de se envolver com outras atividades de recreação?
3. Vocês fazem elogios um ao outro pelo menos cinco vezes mais do que se criticam, e falam aos outros positivamente sobre o parceiro que têm?
4. Riem juntos com freqüência e partilham do bom humor e das piadas dos outros?
5. Perdoam e esquecem com facilidade?
6. Partilham quase tudo e vivem sem a idéia de "território", bens e tentativas de dominar o relacionamento?
7. Sentam-se calmamente um ao lado do outro só para ficarem juntos, sem assistir à televisão nem ler?
8. Fazem amor muito mais do que brigam?
9. Têm respeito mútuo mesmo quando um de vocês está se comportando de modo imaturo?
10. Sua família e o mundo são um lugar melhor por causa do seu relacionamento?

Contagem Total do Relacionamento Prazeroso ______

16-20 = um relacionamento alegre
12-15 = necessidade de partilhar mais o prazer
11 e abaixo de 11 = necessidade premente de partilhar o prazer

Eis aqui cinco sugestões – que chamo de "Expedientes para o Prazer" – para cultivar um relacionamento mais duradouro, natural e prazeroso.

Primeiro Expediente para um Relacionamento Prazeroso: Relacionamentos Felizes e Saudáveis Baseiam-se mais na Paciência do que na Paixão

Lembre-se de que você e seu parceiro se casaram com um tolo e um sábio. Tolerem as fraquezas um do outro, considerando-as como índices do seu potencial único e da sua necessidade mútua.

Parceiros pacientes: Ahonui nos relacionamentos. Não se casem por amor, casem-se quando estiverem prontos para amar. Que seu casamento seja lento, racional, ponderado e de empatia, não apressado, fantasioso, impulsivo e "apaixonado". Crie o amor dia a dia ao fazê-lo, não tentando senti-lo. Lembre-se de que os casamentos bem-sucedidos dependem de ser o parceiro ideal, não de encontrar o parceiro ideal. Um relacionamento alegre requer que cada qual tente todos os dias ser exatamente a pessoa com quem gostaria de se casar.

Nenhuma ênfase ressalta devidamente isto: os casamentos estão fracassando atualmente porque não conseguem chegar à meta que lhes foi destinada – dispor de um modo de ter mais satisfação. Se ambos os parceiros se beneficiam do relacionamento sem se doar a ele, em pouco não haverá mais nada que o apóie e ele haverá de se desfazer. Um relacionamento saudável requer uma escolha mútua que envolve trabalhar em união para que ambos os parceiros se desenvolvam.

O desejo não dura. Enquanto o namoro envolve erotismo e atração física, tais sentimentos são transitórios. Servem de força que inicia a formação do relacionamento, porém, por nos afetarem num aspecto muito pessoal e vulnerável, nunca serão sólidos o bastante para conservar o relacionamento através do tumulto, da exaltação, do caos e também da beleza da vida. Se você acha que está apaixonado, poste-se em algum lugar e fique tranqüilo até que o sentimento passe. Depois, volte a integrar-se ao seu relacionamento e demonstre amabilidade em seu comportamento.

As pesquisas mostram que os relacionamentos duradouros precisam de cerca de sete anos para que ambos aprendam a dar a mão um ao outro e estabelecer um *momentum* íntimo, de modo que o princípio de *ahonui* (paciência) é fundamental para os relacionamentos sólidos.[9] Se amamos a ponto de dedicarmos tempo à consolidação desse vínculo, ele pode na verdade diminuir a probabilidade de doenças graves e ajudar a trazer paz ao coração ferido.[10]

Uma parceria íntima se desenvolve ao longo de três estágios:

1. *A fase do romance "tórrido"*. É a época da "atração": cada um se sente fortemente atraído pelo outro. Trata-se de excitação, não de compromisso. Essa fase sempre passa.

2. *A fase do vício e da dependência.* Essa época se caracteriza pela sensação de que a pessoa está sendo consumida, e de que tenta consumir as energias do parceiro. É possível que se pense nele quase todo o tempo, e se sinta uma dependência temporária, infantil e completa quanto ao parceiro.

3. *A escolha: desapego, apego ou vínculo.* Sempre ocorre um momento em que você tem de fazer uma opção: pôr um fim a ele, ceder a ele como sendo um lugar apropriado para estar, ou continuar a criá-lo e a alimentá-lo como um sistema dinâmico.

A não ser que você seja paciente, sua união não será bem-sucedida na fase da escolha e através dela. Sua necessidade de uma família e de ter filhos pode ser substituída por casos extraconjugais a fim de recuperar a ilusão de forte erotismo, e o relacionamento de vocês sofrerá com isso.

Um *kahuna* me propôs este ponto de vista de um relacionamento íntimo: "Quando você acha que está apaixonado, só está sendo levado pelo egoísmo. O amor não é um sentimento, é uma opção. É o modo como você trata uma pessoa, não apenas como você se sente quanto a ela. É o que você faz todo dia com ela e para ela, não o seu desejo premente e forte quanto a ela. Quando você aprende a *praticar* o amor, ele é eterno. São necessários muitos anos para que se aprenda como amar alguém, de sorte que você deve ter uma paciência constante com o seu parceiro e com você mesmo. Se acha que está mais distante do sentimento do amor, falta-lhe empenho e você não está pondo em prática o verdadeiro amor. Só pessoas muito pacientes devem se casar, porque o amor duradouro é tarefa muito difícil durante um período muito longo. Qualquer um pode se apaixonar, mas conservar o amor implica o dia-a-dia entre duas pessoas".

Segundo Expediente para um Relacionamento Prazeroso: Os Relacionamentos são Eternos, de Modo que Pôr um fim ao Nosso Relacionamento não é uma Opção

Quanto mais você fala de terminar um relacionamento, mais se encontra em necessidade gritante de união.

Pares permanentes: *lokahi* nos relacionamentos. Depois que se casaram, tentem continuar assim a quase qualquer preço. Vezes há, obviamente, em que a separação é essencial. Sempre digo aos meus pacientes que sigam a teoria dos "três As" quanto à separação. Só termine o casamento se houver adultério, abusos ou apego doentio. Mesmo nessas três circunstâncias, procure a ajuda de um profissional primeiro e faça o máximo para não instaurar a confusão no casamento. Os efeitos colaterais da separação e do divórcio, de caráter físico, emocional e mental, quase sempre são piores do que ficar juntos – mesmo num relacionamento longe de ser perfeito – e talvez se despenda menos energia resolvendo problemas num relacionamento do que se preparando para o final dele ou o enfrentando. Foram raras as vezes em que conheci uma pessoa cuja vida e a de outros passaram a ser mais saudáveis e felizes a longo prazo depois do fim do casamento.[11]

A maior parte de nós aceita a idéia de "ser pais", e está às voltas com criar filhos saudáveis e felizes. Infelizmente, ainda não consideramos, rigorosa e altruisticamente, a arte de "sermos casados" ou criarmos, protegermos e desenvolvermos nosso relacionamento mais íntimo. Crie e eduque o seu casamento como faria com uma criança, pois um relacionamento é uma entidade formada por vocês dois e maior do que vocês dois. Só termine o seu relacionamento com a constatação de que você está abandonando essa criança.

Terceiro Expediente para um Relacionamento Prazeroso: Evite a Linguagem do SASER: Sarcasmo, Acusação, Suposição, Exigência e Rebaixamento

As palavras têm poder (*mana*) e o modo como você fala é tão importante quanto o que você diz.

Parceiros prazerosos: 'Olu'olu nos relacionamentos. Os opostos se atraem, mas se repelem cedo e quase inevitavelmente. Para ter um relacionamento sólido, procure alguém bem parecido com você e que seja a imagem do seu eu "perfeito"; depois, tente se tornar mais semelhante a essa pessoa depois de a ter encontrado. Se você já vive um relacionamento, esforce-se mais para ter semelhanças quanto ao que admira no parceiro do que se esforça para que seu parceiro se torne mais parecido com você.

Amiúde tomamos mais liberdades com quantos estão próximos de nós, além de sermos um tanto despreocupados com relação a eles. Uma parte desse comportamento talvez seja o que trazemos do relacionamento que tivemos com nossos pais e outros parentes. Parte dele também pode ser sancionada pelos desequilíbrios em termos de poder entre os parceiros que são aceitos – ou doutrinados – pela sociedade; mas até nos relacionamentos saudáveis, o bem-estar que advém da familiaridade e da confiança pode facilmente nos levar à preguiça no amor. Há possibilidade de que sejamos desatentos quanto ao modo de falar, esquecendo de dizer "obrigado" ou "me desculpe", ou mesmo de cumprimentar da maneira mais singela a pessoa que merece todos os elogios do mundo. Talvez por causa da fadiga em função dos estágios iniciais e de maior intensidade num relacionamento íntimo, não conseguimos nos empenhar o bastante para sermos gentis, e às vezes chegamos a ser mais afáveis e polidos com os estranhos do que com nosso parceiro. Muitos casamentos simplesmente sofrem com a falta de educação e com a rudeza que nunca seriam reveladas a uma pessoa totalmente estranha nem a um colega de trabalho.

Para criar uma união alegre, evite o sarcasmo, porque ele leva ao afastamento. Evite as acusações, porque levam à revolta. Evite as suposições, porque tornam irrelevante a comunicação significativa e criam uma espécie de vaticínio da realização das próprias esperanças. E evite as exigências, porque elas levam ao embate e a outras exigências. Nunca rebaixe seu parceiro, pois isso leva à capitulação e aos sentimentos de desamparo, ou mesmo a um tipo de contra-ataque e de afastamento emocional.

Quarto Expediente para um Relacionamento Prazeroso: Faça Cinco Elogios para Cada Crítica

A crítica sempre leva a reações fisiológicas negativas, as quais bloqueiam o pensamento racional, os afetos generosos e o comportamento dedicado.

Prezar os parceiros: Ha'aha'a nos relacionamentos. Como dissemos antes, quando se usa a crítica para criar uma mudança no relacionamento, ela posteriormente o destrói, porque leva ao transbordamento e à inflexibilidade, que têm por sua vez conseqüências físicas, emocionais e mentais. Os relacionamentos podem ser ajustados e crescer quando os parceiros se queixam construtivamente acerca de formas comportamentais específicas que precisam mudar para o bem do sistema. Relacionamentos complacentes são relacionamentos felizes. Os parceiros sentem-se alegres porque trabalham duro para se comportar de um modo apropriado e amável. Estão isentos dos ataques hostis e negativos e do empenho egoísta para tomar a frente do outro. Em vez disso, esses relacionamentos se caracterizam pela ajuda mútua quanto a encontrar uma forma nova e melhor de amar. São esforços de colaboração para achar um modo criativo de viver, em vez do esforço de caráter competitivo e dominador para tirar proveito máximo do outro.

Um *kahuna* disse, "Se você põe seu parceiro num nível inferior, é nesse nível que ele ficará e acabará por se sentir inferiorizado. Sempre tente pôr o seu parceiro 'para cima', fazer com que se sinta bem e que sua vida é melhor porque está junto de você".

Quinto Expediente para um Relacionamento Prazeroso: Procure Fazer Pequenos Gestos de Ternura

Se se comportar de modo amável, você sentirá amor.

Parceiros prazenteiros: Akahai nos relacionamentos. Um *kahuna* disse, "Os ocidentais falam da dependência mútua como de uma doença, mas nós a consideramos como o modo mais saudável de se relacionar. Todo relacionamento deve apresentar esse tipo de dependência, cada parceiro cuidando do outro, tentando agradar ao outro e protegê-lo". Nossa cultura ocidental por vezes considera "ficar juntos apesar das dificuldades" como "dependência mútua", e a luta com as crises naturais do desenvolvimento como "desarmonia". O caminho oceânico é ser "interdependente de modo criativo", trabalhando duro para ajudar o parceiro quando ele está triste, sabendo e aceitando que todos nós nos batemos com os desafios da vida e que não estamos "desequilibrados" quando discutimos, ficamos tristes ou não podemos enfrentar as coisas como gostaríamos. Quando a dependência saudável de amor é unilateral ocorrem problemas nos relacionamentos. Que as coisas importantes ao seu parceiro tenham para você a importância que esse parceiro tem na sua vida.

O sexo pode ser um dos aspectos mais estimulantes e satisfatórios de um relacionamento, mas também pode ser um dos piores perigos. Como foi destacado anteriormente, o sexo oferece um atalho para o relacionamento intenso. Pode envolver um estímulo momentâneo, comum e de caráter físico que se desvia de outras formas mais íntimas de comunicação, ou se torna sucedâneo para elas.[12] Amiúde, o sexo se torna um alívio da tensão, um modo de relaxar ao fim do dia, um meio para a gratificação pessoal ou uma forma de se recompor depois de uma briga. Quando o sexo se torna mais liberação, válvula de escape ou terapia do que expressão da união e do carinho, ele rouba ao relacionamento o seu *mana* vital ou energia.

Reservem tempo só para ficar juntos, tocarem-se e abraçar um ao outro, e procurem reforçar os vínculos que vão além do contato físico. O seu sétimo sentido pode ser o mais erótico porque coordena e aguça todos os demais sentidos, mas ele não há de aflorar senão com o tempo e a concentração. Quando vocês estão juntos, atentem para como a presença do outro é prazerosa aos dois. Esse momento de comunicação é bastante palpável. Vocês o sentem na pele, nas entranhas, no espírito? Sentem-se capazes de quase sentir-lhe "o cheiro"? Ele flui como uma energia que lhes sai da ponta dos dedos para o coração? Um de meus pacientes chamou essa técnica de "fazer sexo silenciosamente".

Uma *kupuna* casada há 57 anos resumiu a maneira oceânica de se relacionar intimamente quando disse, "Meu marido e eu vemos nosso casamento como nosso bem mais precioso. Temos tanta sorte de estar juntos e de termos ambos um ao outro para nos lembrarmos de cada pôr-do-sol e de cada ocaso, que nunca faremos nada que arruíne essa dádiva. Sem termos um ao outro não haveria prazer nenhum".

CAPÍTULO TREZE

Criar Famílias Felizes em Tempos de Pressão

"Levo meus filhos para todos os lugares, mas eles sempre parecem encontrar o caminho de volta para casa."

— ERMA BOMBECK

Qual a maior lição que você quer que seus filhos e os filhos de outros parentes e amigos aprendam sobre a vida? A resposta dos polinésios a essa pergunta sempre é clara e objetiva, como se pode atestar pelas palavras de uma mãe havaiana: "Quero que minha *keiki* (filha) aprenda *aloha* – aprenda a amar. Quero que ela viva *aloha* todos os dias, e que possa ensinar aos filhos dela a viver *aloha*". A saúde e a felicidade de nosso mundo depende dos filhos que damos a ele, e muitos pesquisadores estão cientes de que hoje em dia a resposta a essa pergunta versa menos sobre o amor altruísta do que sobre realização, aquisição e autonomia.

Como vimos nas Partes Um e Dois, a depressão entre nossos filhos está aumentando num ritmo alarmante. É chocante saber que o número de suicídios e de tentativas de suicídios entre as crianças com idade *abaixo de 10 anos* está aumentando. Assim como temos tentado duramente dar tudo a nossos filhos, estamos fracassando num grau assustador no que concerne a dar-lhes os únicos meios que lhes trariam a maior felicidade e saúde: a inteligência emocional para ter uma vida de paciência, alegria e partilha.

A palavra *pai* (*parent*) costumava ser considerada um substantivo, mas a psicologia popular transformou-a num verbo. Os adultos costumavam "ser" pais em vez de "fazer papel de pais", mas hoje em dia "ser pai" se tornou uma prática a se dominar, a qual tem por conseqüência crianças bem-sucedidas e capazes de competir com outras crianças. Nossos ancestrais não "faziam papel de pai", eles criavam uma família responsável, baseada na reciprocidade e na dedicação. Os filhos não eram "educados", eles viviam, trabalhavam e absorviam seus valores de dentro do sistema familiar. Esperava-se que contribuíssem com a família, e eram intimados a ajudar os pais, os avós e os parentes a se desenvolver, assim como eles próprios eram alvo de carinho até se tornarem adultos. Na Polinésia, essa é ainda a abordagem para ser pai. Os havaianos chamam-na de "familia-rizar", ou *'ohana*.

A Institucionalização e a Computadorização das Famílias

Aqui no continente, despojamo-nos do sentido da família e do sistema familiar. Passamos o controle de nossa família às instituições. A tarefa mais importante e difícil na vida — ajudar alguém a se desenvolver num mundo de pressões e mudanças — tornou-se uma arte perdida. O divórcio, a separação, os lares com pais solteiros (o que quase sempre significa mães solteiras), as creches e os longos dias em escolas com índices de violência cada vez maior, dias que terminam com a volta a uma casa vazia, são constantemente a norma. Como me disse de modo assustador um menino de 12 anos, "Crescer não é nada divertido. Não sei se vale a pena fazer isso".

A despeito da expressão de preocupação de nossos políticos quanto aos valores da família, muitos deles são divorciados e ignoram seus filhos em favor de beijar os filhos dos estranhos. Famílias ampliadas que estão distantes e o estilo de vida de ritmo acelerado resultaram na condição dos "sem-teto" em termos de afetividade. As famílias raramente sentam-se para fazer as refeições ou para se divertir, e grande parte da alegria de crescer e aprender foi substituída por tentar dar coisas aos filhos com o objetivo de colocá-los em "vantagem na competição".

Em vez de reservar tempo para assistir programas de tevê na companhia de nossos filhos, estamos desenvolvendo o *V-chip*, um sistema de computador que fiscalizará os programas de televisão que nossos filhos vêem em nossa ausência. Nossos filhos passam mais tempo na Internet do que sentados em nosso colo. Creches, computadores e calçadões com lojas são o "lar" que oferecemos aos nossos guris.

Queira ou não, os computadores e as instituições não podem ensinar *aloha*, tampouco são capazes de criar crianças felizes. O cuidado com elas é uma tarefa por demais complexa para qualquer um, e implica amor, certo senso de responsabilidade instintiva e investimento espiritual. Os vínculos estáveis e duradouros entre os pares evoluiu para que duas pessoas cuidassem do ser dependente que nós, mamíferos, temos durante muitos anos de desenvolvimento. Estruturas tribais e comunidades coesas significavam que pais e mães raramente estavam separados por longos períodos de tempo, e, mesmo quando a separação era necessária, a comunidade inteira era pequena e unida o bastante para ter olhos para as crianças, a fim de lhes dar proteção e por estar imbuída do sentido de coletividade.

Com *'ohana*, a abordagem oceânica para "familia-rizar", a criança ou *keiki* é tratada como planta nova (que é também o sentido de *keiki*). À proporção que se desenvolvem, as *keiki* devem ser protegidas e cuidadas por todos, mas seu desenvolvimento também implica cuidar de outras *keiki* e *makua* (pais). *'Ohana* ressalta a abordagem estável, prazerosa e alegre do cuidado com os filhos. A refeição é um ritual sagrado durante a qual ensinam-se como modelo as lições relativas ao respeito. Os ancestrais e os parentes mais velhos que estão vivos são alvo de reverência, e se espera das crianças que ajudem a família e zelem por ela. A incapacidade de dar a um filho a oportunidade e o privilégio do zelo e do respeito não só no que tange à própria família mas também a todos os parentes mais velhos e à comunidade em geral é considerada o abuso máximo que se faz à criança.

Ho'oponopono: Terapia da Família Oceânica

O caminho *aloha* da criação da família envolve cantar, dançar, pescar, jogar e andar juntos em família – não induzir os filhos a que tenham aulas de balé, joguem futebol e componham pequenos grupos. Quando os problemas e conflitos familiares ocorrem, eles devem ser encarados de imediato, num ritual sagrado chamado *ho'oponopono*, que significa pôr nos eixos uma vez mais, levar equilíbrio ao sistema familiar.

Ho'oponopono envolve horas de conversa entre os familiares visando trazer de volta o equilíbrio à família. Primeiramente, há *pule 'ohana* (oração da família), a que se seguem momentos que as pessoas passam contando histórias a fim de que se identifique a pessoa ou as pessoas que violaram o código familiar de *aloha*. O reparo concreto deve ser na forma de pedido de desculpa, de tentativa de corrigir a transgressão, de substituir um objeto quebrado ou de compromisso com uma forma de comportamento mais amável e cuidadosa. Quando *ho'oponopono* termina, não se deve falar mais sobre o problema que foi causado por alguém na família. Faz-se uma *pule 'ohana* e então as pessoas celebram para comemorar o fim do conflito e o restabelecimento do *pono* (equilíbrio).

Todo o processo se baseia num compromisso sagrado de viver a vida familiar de acordo com os cinco princípios de *aloha*. Rezar pela família não é só uma boa coisa a fazer, mas algo fundamental para absorver a energia de cura dos ancestrais e de Deus a fim de fazer face ao problema. Será que sua família se beneficiaria de sua própria forma de *ho'oponopono*? Você tem rituais pessoais, de aprendizagem e de criação da paz que devem ser praticados com mais freqüência? As famílias felizes gastam pelo menos o mesmo tempo em casa "acertando as coisas na família" do que o tempo que despendem trabalhando fora de casa para conseguir as coisas certas.

Para ter um prazer saudável na sua vida familiar, faça o teste seguinte. Se possível, reúnam-se e façam juntos o teste para discutir depois os resultados.

Teste da Criação Saudável da Família

Corresponde a nós = 2
Às vezes corresponde a nós = 1
Jamais corresponde a nós = 2

1. Sua família faz pelo menos uma refeição feliz e em paz com todos os membros reunidos todos os dias?
2. As pessoas riem bastante na sua casa?
3. Os parentes mais velhos são respeitados e tratados com delicadeza e paciência?
4. Sua família tem seus próprios rituais e costumes, praticados há anos pelos seus ancestrais?
5. Sua família trabalha segundo o princípio de que ninguém termina suas obrigações no âmbito do lar se um outro membro da família ainda está às voltas com seus afazeres? Todos contribuem para realizar qualquer tipo de tarefa e ajudam os demais?
6. Sua família joga unida como um grupo, todos tomando parte no jogo voluntariamente?
7. Sua família assiste bem pouco à tevê?
8. Sua família partilha todas as coisas? Todos os membros da família sentem que podem contar qualquer coisa a qualquer outro membro?
9. Sua família ampara e ajuda todos os seus membros, não importa quem?
10. Em sua família não há brigas, ofensas nem formas de rebaixamento?

Contagem Total do Prazer na Família _____

16-20 = uma família feliz
12-15 = necessidade de partilhar mais o prazer
11 e abaixo de 11 = necessidade premente de partilhar o prazer
Eis algumas sugestões para ajudar a elevar o prazer na sua família.

Primeiro Expediente para o Prazer na Família: Todos os Membros da Família Compõem a Mente desses Membros

A ecologia psicológica da família e de cada membro da família constantemente molda o cérebro das crianças e dos adultos que há nela – portanto, procure ter um espírito mais paciente.

Criar um espírito paciente: Ahonui para a família. A pesquisa psiconeurológica atualmente prova o que os *kahuna* polinésios sabem desde há séculos. Nosso cérebro não se forma no nascimento mas continua a desenvolver novas células e conexões ao longo de nossa vida. O cérebro das crianças e dos avós são constantemente reconstruídos pela atmosfera da família, por um tipo de "ecologia cerebral de união". Se criamos um mapa do amor e da felicidade com centros bem definidos de alegria, ou se esboçamos modelos de raiva e irritação, isso depende da atmosfera que toda a família cria unida.

A pesquisa psiconeuroimunológica mostra que é possível moldar o cérebro no que concerne ao prazer paciente. Podemos influenciar diretamente o modo como o cérebro se desenvolve ao criarmos um ambiente estável e digno de confiança em que é possível arriscar-se de modo racional sem medo de rejeição. Isso vale até quando somos adultos, mas o cérebro das crianças está particularmente maduro para o que se poderia denominar de "desbastamento para o prazer".

As crianças nascem com neurônios e células cerebrais em um número milhões de vezes maior do que o número de que o cérebro adulto pode necessitar. Por meio de um processo chamado *desbastamento neurológico*, o cérebro perde suas conexões neurônicas, ou sinapses, que são menos usadas, e forma vínculos fortes nos circuitos sinápticos que são mais utilizados. Esse desbastamento permite que o cérebro se concentre mais no que foi evocado por experiências antigas. Assim, se essas experiências foram caracterizadas por uma vida familiar calma e estável, o cérebro gera-se a si mesmo como cérebro paciente. Se houve hostilidade, críticas e violência física ou emocional no âmbito familiar, só as vias do cérebro rancoroso, egoísta e impaciente persistem.

O desbastamento é constante e acontece com muita rapidez. Antigas sinapses desaparecem e novas se formam em questão de horas ou dias. De fato, o cérebro de uma pessoa é esculpido desde o nascimento até a maturidade e até um período avançado na vida.[1] Se ensinamos e modelamos a receita do prazer em nossa vida familiar, cuidamos de um belo jardim em que as crianças se desenvolvem em partes amáveis e carinhosas do sistema familiar.

Na condição de pais e de sociedade, somos os jardineiros da próxima safra de adultos. Se nos alimentarmos de *aloha*, cultivaremos um mundo de equilíbrio e paciência. Se desprezarmos nossa safra vulnerável, ou se a expusermos à impaciência, à agressão e à hostilidade, cultivaremos uma geração de pessoas intolerantes, egoístas e apressadas e, por extensão, um mundo conflituoso e violento.

Um *kahuna* disse, "Nossos *keiki* são nossas flores, e nós somos as raízes delas. Serão raízes algum dia, de modo que devemos cultivá-las e deixar que aprendam a nos cultivar também. Devemos ser pacientes com nossos *keiki*. Ninguém fica gritando com uma flor para que cresça".

Segundo Expediente para o Prazer na Família: Sair Mais Vezes Juntos

A tendência recente de "ficar na toca", ou ficar em casa com algumas "escapadas" ou saídas para o mundo natural está privando as famílias da luz de sua vida.

Buscando a luz juntos: Lokahi na família. Quanto tempo sua família passa unida dentro de casa? Essa pergunta simples nos revela muito sobre o prazer saudável da sua família. A falta da luz em seu espectro total, o que equivale à luz do sol, hoje está reconhecidamente relacionada com uma condição chamada Distúrbio Emocional Periódico (DEP).[2] Os sintomas incluem angústia, relutância em ir para o trabalho ou para a escola, afastamento da sociedade, autocrítica, ficar andando de um lado para outro à noite e problemas para dormir, incapacidade de sair da cama de manhã por não ter conseguido dormir o suficiente e *anhedonia* (a falta de capacidade de ter prazer na vida cotidiana).

Cerca de 20% das pessoas são vulneráveis ao DEP porque são extremamente sensíveis à luz. Os sintomas não raro começam cedo na adolescência e podem durar toda a vida. Diferentemente das pessoas com diagnóstico de depressão, as pessoas com DEP não tendem a perder o apetite; em vez disso, comem demais. Meu trabalho clínico indica que não só pessoas com DEP mas também toda a família delas sofrem em função da falta da luz saudável.

Conquanto muitas explicações sejam possíveis, acho que as famílias que saem juntas tendem a ter menos conflitos, a resolvê-los mais prontamente e a se sentir mais energizadas como grupo. Pesquisas mostram que as luzes fluorescentes que se encontram em casas e escolas são particularmente deficientes em iluminação ultravioleta. Os alunos nas escolas com luzes ultravioleta de amplo espectro têm quase metade das doenças dos alunos nas escolas com luzes fluorescentes.[3] E as famílias em minha clínica as quais se expõem mais à luz natural também deram um relato de menos doenças.

A iluminação a 2500 lux, uma quantidade semelhante a ficar à janela num dia de sol primaveril, verdadeiramente estimula o cérebro ao prazer. A glândula pineal, um órgão minúsculo no centro do cérebro bem atrás dos olhos, secreta uma substância chamada *melatonina*. A luz estimula a secreção desse hormônio e, em conseqüência disso, o sono vem com mais facilidade e um ciclo de vida natural e tranqüilo é a conseqüência.

Com mais repouso, nosso estado de espírito se eleva e o prazer flui sem entraves. Uma família "não-temperamental" é uma família menos agitada, mais unida. As famílias polinésias têm o esplendor da luz natural quase todos os dias de sua vida, e muitas famílias tiram todo o proveito disso nadando, pescando, andando de barco e fazendo piqueniques vários dias por semana. Se você está preocupado com o estado de espírito da sua família, tente passar um fim de semana ao ar livre em companhia de todos e esperar pela melhoria do clima de sua casa na semana seguinte.

Há também uma forma contrária de DEP em que as pessoas se deprimem à luz do sol e ficam mais agitadas e com manias no inverno. Isso pode ser causado pelo fato de as pessoas ficarem dentro de quartos sem muita luz e com a umidade própria do ar condicionado, ou por causa de uma sensibilidade particular ao calor.[4] Brincar com as crianças ao ar livre em dias de temperatura amena, com doses moderadas de sol, ativará o cérebro quanto a pensar com *aloha*.

Não se esqueça de que a idéia de *'ohana* inclui a comunidade, as plantas, os animais, os peixes, as pedras e as árvores. Assim, uma "saída com a família" é uma união com a natureza, não um passeio para ir vê-la. Ajudar a curar a terra ajudando na limpeza da comunidade ou plantando árvores tornará a sua família — e a família do mundo — mais sólidas.

Um *kahuna* disse, "A família deve estar com toda a família. Esta é a terra. Dirija-se a ela como a uma família e vocês crescerão juntos como a flor de *'ohi'a lehua* que brota das pedras do vulcão. A flor de *'ohi'a* nasce em muitas formas, mas sempre cresce em aglomerações à medida que o sol a faz brotar da pedra quente. Ela tem folhas de formas e florescências variadas em termos de matiz, mas todas florescem com o sol e a chuva. Sua família é curada por *'aina*".

Terceiro Expediente para o Prazer na Família: "Fique Frio" — os Sentimentos não São Fatos e Você Nem Sempre Tem de Expressá-los

Contrariamente à psicologia popular, há pouco valor terapêutico e há potencialmente conseqüências graves à saúde no ato de "lavar a alma".

Treinando para ser "frio": 'Olu'olu na família. As áreas do cérebro que podem neutralizar nosso cérebro inferior de caráter mais impulsivo são também as mais lentas a se desenvolver. Qualquer um pode, por meio da criação, fazer que seu filho se torne nervoso, impaciente, agressivo e egoísta porque o cérebro inferior (que lida com essas emoções) predomina sobre as áreas calmas, pacientes e amáveis do cérebro. Na condição de pais e educadores, podemos influenciar o fato de um cérebro desenvolver-se com alegria ou com uma sensação de premência desde a infância, passando pela adolescência e entrando na idade adulta.[5] Treinando nossas crianças e adolescentes a não deixar que o cérebro inferior e marcado pela sensação de urgência lhes determine as ações, falando com eles sobre o assunto e — o que é mais importante – moldando-lhes formas agradáveis e harmoniosas de viver, podemos ajudar os lobos pré-frontais e o circuito cerebral associado a tais comportamentos a se desenvolver e começar a exercer o seu controle.

Talvez uma das tarefas de treinamento do cérebro mais importantes para as crianças seja mostrar-lhes como se acalmarem quando estão agitadas. Quando uma criança está agitada, a pessoa que está cuidando dela amiúde a tranqüiliza e a embala. Isso não só a acalma, mas também lhe ensina como se tranqüilizar a si mesma e aos outros.[6] Os polinésios dizem que deixar que uma criança acalme os mais velhos é uma outra forma de ensinar a arte da serenidade. Se você passar algum tempo observando o moderno "papel de pai", notará que muitos desses pais parecem inseguros sobre como lidar com o filho infeliz ou genioso; talvez isso se deva ao fato de eles mesmos terem sido crianças raramente calmas, e de nunca ter-lhes sido ensinado como acalmar com amor e carinho uma outra pessoa.

A pesquisa do psicólogo John Gottman exemplifica a importância do ato de acalmar, capaz de fazer que aflore a reação de felicidade tanto em quem acalma quanto em quem é acalmado. Esse ato envolve o *nervo pneumogástrico*, que se liga ao coração, às glândulas supra-renais e às amígdalas. Todos eles agem reciprocamente para criar o que Gottman chama de *tom* do nervo pneumogástrico. Quando esse tom é de raiva, a conseqüência é uma reação de urgência. O temperamento neurológico do nervo pneumogástrico pode ser treinado com vistas a abrandar-se.[7] Gottman mostrou que conversar calma e pacientemente com crianças sobre os sentimentos delas, e lhes mostrar como entendê-los em vez de exprimi-los equivale a treiná-las para conseguir a calma e para ser um membro da família estimado por todos. Viver a própria vida com um tom modulado do nervo pneumogástrico fornece o papel padrão para uma criança em desenvolvimento.[8]

Um *kahuna* que dirige sessões de *ho'oponopono* para famílias havaianas com problemas disse, "Quando há doença, sempre olho para a família para ver qual é o tom predominante nela. Às vezes, sou capaz de sentir certo tom de raiva e sei que ninguém se curará enquanto todos não estiverem calmos. Fazemos *ho'oponopono* e tentamos acertar as coisas. Só não exprimimos nossos sentimentos. Nós os discutimos e ensinamos a todos que esses sentimentos não pertencem só a eles".

Quarto Expediente para o Prazer na Família: Atentar para Como se Sentem os Outros Membros da Família

Tente interpretar as emoções de sua família e ser sensível às pistas sutis que exprimam certa necessidade de apoio.

Alfabetização das emoções: Ha'aha'a na família. Despendemos muito tempo e dinheiro promovendo a alfabetização. Depositamos grande ênfase no período em que uma criança aprende a falar mas pouca ênfase no período em que ela aprende a ouvir. Nossas famílias e escolas desprezam a alfabetização das *emoções*: a capacidade de interpretar as emoções alheias, o cuidado com elas e o tratamento sensível que lhes deve ser dispensado.[9]

A educadora Karen Stone McCown desenvolveu o que chama de "Currículo da Ciência de Si Mesmo", o que poderia ser mais bem denominado de "um currículo de ciência menos egoísta".[10] McCown se vale de conceitos da linguagem de capacidades vitais, de desenvolvimento social e de aprendizagem emocional, mas na verdade ensina os cinco componentes de *aloha*. Em vez de ressaltar a competição, a expressão de si mesmo e o poder, ensina às crianças o modo de ver a mágoa nos outros e de interpretar a necessidade de alegria e o medo da solidão. Ensina-lhes como devem perceber os sinais não-verbais de que a pessoa está com raiva, triste ou com medo.

Para ter uma família feliz e saudável, temos de sair de nós mesmos para entrar nos outros. Devemos ser menos preocupados com a "dependência mútua" e trabalhar com mais empenho a fim de forjar a interdependência. Uma forma excelente de desenvolver a sua *ha'aha'a* (alfabetização emocional) ou a de seu filho é chamada de *pausa perceptiva*. Um *kupuna* explicou isso perfeitamente: "É uma forma de fazer contato antes de estabelecer uma comunicação. Antes que você diga uma palavra a alguém, sempre faça uma pausa de alguns segundos e fique tranqüilo. Olhe antes de falar. Analise o modo como a pessoa parece estar se sentindo antes de conversar, em vez de atentar apenas para como essa pessoa reage ao que você diz. Não procure tanto influenciar, mas sobretudo unir-se. Estabeleça uma conexão com seus olhos antes de usar a boca. Jamais comece a falar sem olhar e nunca diga nada sem ponderar primeiramente".

Quinto Expediente para o Prazer na Família: Nunca Pare de Acalentar, Acarinhar e Confortar

Todos sabem o quanto os bebês necessitam de contato e conforto, mas muitos se esquecem do carinho comovente, acolhedor e gentil de que continuamos a necessitar ao longo da vida.

Estar em contato: Akahai na família. Enquanto o cérebro exerce muito controle sobre o corpo, esse também constantemente forma o cérebro. Tocar com ternura, acarinhar com amabilidade e embalar os recém-nascidos ajuda a desenvolver os centros do cérebro que nos trazem mais prazer na idade adulta.[11] Num sentido bem real e psiconeuroimunológico, nosso erotismo, nossa ternura e sensualidade (o nosso *akahai*) começam e terminam na cadeira de balanço.

Situada bem atrás do sistema límbico está a parte do cérebro responsável pelo equilíbrio e pela coordenação. Essa estrutura de três lóbulos é o *cerebelo*, que significa "pequeno cérebro". Ele controla a sincronização de movimentos aprendidos tais como guiar um carro, nadar e outras atividades que, conforme se diz, uma vez aprendidas jamais são esquecidas. O cerebelo também controla o tempo dos movimentos demasiado rápidos para ser controlados conscientemente, tais como tocar piano ou executar a *hula*. Pesquisadores estão descobrindo atualmente que esse pequeno cérebro é muito mais do que um centro de sincronia, equilíbrio e atividades habituais.

O doutor James Prescott, um neuropsicólogo do desenvolvimento do National Institute for Child Health and Human Development, aventa a hipótese de que o ato de acalentar, embalar e fazer sinais para uma criança no começo de sua vida tem por conseqüência o desenvolvimento do cerebelo e, assim, uma pessoa mais equilibrada e alegre.[12] Ele sugere que a falta desse embalar rítmico e delicado acaba por gerar reações excessivas, confusas e de medo quanto a movimentos semelhantes no futuro. A compensação da raiva e da agressividade pode ocorrer para que haja uma adaptação ao que parece uma estranha forma de ternura – uma espécie de hiper-reação emocional.

Amiúde, justamente quando nossos filhos adolescentes precisam mais de conforto e carinho, nós arrancamos deles essas coisas, física e emocionalmente. Nossa sociedade moderna tem desenvolvido a erotofobia a tal ponto que relatos e diagnósticos de abuso sexual por vezes ultrapassam os limites. Essa erotofobia nega as forças variadas do toque. Assim como limita o toque dos parceiros casados ao aspecto sexual, limita o toque que é produto dos cuidados dos pais aos filhos. Por vezes temos medo de abraçar e confortar nossos jovens em crescimento; porém, em tempos difíceis, precisamos abraçá-los e embalá-los... e precisamos ser abraçados e embalados por eles. Se quisermos encontrar harmonia em nossa forma de amar, de trabalhar e brincar, devemos adotar de novo um ritmo de vida mais doce e terno.

Um *kahuna* resumiu o elemento do *akahai* de uma *'ohana* alegre com a seguinte história de uma família: "O vovô é muito, muito velho e fraco. Tem mais de 100 anos, mas ninguém sabe ao certo sua idade exata. O vovô perdeu o controle dos intestinos, e temos de lhe trocar as fraldas várias vezes por dia. Ele precisa ser acalentado e cuidado. Ninguém se importa e todos nos revezamos – as crianças, os pais, os tios e as tias. Por que não? Temos um bebezinho em nossa *'ohana* também, e temos de acalentá-lo e mudar-lhe as fraldas. O bebê precisa disso; o vovô merece que lhe façamos isso. O vovô fez muito mais para nós do que o bebezinho. Às vezes, embalamos o vovô e o bebê juntos na mesma cadeira de balanço em que se sentaram nossos *aumakua* (ancestrais). Eis o verdadeiro sentido da *'ohana*".

CAPÍTULO CATORZE

Trabalhar com Amor: Cura e Equilíbrio no Local de Trabalho

"Adoro o trabalho. Ele me fascina. Eu seria capaz de me sentar e ficar olhando para ele durante horas."

— Jerome K. Jerome

Quase todos nós trabalhamos ou queremos trabalhar. Com efeito, a maior parte de nós despende mais tempo trabalhando do que se divertindo ou em companhia da família. Quer o trabalho seja fonte de grande prazer e saúde, quer seja um precursor do *stress*, do esgotamento, da raiva ou da depressão, isso depende em grande parte do motivo pelo qual você trabalha. Antes de aprender mais sobre o modo oceânico de trabalhar, faça o seguinte teste de "motivação de trabalho". Assinale o item ou itens que descrevem com mais precisão os motivos fundamentais de você trabalhar todos os dias.

O Teste de Motivação de Trabalho

1. *Produtividade.* Você trabalha porque sente que tem de fazer ou terminar um monte de coisas? O autor Isaac Asimov disse, "Se o meu médico me dissesse que eu tinha apenas seis minutos de vida, eu não iria esquentar a cabeça. Só datilografaria um pouco mais depressa".

2. *Conhecimento.* Você trabalha para aumentar a sabedoria do mundo? A antropóloga Margaret Mead disse, "Fui educada para acreditar que a única coisa que valia a pena fazer era aumentar a somatória das informações exatas no mundo".

3. *Justiça.* Você trabalha para fazer do mundo um lugar mais seguro e justo para os outros? O ativista dos direitos civis Martin Luther King Junior disse, "Tenho um sonho... de que meus quatro filhos pequenos um dia viverão numa nação em que não serão julgados pela cor da pele mas pela essência de seu caráter".

4. *Autonomia.* Você trabalha para ter independência? A artista Georgia O'Keeffe disse, "Não posso viver no lugar aonde quero ir, não posso ir aonde quero, nem fazer o que quero... concluí que eu era muito tola e estúpida só pelo fato de não pintar tanto quanto eu queria".

5. *Poder.* Você trabalha para ter condição social, reconhecimento e controle? O ex-Secretário de Estado Henry Kissinger disse, "O poder é o afrodisíaco máximo".

6. *Dever.* Você trabalha porque acredita que todos deveriam trabalhar? A estadista e filantropa Eleanor Roosevelt disse, "Quanto às realizações, só fiz o que tinha de fazer à proporção que as coisas ocorriam".

7. *Excelência.* Você trabalha para ter distinção e superioridade? A ganhadora da medalha de ouro olímpica Florence Griffith Joyner disse, "Quando você foi a segunda melhor por tanto tempo, ou você aceita isso, ou tenta se tornar a melhor. Resolvi tentar ser a melhor".

8. *Dinheiro.* Você trabalha para adquirir mais, ter mais, possuir mais e fazer mais? O artista surrealista Salvador Dalí disse, "Gostar do dinheiro como eu gosto não passa de misticismo. O dinheiro é a glória".[1]

9. *Vitória.* O trabalho é semelhante a uma luta com que você deve se envolver? O ex-técnico de futebol profissional Vince Lombardi disse, "Ganhar não é tudo. É a única coisa".

10. *Diversão.* Você trabalha porque adora fazer isso? Noel Coward escreveu, "O trabalho é mais divertido do que qualquer divertimento".

11. *Obrigações.* Você trabalha porque não tem escolha? Aristóteles escreveu, "Todos as ocupações pagas absorvem e degradam o espírito".

12. *Ecologia.* Você trabalha para curar o planeta? Jeannette Armstrong, uma ecopsicóloga e ativista em favor da causa dos povos indígenas em todo o mundo, escreve, "Somos responsáveis pela terra. Somos os protetores da terra porque somos a terra. Somos todos esta terra".

Que motivos você identificou como centrais para a razão pela qual você vai trabalhar todo dia? Independentemente dos outros motivos para trabalhar que você tenha identificado, se você não assinalou o item "ecologia", é provável que o seu trabalho não lhe está trazendo, bem como à sua família e ao mundo em geral, a felicidade e a saúde necessárias.

A Excelência Polinésia

Quando pediram a Sigmund Freud que identificasse as chaves para uma vida saudável, ele respondeu, "*Lieben und Arbeiten*", amar (*aloha*) e trabalhar (*hana*). Ele quis dizer que o equilíbrio entre o trabalho para ganhar a vida e o amor para tornar a vida digna de viver é o caminho para a existência feliz e saudável. Os polinésios descobriram esse equilíbrio no que eles chamavam de *po'okela*, excelência no trabalho baseada na valorização da terra acima da satisfação de objetivos pessoais.

Em nosso mundo moderno, estamos literalmente nos matando de trabalhar. A pessoa comum, que começa seu primeiro emprego hoje, passará pelo menos por dez mudanças de emprego no decorrer da vida. A tensão no trabalho continua a ser uma causa predominante da doença, e é a razão de bilhões de dólares perdidos por causa da ineficiência, do desespero, da lentidão e do absenteísmo dos trabalhadores. Se há alegria em nosso trabalho, muitos de nós parecemos por demais ocupados, sobrecarregados, distraídos ou indiferentes para reconhecê-la.

Os polinésios, por outro lado, consideram o trabalho como a oportunidade sagrada para exprimir o respeito pelo mundo e pela união com a comunidade. O primeiro critério para avaliar o trabalho deles é o fato de lhes trazer ou não felicidade e saúde. O sucesso é alcançado quando se vive à altura dos cinco princípios de *aloha*.

Pesquisas Informais Sobre Trabalho

Perguntei a trezentos de meus alunos na Henry Ford Community College, "O que querem fazer para terem êxito na profissão quando se formarem?". Cento e setenta responderam que não tinham idéia e o restante deles incerto. A maioria dos estudantes respondeu que estava na faculdade porque não havia nada mais que pudesse fazer a essa altura da vida, ou porque seus pais esperavam que estivesse lá.

Quando perguntei às pessoas extremamente bem-sucedidas que entrevistei para este livro se eram felizes com seu trabalho, elas deram respostas com juízos de valor que refletiam a satisfação financeira ou a aquisição de *status*. Quando fizeram o "Teste de Motivação de Trabalho", só alguns assinalaram o item ecologia, mas quase todos fizeram isso com os itens produtividade, autonomia, poder, dever, excelência, vitória e dinheiro. Não disseram que estavam fazendo o que queriam, mas que apenas estavam fazendo o que lhes trazia benefícios concretos. Alguns se chamavam a si mesmos de "FDCs", ou "filhos do chefe", e trabalhavam porque seus pais, bem-sucedidos, esperavam isso deles ou requeriam que eles entrassem no negócio da família.

Quando perguntei aos filhos de algumas dessas pessoas bem-sucedidas sobre o que queriam ser quando crescessem, todos exceto quatro dentre dez meninos e nove meninas com idades entre 4 e 16 anos responderam que não sabiam. Os demais responderam que achavam que provavelmente fizessem o que seus pais estavam fazendo porque deles se esperava que entrassem no negócio da família.

A aspiração de fazer algo, quando adulto, que trouxesse alegria e sentido à vida de todos estava bem abaixo na lista dos motivos para trabalhar. A única resposta que preenchia a abordagem da receita do prazer quanto ao trabalho veio de uma menina de 4 anos que replicou à minha pergunta sorrindo e dizendo, "Quero ser muito, muito feliz, e ajudar a fazer com que todos também sejam assim". Quando deu essa resposta, as outras crianças riram dela.

Para que você ache a felicidade no trabalho, faça o seguinte teste de trabalho *aloha*. A exemplo de todos os cinco testes de *aloha* nesta última seção, este teste é um teste de "nós" e não um teste do "eu", e deve ser respondido com referência à sua família (ou à sua comunidade íntima).

O Teste do Prazer no Trabalho

Corresponde a nós = 2
Às vezes corresponde a nós = 1
Jamais corresponde a nós = 0

1. Sua família espera com ansiedade a sua volta para casa no final do dia de trabalho?
2. Sua família gosta de seus relatos sobre coisas alegres no trabalho?
3. Sua família sabe, entende e admira o que você faz no trabalho?
4. Sua família toda está interessada no que você faz no trabalho?
5. Sua família diz que você adora o que faz?
6. Muitas pessoas de sua família gostariam de fazer o que você faz no emprego?
7. Sua família acha que o que você faz é muito útil para os outros e para o mundo?
8. Sua família não tem preocupações quanto à sua segurança no trabalho?
9. Sua família diz que ela é tão importante para você quanto o seu trabalho, e que você passa tanto tempo com ela quanto às voltas com esse trabalho?
10. Sua família diz que seu trabalho se pauta pelos seus valores em vez de por objetivos, e que você trabalha mais para que a vida seja melhor para todos do que para proporcionar uma vida melhor apenas para algumas pessoas?

Contagem Total do Prazer no Trabalho: ____

16-20 = um trabalho alegre e saudável

12-15 = necessidade de um trabalho mais saudável e alegre

11 e abaixo de 11 = necessidade premente de um emprego mais saudável e feliz.

Baseadas no Terceiro Caminho Oceânico para o bem-estar e para a receita do prazer, eis aqui cinco sugestões para ajudar a aumentar sua contagem de prazer no trabalho.

Primeiro Expediente do Prazer no Trabalho: Trabalhar para Viver, mas Nunca Viver para Trabalhar

O trabalho visa mantê-lo, manter a sua família e o mundo vivos e bem. É essencial para a vida, mas não é o objetivo dela.

O trabalho paciente: Ahonui no trabalho. Quando seu emprego se torna o único objetivo da sua vida, falta pouco para que essa vida perca todo objetivo. Neste livro, do começo ao fim, o leitor viu que o equilíbrio (*pono*) é fundamental para a saúde e para a felicidade; isso nunca foi mais verdadeiro do que nesse exemplo. Quando o trabalho não permite o tempo necessário para amar, ele acaba por esgotar a sua capacidade de amor. Você se torna tão absorvido e ocupado, que aqueles que o amam começam a ter medo de "aborrecer" você com suas necessidades, medos, esperanças e sonhos. Quando o trabalho é o seu objetivo na vida, esse trabalho nunca se completa. Quando você trabalha para exaltar o seu eu em vez de o mundo, as pessoas que têm importância em sua vida passam a representar obrigações, transtornos e distração. Você termina isolado, sozinho.

Um *kahuna* disse, "Quando você percebe que o seu trabalho está na sua cabeça quase todo o tempo, você sabe que está trabalhando para pôr a perder o seu espírito. Quando vive para trabalhar, a sua vida inteira se torna trabalho. Quando você trabalha com amor e se empenha muito em amar, o mundo se torna um lugar mais desejável em função do seu trabalho porque está acompanhado de energia do amor".

Um grave perigo na nossa sociedade diz respeito ao fato de que nós atualmente estamos trabalhando duas vezes mais que os nossos bisavós com metade da alegria e metade do tempo que deveria ser dispensado a estarmos em companhia de nossos familiares. Por vezes, encaramos o trabalho como um modo de definir o eu em vez de desistir desse eu. Para trabalhar de uma maneira que traga felicidade e saúde, você tem de considerar o trabalho apenas como uma das formas de partilhar o seu amor do mundo.

Segundo Expediente para o Prazer no Trabalho: Seu Trabalho não é Seu, é Nosso

Afirmar sua tarefa como sendo apanágio seu só levará a um senso de responsabilidade muito alto e sem muito controle.

Trabalho em união: Lokahi no trabalho. O trabalho de cooperação é o mais alegre. O principal risco à saúde no trabalho é a responsabilidade aliada a pouco poder, e esse risco só pode ser diminuído quando se procura o poder do grupo em vez de o controle autônomo. Quando o trabalho se torna um meio de conseguir *status*, controle ou de demarcar o território, ele é uma luta, não uma contribuição. Independentemente de reconhecermos isso, nunca podemos trabalhar sozinhos. As tarefas todas são coletivas, mesmo que façamos nosso trabalho em casa ou nos comuniquemos por computador. As pesquisas modernas e a sabedoria dos polinésios ensinam: se possível, trabalhe com grupos com que tenha contato direto.

Nossa necessidade de união é exemplificada pelos assuntos *on line* mais populares nos canais de informação. Gasta-se mais tempo na comunicação por via da internet tratando-se de dois assuntos: sexo e paranormalidade. Uma razão pela qual esses assuntos atraem o interesse é que essas são as coisas que nos importam mais — a união íntima e o sentido e os mistérios da vida.

Um *kahuna* disse, "Nunca pense que você é o seu trabalho ou que ele é você. Você só está cumprindo um papel de modo muito parecido com o ator que desempenha uma função numa peça. Outros já fizeram isso e continuarão fazendo. Quando você nada no mar, não é a única pessoa a nadar. Provavelmente não é o melhor nadador. Não é o seu mar. E, saiba disso ou não, há milhões de criaturas nadando ao seu redor. Você é só um peixe-homem numa escola de peixes. Você é uma pessoa usufruindo do que tudo e todos usufruem; porém, se tenta reclamar para si uma parte do mar, ou ficar com todo o oceano, você se afoga. Se você se esforça para ser o melhor nadador, escapa-lhe a alegria da natação".

Terceiro Expediente para o Prazer no Trabalho: Não Trabalhe Duro no seu Emprego, Usufrua do Objetivo desse Emprego

Para ser feliz e ter saúde no trabalho, lembre-se das razões pelas quais está trabalhando e tente fazer com que uma dessas razões se torne ecológica.

Trabalho com prazer: 'Olu'olu no trabalho. Os pesquisadores identificaram algo a que chamaram de Fenômeno da Segunda-feira Cinzenta.[2] A maior parte dos ataques cardíacos ocorre na segunda-feira de manhã por volta das nove horas em vez de em qualquer outro momento da semana. Nenhuma outra criatura viva morre mais num dia do que noutro, mas nós, seres humanos, parecemos tão infelizes com o trabalho, que ele nos afeta o coração. A pesquisa mostra que a morte súbita ocorre no começo da semana de trabalho não só por causa do esforço físico extra que advém da tensão da passagem dos exercícios de fim de semana para o corre-corre da segunda-feira, mas também por causa do desgaste emocional de voltar para um trabalho que traz muito pouca felicidade.[3]

Para diminuir o fator da Segunda-feira Cinzenta em sua vida, sente-se sempre nas manhãs de segunda-feira antes de ir trabalhar, e se lembre do motivo pelo qual está trabalhando. Se, por exemplo, você é motorista e dirige um caminhão de entrega, procure pensar que faz isso porque os outros precisam do alimento ou dos serviços que você lhes leva, não porque o seu chefe vai demiti-lo se você não for trabalhar. Pergunte a si mesmo, "Quem é de fato ajudado pelo que eu faço, e como o que eu faço ajuda essas pessoas?"

Um *kahuna* disse, "Pescar e cultivar inhame são coisas bem difíceis, mas nunca são de fato trabalho porque são o modo de nos ligarmos à terra. São trabalhos mais divertidos do que duros porque dão a oportunidade de nos unirmos à terra e de a ajudarmos. O que mais pode ser tão divertido? Ansiamos por toda manhã porque ela é mais uma oportunidade de estarmos com a terra. Mesmo que estejamos exaustos e tenhamos dores nas costas no final do dia, pensamos nessas coisas como padecimentos de amor, como o cansaço que você sente depois de fazer amor vigorosamente. Esse cansaço é um sinal do seu corpo de que você amou *'aina*".

Quarto Expediente do Prazer no Trabalho: Defina o seu Trabalho e o Descreva a Si Mesmo e aos Outros por meio do seu Objetivo, não da sua Tarefa

Quando uma pessoa lhe pergunta sobre o que faz para viver, responda em termos do objetivo máximo do seu trabalho, sem fazer uma descrição específica dele.

Trabalhar com humildade: Ha'aha'a no trabalho. Numa sociedade que valoriza o *status*, as realizações e os sinais mensuráveis do sucesso, é tentador fazer alarde de nossas atividades. A intensidade da satisfação de quem ajuda está no fato de que doar-se e partilhar coisas traz muito mais felicidade e saúde do que o reconhecimento das próprias capacidades. Ter em mente os valores e o objetivo superior do seu trabalho – não os objetivos específicos da tarefa – é o melhor meio de evitar o esgotamento.

O trabalho humilde ou de *ha'aha'a* é levado a efeito com pouca preocupação quanto a se receber o "devido crédito", e com mais preocupação quanto a darmos o melhor de nós para alcançarmos o objetivo de nosso trabalho.

Disse um *kupuna*, "Você pode acabar esgotado se está com a cabeça quente. Se você trabalha em função de valores tais como amor, carinho, justiça e *aloha 'aina* (amor da terra), é impossível que se esgote, porque é acalmado pelo hálito natural da terra. Esse é o sentido de *aloha*. Você sente o bafejo saudável e fresco de *'aina* quando o ajuda a soprar".

Quinto Expediente para o Prazer no Trabalho: Trabalhe com Calma, não Duramente

Se você está trabalhando duro no seu emprego, ele está exercendo uma forte influência sobre você.

Trabalho com ternura: Akahai no trabalho. Preste atenção ao esforço que você despende no seu trabalho. Será que você conserva na sua escrivaninha uma "farmácia para o *stress* no trabalho" composta de aspirinas e antiácidos? O que o seu corpo lhe diz sobre o modo como você está trabalhando? O trabalho duro e agitado quase sempre resulta em ineficiência e até em agravos. Interpretando os sinais corporais sobre o impacto do seu trabalho, você pode descobrir modos de fazer com que as circunstâncias do seu trabalho se tornem mais agradáveis.

Não só atente para o que ocorre no emprego mas também para o seu esforço demasiado no trabalho, ou para o enorme esforço que despende indo para o trabalho ou vindo dele. Quantas dores e padecimentos seus no final do dia se devem a esse empenho, e quanto cansaço se deve às horas que passou preso ao volante do carro durante a hora do *rush*?

Muitos de nós passam quase todo um dia de trabalho por semana indo para o trabalho e voltando dele. Se você precisa passar por isso, tire proveito da situação. Torne esses momentos os mais relaxantes da semana. Saia cedo para o trabalho para que nunca passe pela pressão de tempo. Ouça uma música suave, respeite o rodízio para que tenha oportunidade de conversar com os outros um pouco mais sobre a vida – não sobre trabalho! –, e tente fluir com o trânsito em vez de lutar com ele.

Eis aqui seis sugestões para tornar mais leve o seu trabalho.

1. *Responda às chamadas imediatamente.* Um grande número de chamadas telefônicas não-respondidas faz com que você se sinta muito pressionado, e as pessoas que estão chamando provavelmente ficam mais impacientes e nervosas enquanto esperam. Não diga que vai ligar de volta se não tem a intenção de fazer isso. Se disser, cumpra.

2. *Sempre reserve tempo para perguntar às pessoas que telefonam e aos que visitam o seu escritório como está sendo o dia delas.* Faça isso com real interesse, que reflita sua preocupação com o bem-estar dos outros. Mesmo que a princípio você não esteja preocupado, lembre-se de que a motivação é precedida pelo comportamento. Faça isso para que acabe sentindo isso. Responda às perguntas da pessoa de modo honesto e sincero. Conversar sobre os problemas da vida não é desperdício de tempo precioso de trabalho; é fundamental para o empenho eficiente e significativo.

3. *Siga a regra do TAAUV: "Trate do Assunto Apenas Uma Vez".* Reduza as pilhas de papéis que se acumulam ao seu redor tomando decisões imediatas sobre arquivar ou jogar fora a correspondência, os recados de telefone e os memorandos. Sua caixa postal sempre deve estar vazia. A repercussão de cometer um erro e jogar fora algo que se poderia necessitar não raro é muito menos negativa do que as pressões que envolvem "ter de fazer" e "talvez fazer mais tarde" as quais, ao fim e ao cabo, terminam por sobrecarregá-lo e tornar sua tarefa muito desgastante.

4. *Telefone para casa.* Pelo menos uma vez por dia, faça à sua família uma ligação rápida para dizer que você se interessa pelo que está acontecendo em casa. Isso ajuda a diminuir o ritmo no trabalho e aumenta o sentimento de união com a família. Essas chamadas também diminuem a reação de tensão em função de telefonemas com a notícia de problemas em casa.

5. *Não espalhe boatos no trabalho.* Verdadeiros ou não, eles sempre envolvem falar sobre alguém que não está presente e que, portanto, não pode se defender. As palavras têm poder, portanto, tenha conversas positivas diretamente com as pessoas.

6. *Faça elogios tanto quanto possível.* O trabalho nos dias de hoje se baseia com freqüência no vício de pôr defeito nos outros ou de não assumir a responsabilidade. Falar positivamente sobre o trabalho dos outros é um modo de fazer face aos aspectos negativos no local de trabalho e ajuda a criar um estado de espírito disposto a reparar apenas no que está certo.

Um *kahuna* resumiu essa abordagem quando disse, "Quanto mais duramente você pesca, menos peixes consegue. Eles sentem a tensão e não querem se dar a alguém que tem tanta energia negativa. Usufruam do mar, do céu, das nuvens e daqueles com quem estão pescando. Os peixes virão trabalhar com você tornando todas as coisas *pono* (equilibradas). O ofício deles é serem bons peixes vindo à isca do pescador. O seu ofício é tentar ser um bom pescador".

CAPÍTULO QUINZE

Amar os Tempos Difíceis e Aprender com Eles

"Não é a ameaça da morte, da doença, das dificuldades ou da pobreza que assola o espírito humano; é o medo de estar sozinho e de não ser amado no universo."

— ANTHONY WELSH

Para os nativos da ilha, o sofrimento é uma parte essencial do prazer. Eles compreendem que há apenas dois modos de encontrar o sentido e o objetivo na vida – a epifania e o sofrimento. A súbita revelação e iluminação de uma epifania é uma experiência maravilhosa. As epifanias amiúde ocorrem a pessoas de coração e mente abertos o bastante para aprender com os milagres que acontecem todos os dias. Se ficamos alertas às maravilhas do dia-a-dia e dominamos o medo que temos do sagrado, podemos encontrar grande sabedoria e alegria nas epifanias naturais e espontâneas de nossa vida.

O segundo caminho para a iluminação jubilosa – o sofrimento – é o mais difícil, embora profundo. Os pesares da vida podem ser grandes lições sobre por que vivemos e sobre as alegrias que devem ser aproveitadas na vida. A primeira das "Quatro Verdades Nobres" de Buda é "A vida é sofrimento".[1] O Terceiro Caminho para o bem-estar ensina que há uma grande diferença entre o sofrimento saudável que advém naturalmente *da* doença, *das* perdas e *das* catástrofes universais da existência, e o sofrimento de infelicidade que advém da tristeza perante a adversidade, da incapacidade de "ter tudo", do desapontamento de não conseguir "todo o quinhão que nos é devido" e da sensação de ser alvo da injustiça do cosmos.[2]

Observei a diferença quando tive câncer. Enquanto meus quadris eram consumidos pela doença, a dor era insuportável. Eu sofria terrivelmente e muitas vezes me revoltava com o fato de que eu estava sendo "obrigado" a passar por essa experiência medonha. Mais ou menos na mesma época em que eu estive doente, um dos meus cachorros também ficou muito doente. Desi era uma bassê de cara triste que também padecia de dores extremas. Enquanto eu me lamentava, gemia e protestava quanto à injustiça da minha situação, Desi ia caminhando lentamente até a janela, deitava-se ao sol e soltava um gemido alto. Chorava sempre que caminhava, porém de outro modo ficava tranqüila e abanava a cauda quando eu olhava para ela. Como eu mesmo, Desi sentia dores e padecia terrivelmente por causa doença. Diferentemente dela, porém, eu piorava o meu sofrimento em função de uma visão egoísta e sofrida da vida. Desi não questionava sua situação, mas eu passava horas perguntando por que *eu* deveria ser a pessoa a carregar aquele fardo. O sofrimento saudável que por fim aprendi com o *kahuna*, do qual escrevo neste capítulo, reconhece que esse sofrimento é inevitável. O sofrimento é uma exigência obrigatória da dádiva de estar vivo. A infelicidade, por outro lado, é opcional e resulta de não se esforçar para entender as catástrofes da existência.

Conquanto ninguém goste do sofrimento em termos emocionais, físicos ou espirituais, tampouco de passar pelo caos de uma perda profunda, todos devemos sentir isso. O padecimento pode ser como que um instrumento poderoso de aprendizagem para vermos claramente a vida de alegria. Praticar a receita do prazer envolve estar aberto não só à glória da epifania mas também ao desafio do sofrimento.

Por vezes evitamos as crises cíclicas de nossa vida, e só procuramos nos voltar ao que consideramos normal, feliz e sem problemas. Assim como devemos superar nosso medo do sagrado a fim de praticar os princípios do prazer, temos também de superar nosso medo de novos desafios na vida.

Um *kahuna* disse, "Temos medo do medo, sentimo-nos tristes com a nossa tristeza e infelizes com a nossa infelicidade. Isso só faz nos deixar medrosos demais para aprender com nossos desafios, desanimados demais para aprender com nossas perdas e tristes demais para aprender com os tempos naturais e necessários do sofrimento. O caminho do *aloha* envolve assimilar todas as nossas experiências e crescer com elas, além de ver tudo o que nos é dado pelos deuses e por nossos ancestrais como uma trajetória necessária para aprender por que vivemos".

O Princípio da Catástrofe

Parece que há uma regra cruel na vida que poderia ser chamada de "infelicidade magnética". As pessoas que têm muitos problemas parecem atrair ainda mais dificuldades. Na sua própria vida, você pode se lembrar de vezes em que algo saiu errado e, então, diversas outras coisas também vieram abaixo na mesma época. Uma razão é que, quando nos vemos em face de um desafio, distraídos e enfraquecidos por uma crise, tornamo-nos mais vulneráveis a outras crises; contudo, além da vulnerabilidade que se dá como reação, da fadiga e da amplitude desmedida do que vivemos em tempos difíceis, por que é que os problemas têm o poder de atrair mais problemas?

Em meu trabalho clínico, observei que as pessoas que têm o que chamo de "sofrimento em série" são por vezes rejeitadas por alguns dos seus amigos mais próximos. Apesar do fato de que os problemas delas são bem reais e não por sua culpa, muitas pessoas em sua vida só não querem ouvir falar sobre eles. Não raro se afastam, como que dizendo, "Só não quero mais ouvir falar nisso. Desculpe-me, mas me aborrece ouvir todas essas coisas negativas. Estou até começando a ficar um pouco nervoso com você, e isso me deixa louco comigo mesmo por ser tão insensível. De fato, tenho até um pouco de medo de que os seus problemas possam começar a me influenciar, portanto, me deixe livre disso. Boa sorte e até logo".

O princípio das catástrofes cumulativas não só ensina que os problemas parecem atrair mais problemas, mas que o afastamento dos outros por causa desses problemas acarreta um isolamento que resulta em mais problemas. Um modo de diminuir isso é esforçar-se para conservar a união social durante os tempos difíceis. Neutralizar a energia negativa por meio do apoio social é um modo fundamental de lidar com o sofrimento, mas o desafio é que poucas pessoas querem estar em companhia dos que têm problemas. Irradiar energia de prazer aos outros mesmo quando você está sofrendo é um modo eficaz de lidar com o sofrimento e a tensão que preenchem seu cérebro solitário. Por outras palavras, tentar transmitir um pouco de prazer mesmo quando você sofre é a melhor forma de diminuir o pesar por si mesmo e pelos outros.

Para chegar ao grau em que os princípios do prazer neutralizam a influência da infelicidade em sua vida, faça o teste seguinte. Como os demais testes na Parte Três, este também é um teste para "nós" e não um teste do "eu". Os polinésios ensinam que toda dor e prazer são uma questão do Todo e uma reação sistêmica. Isso se dá por causa de *mana*, ou energia não diminuída, não mediada e imediata, gerada durante tempos de agitação.

O Teste do Desenvolvimento em Função do Sofrimento

Corresponde a nós = 2
Às vezes corresponde a nós = 1
Jamais corresponde a nós = 0

1. Sua família e os seus amigos fazem troça com você sobre os seus problemas mesmo quando eles parecem muito graves?
2. Sua família evita as acusações e recriminações que vêm com os problemas na vida?
3. Sua família começa a conversar cada vez mais unida quando os problemas acontecem em vez de os membros se afastarem uns dos outros?
4. Sua família está livre da autopiedade, do sentimento de ter sido vítima ou do hábito de culpar um membro da família que sempre parece estar em extrema necessidade?

5. Em tempos de crise, a sua família se considera afortunada por estar unida em vez de ficar de mau humor, com os integrantes se afastando uns dos outros?
6. Sua família reza, reflete e medita unida quando os problemas acontecem?
7. Todos na sua família são capazes de dizer qualquer coisa a outro membro da família e de exprimir seus verdadeiros medos e contrariedades?
8. Sua família chora unida?
9. Sua família é "realista" e encara os problemas de frente em vez de usar de desfaçatez e falso otimismo?
10. Sua família se torna mais forte com a dor em vez de enfraquecer e perder a integração?

Contagem Total do Sofrimento Saudável: _____

16-20 = sua família faz progressos durante o sofrimento
12-15 = sua família precisa partilhar mais coisas durante os tempos difíceis
11 e abaixo de 11 = sua família precisa urgentemente praticar mais a partilha e o amparo durante os tempos de sofrimento

O psiquiatra Victor Frankl escreveu, "Até a vítima indefesa de uma situação desesperançada, em face de um destino que não pode mudar, pode superar-se, desenvolver-se além de si mesma e, ao fazer isso, transformar-se". A receita do prazer para lidar com o sofrimento enfatiza essa abordagem da crise própria da "mudança por meio do desafio".

Eis aqui cinco sugestões que podem ajudar você e a sua família nas crises naturais da vida.

Primeiro Expediente de Cura: Com um Pouco de Coragem, um Pouco de Graça e Muito Amor, Isso Também Passará

Não há como enganar nosso sétimo sentido. Por mais que tentemos adotar uma atitude positiva, ou usar a visualização, a menos que pratiquemos a paciência para deixar que o verdadeiro espírito aflore e nos guie, só fazemos nos enganar a nós mesmos e bloquear nossos poderes naturais de cura.

A lei do transitório: Ahonui e sofrimento. Nada resiste ao tempo. Nenhuma pessoa, nenhum lugar, nenhuma emoção, nada é para sempre. Nas vezes em que a vida começa a dar a impressão de não ser digna de viver, a coisa mais importante a lembrar é que "isso também passará". O modo como contribuímos para isso, contudo, determina se somos vítimas passivas, combatentes cansados ou amáveis agentes da cura.

Nenhum de nós pode controlar de todo o nosso destino. A idéia de que podemos exercer semelhante controle é uma idéia notadamente da classe média no Ocidente.[3] Os desfavorecidos não vêem essa possibilidade para o controle, e por vezes sentem que, independentemente do que façam, nada resulta como eles querem. Não obstante, nossa cultura se apega ao "modelo dominador" mencionado anteriormente no Capítulo Doze, ou valoriza o que os psicólogos chamam de *orientação de controle primário*,[4] em que constantemente tentamos mudar a realidade alterando as outras pessoas, as situações e os acontecimentos. Trata-se de uma orientação de "luta".

O psicólogo Warren Berland trabalha com pessoas com câncer e estudou a razão pela qual alguns pacientes com a doença, que apresentam prognósticos sombrios, resistem mais do que a previsão dos médicos quanto à recuperação ou à sobrevivência. Sua pesquisa indica que um "espírito de luta" nem sempre é o que determina a sobrevivência. Berland descobriu que cerca de 16% daqueles no seu grupo de sobreviventes "por milagre" poderiam ser classificados de "combatentes determinados" que exercitaram o controle fundamental ou a abordagem do dominador quanto às crises pessoais;[5] contudo, a característica comum entre os que sobreviveram inesperadamente era que eles *conseguiram*, segundo o seu modo único, encontrar mais alegria na vida *por causa do* câncer, e tiveram a capacidade de *partilhar essa alegria com os outros*.[6]

O modelo cultural do Oriente acolhe uma *orientação de controle secundário* para a vida e a doença, na qual a realidade é abordada por meio da mudança das atitudes, metas ou emoções da pessoa, não por meio da oposição à doença. Esse é um esforço para desenvolver uma nova atitude de mais aceitação. A pesquisa de Berland mostra que cerca de 30% das pessoas que são bem-sucedidas na cura adotam a orientação (oriental) do "ir com o fluxo" ou "aprender a viver com isso" no que concerne aos problemas da vida, orientação que aceita o fato de que as crises são naturais, e a pessoa deve se acostumar a elas. Essa abordagem é simbolizada por provérbios japoneses tais como "Perder é ganhar", "Os salgueiros não se quebram com o acúmulo da neve", e "A verdadeira tolerância implica tolerar o intolerável".[7]

A abordagem oceânica pode ser chamada de *abordagem de controle terciário*, uma combinação da luta ocidental e da atitude oriental de fluir com uma forte ênfase nas parcerias de restabelecimento e na união preservadora com os outros e com o mundo. Essa abordagem inclui o sofrimento como um aspecto necessário da vida, mas não envolve uma entrega passiva à infelicidade em decorrência de tal sofrimento. O caminho *ahonui* (paciente) de lidar com o sofrimento implica tentar com mais empenho ligar-se à família imediata, os *aumakua* (ancestrais), e ao *Ke Akua* (o Ser Supremo), enquanto se tenta vigorosamente restabelecer o equilíbrio e a união com a terra.

Enquanto os polinésios não acreditam que podem controlar tudo, também não crêem que não tenham controle algum. O poder de cura repousa na união. A arte de fazer milagres dos polinésios se deve em parte à coragem, em parte à graça e, principalmente, ao grupo.

Um estudo recente sobre mulheres que enfrentaram o câncer de mama mostrou que as que usavam a abordagem do controle terciário para se curar melhoravam muito mais nos seus prognósticos de longo prazo. Não se culpavam pela doença, tampouco sentiam que deviam ter lutado duramente para evitar o mal. Não se deixavam ir com o fluxo, mas sentiam que poderiam fazer muito para alterar o curso da doença. Buscavam os outros para continuar a encontrar alegria e amor na vida diária. Enfrentavam a doença o bastante para evitarem o sentimento de serem vítimas, fluíam com ela o suficiente para recusar recriminar-se, e se relacionavam e amavam a ponto de atrair o apoio social fundamental para a cura.

Os que se saem melhor em tempos de crise usam *aloha* em sua cura, combinando paciência, prazer, união, ternura e altruísmo. Uma mulher que participou do estudo mencionado, que usou essa abordagem, resumiu-a dizendo que sua vida era então mais satisfatória e feliz do que nunca antes pensara fosse possível. Ela concluiu, "Amor pela vida? Estou passando pela melhor época da minha existência".[8] O estudo que Berland fez sobre os que se curaram do câncer mostra que o maior número das pessoas que fizeram milagres – mais de 54% – usaram essa abordagem de parceria.[9]

Um *kahuna* sintetizou a abordagem de controle terciário dos polinésios ao dizer, "Não enfrentamos as crises em nossa vida, mas também não cedemos a elas. Quando surfamos, não enfrentamos a onda, caso contrário ela nos varrerá. Não cedemos à onda, tampouco nos divertimos surfando. Deslizamos e aproveitamos essa sensação o melhor que podemos, aprendendo a cavalgar melhor sobre as ondas". Consideramos toda forma de sofrimento saudável como um processo partilhado com a dádiva do poder da *'ohana* (família), da graça (*aloha*) proporcionada por *Ke Akua* (Deus) e pelos *aumakua* (ancestrais), e pela *ahonui* (paciência) de deixar todas essas coisas se unirem em *pono* (equilíbrio) a fim de que o sofrimento se torne significativo de um ponto de vista coletivo, de modo a nos tornar mais *holo'oko'a* (íntegros). Quando você é íntegro, está curado, quer esteja ou não restabelecido. Se quer ser curado, não deve só encontrar o sentido de sua vida em tempos difíceis – deve também ensinar e partilhar esse sentido no que respeita aos outros.

Segundo Expediente para a Cura: Quando Estiver Magoado por Dentro, Volte-se para a Vida Exterior. Empenhe-se Nisso. A Autocura não é Possível.

O sofrimento pode ser um fator de isolamento máximo. O cérebro egoísta se queixa de sua fonte vital e não dá mais atenção a nada e a ninguém. Torna-se enfastiado e fastidioso, mas devemos nos empenhar ao máximo em ter uma vida exterior em vez de nos voltar para dentro.

Partilhar o sofrimento: Lokahi e sofrimento. Sófocles disse, "Uma palavra nos liberta de todo peso e de toda dor da vida; essa palavra é *amor*". As epifanias com muita freqüência ocorrem num nível individual e tendem a "simplesmente acontecer". Enquanto muitas coisas que fazemos conscientemente ou não aumentam nossa disponibilidade a elas, há algo de espontâneo e de reflexivo sobre as epifanias. Vez ou outra, pelo simples fato de nos sentarmos a sós e observar o pôr-do-sol, algumas boas lições sobre o sentido da vida podem nos iluminar o espírito. O sofrimento esclarecido, o outro caminho para a completude capaz de curar, requer muito mais se esforçar por ter uma vida exterior do que por se voltar para um mundo interior, e a tal sofrimento não se chega sozinho.

A união é o catalisador do poder que cura. Sem ela, o sofrimento rapidamente se transforma na dor mais intensa do isolamento. Como você viu no decorrer deste livro, os polinésios ensinavam, e a moderna psiconeuroimunologia hoje prova, que o apoio social é de suma importância para a saúde e a cura. Sempre que você estiver sofrendo, encare esse sofrimento como um sinal de sua necessidade de uma união mais profunda com os outros, com Deus e com a Terra, mas nunca como um símbolo do fracasso por não ter-se integrado o suficiente no mundo exterior. Não o considere como a necessidade de um espírito de luta, de uma atitude mais positiva ou de uma filosofia pessoal. Não se culpe por não estabelecer vínculos suficientes. Considere o seu sofrimento como um chamado, por mais que seja doloroso, para um nível superior de união que muitos que sofrem menos talvez jamais conheçam.

Quanto mais você sofre, mais deve tentar doar-se a si mesmo. Se estiver no hospital, mande flores aos entes queridos que estão em casa e que se preocupam com você. Toda doença é causada pela falta de união em algum nível físico, neuro-hormonal, emocional e espiritual. Toda cura e a maior parte da recuperação requerem nova integração no domínio físico e o restabelecimento do equilíbrio biofísico, da união emocional com nossa família e com nossos amigos de hoje e do passado, além de uma nova união espiritual com seus meios invisíveis de apoio.

Uma *kupuna* resumiu o aspecto *lokahi* do sofrimento quando disse, "Encare o seu sofrimento como um estímulo dos deuses para além dos limites da segurança. Não se recrimine; esteja ciente de que em algum aspecto da sua vida você tem de realizar formas de união mais numerosas e aprofundadas".

Terceiro Expediente para a Cura: Não Seja um Sofrimento Quando Está Sofrendo

Você precisa de todo contato social de que possa dispor, e dar o melhor de si para agir corretamente mesmo quando se sente arrasado é a melhor forma de manter unidas as pontas da vida.

O prazer de perdoar: 'Olu'olu e sofrimento. Quando passava pelas agruras do câncer, às voltas com a quimioterapia e o transplante de medula óssea, pude perceber claramente que algo estava muito errado à minha volta. Enquanto minha mulher, meus filhos, minha mãe e meu irmão toleravam minha autopiedade, muitos dos meus amigos mais íntimos começaram a se afastar – em parte porque eu me afastava deles ou os afastava. Hoje sei que o medo que eles sentiam os fez ter a sensação de desamparo, mas também estou ciente de que meu sofrimento me tornou uma pessoa difícil de tratar. Eu falava vezes sem conta do meu sofrimento e da injustiça de minha situação e minha revolta se derramava sobre os que estavam ao meu redor; contudo, ninguém se afastou de minha cadela Desi quando de sua doença, porque ela ainda dedicava o seu amor abertamente mesmo nas horas em que sofria.

Um dos maiores desafios impostos pelos tempos de sofrimento implica continuar a sentir prazer mesmo na dor. Na verdade, o teste máximo do sofrimento pode ser fazer face ao desafio de amar enquanto se sente dor. À proporção que eu aprendia a perguntar pelos outros, a querer saber como eles estavam se sentindo quanto à vida deles, e enquanto eu aprendia a falar menos sobre mim e mais sobre o mundo à minha volta, comecei a perceber as pessoas voltando. Embora se tivessem espantado com o meu sofrimento, estavam sendo trazidas de volta pelas minhas lições acerca de minhas experiências. Tornei-me um médico, no sentido literal da palavra, que é "ensinar".

Um *kahuna* deu a síntese dessa abordagem ao salientar, "Por pior que seja a situação em que você se encontra, você deve cada vez mais tentar fazer com que os outros se sintam bem. Agindo assim, eles serão atraídos a você pelas lições que tem a oferecer e pela *mana* (energia) alegre que você lhes dá. Isso não significa que você não deve partilhar o seu sofrimento nem dizer como se sente. Significa que você deve fazer isso com *aloha*, sem ser desagradável, e a um só tempo demonstrando preocupação pela sua *'ohana* (família). O verdadeiro teste da cura dá-se com as boas atitudes que você pode ter quando realmente se sente mal. Lembre-se do "ricochete": o que você envia volta para você mesmo. Irradie prazer, pois esse é o remédio de que precisa".

Quarto Expediente para a Cura: Seu Sofrimento não é Apenas Seu. Você não é Importante o Bastante para Ser a Pessoa mais Infeliz do Mundo

Já que o sofrimento tende a fazer com que nos voltemos para dentro, podemos nos tornar ainda mais egoístas e caprichosos quando estamos magoados; mas espera-se de nós o exato oposto para que nos curemos.

A Humildade por meio do sofrimento: Ha'aha'a e sofrimento.

"Por que eu?"; essa é uma pergunta que todos nós fazemos – ou faremos algum dia. A resposta comum dos ocidentais por vezes é "Você mereceu. Deve ter-se enganado de alguma forma, portanto, vá em frente e continue com a luta". A típica resposta dos orientais é o contrário: "Por que não você? A vida é cheia de infortúnio. Aprenda a viver com ele". A resposta característica dos oceânicos é "Não é você. Todos sofremos. Você só está sendo uma evidência maior disso neste exato momento do que a maioria de nós. Está exprimindo o sofrimento por todos nós".

Porque os polinésios acreditam que estamos ligados em cada nível, lidar com o sofrimento e com a amargura requer uma consciência mais acentuada da irrelevância do eu, além da consciência do poder de cura do todo. A ameaça de sofrimento implica nos afastar da ternura curativa que predomina em nossa tribo. O desafio do sofrimento envolve continuar tentando se ligar mesmo quando estamos tão magoados que nos sentimos alijados. A esperança do sofrimento é que aprendamos que a sobrevivência do eu físico é muito menos importante do que usufruir do espírito de amor eterno entre nós e a cada momento.

Conheci grandes sofrimentos na minha vida. Vi-me totalmente cego em função do deslocamento de ambas as retinas, tive várias crises de pedras nos rins, meus ossos foram devorados pelo câncer e senti as substâncias nocivas da quimioterapia e da radiação em todo o corpo. Lembro-me do ímpeto de me concentrar apenas em mim mesmo. Quando mais fazia isso, todavia, mais me magoava. Enquanto minha família e minha mulher me abraçavam e ajudavam, a dor física não era menor... mas parecia menos personalizada, penetrante e longa.

Quando deparei momentos próximos da morte, aprendi a lição profunda de que eu *deveria* ter aprendido com meus pacientes moribundos. Há dois estágios para deixar este mundo físico: desistir da vida e morrer. Jamais vi uma pessoa no exato instante de sua morte que sentisse alguma dor. Há sempre um aumento de endorfinas e de outros analgésicos que nosso corpo libera para nós, a fim de minorar o sofrimento bem no momento em que mais precisamos disso. É como se tivéssemos uma receita interna para a anestesia. Entretanto, assisti a batalhas terríveis e a manifestações gravíssimas de dor no estágio em que se desiste da vida. Aprendi que devemos prescrever nossa própria receita para diminuir o sofrimento de desistir da vida.

Os polinésios ensinam que esse estágio tem a sua própria anestesia espiritual; no entanto, diferentemente das endorfinas naturais que vêm com a morte física, para ter acesso a essa anestesia espiritual precisamos compreender que a perda do eu físico é irrelevante em última análise. Um *kahuna* falou da morte humilde e de *ha'aha'a* que cura: "Quando você compreende que não está só, e que o eu em que você se concentrou tanto é apenas uma ilusão conveniente, a morte física se torna menos ameaçadora. Às vezes nos restabelecemos por meio de nossa consciência do todo, mas só podemos nos curar verdadeiramente quando o eu cessa de existir. Quando se sentir magoado, procure o mundo exterior. Quando chorar, persista. Quando tiver medo, se aferre com força. Quando chegar a hora, parta".

Quinto Expediente para a Cura do Sofrimento: Lembre-se de que o Corpo Está Acima da Mente, e Relaxe para se Curar. Não Deixe que a Tensão do Sofrimento Predomine no seu Cérebro

O corpo pode fazer muito para ajudar a mente a levar a efeito seu trabalho de cura. Ao nos sintonizarmos com os sinais de nosso corpo e ao tratarmos dele como se ele tivesse sua própria sabedoria, aumentamos nosso potencial para a cura.

A ternura em tempos difíceis: Akahai e sofrimento. Porque nosso cérebro protege egoisticamente o seu corpo, ele por vezes o tensiona quando nos ferimos emocional ou fisicamente. Apronta-se para dar combate mesmo que um inimigo externo não seja identificado. Uma das razões pelas quais a mãe conforta, acalenta e canta para a criança que se machucou, dizendo "Está tudo bem... você está bem" é ignorar a orientação de batalha do cérebro. Todo sofrimento aumenta com a tensão física, de modo que a melhor coisa que você pode fazer quando está sofrendo é respirar fundo, relaxar os ombros e dar um suspiro alto. Liberar o ar do corpo pode diminuir o aspecto do sofrimento tornado pior pela tensão corporal.

A reação do cérebro ao sofrimento é a de lutar, enquanto o que na verdade se necessita é amor. A pessoa depara muitos procedimentos realizados nos hospitais, e a maioria deles envolve certo grau de mal-estar. O que se vê com menos freqüência nos hospitais é o verdadeiro carinho, a ternura e o amor. O contato físico delicado é quase proibido ou impedido pela natureza da vida nos hospitais. Um de meus pacientes disse, "Pago trinta dólares por uma noite num quarto do Holiday Inn, e lá posso fazer amor o quanto quiser. Pago mais de trezentos dólares por dia para ter um quarto no hospital e minha mulher e eu nunca temos privacidade o bastante para nos beijarmos. Não sinto um toque mais sensual há semanas".

Quando os adultos se ferem emocional ou fisicamente, eles precisam do mesmo toque, dos abraços, das canções, do acalentamento e do terno conforto que as crianças precisam. Quando sofremos, precisamos igualmente nos doar e também receber amor e ternura. Muito se fala na medicina da nova era sobre o toque que cura, e as pesquisas confirmam o verdadeiro poder que o toque tem de diminuir o sofrimento e promover a cura e até o restabelecimento. Os polinésios ensinam que há também a necessidade de continuar a dar prazer físico e de confortar os outros, mesmo quando estamos mal. Para nos curarmos, não devemos ser apenas as pessoas que são tocadas, mas também as que tocam. Tal é o poder da cura de *akahai*, a ternura e a gentileza.

Um *kahuna* deu a síntese disso ao dizer, "Quando você está às voltas com o sofrimento, a perda e a dor, deve-se lembrar de cinco coisas. Seja paciente, pois isso também passará. Sinta-se unido, pois os relacionamentos devem ser fortes para fazer com que as coisas passem. Seja amável durante o seu sofrimento, pois isso lhe trará o *aloha* de que necessita para se curar e irradiar cura aos outros. Diminua a sua autopiedade egoísta e não faça recriminações a si mesmo, pois que só está fazendo o que todos devemos fazer. Acima de tudo, continue transmitindo o seu *aloha*. Não use o seu sofrimento, partilhe-o ao se abrir aos outros, ensinando-lhes aquilo que você está aprendendo com o seu sofrimento, abraçando-os e confortando para que saibam que também estarão a salvo quando chegar a vez deles".

CAPÍTULO DEZESSEIS

Alegria para o Mundo: Zelar pelo Nosso Planeta Encantado

"... os humanos são apenas um breve momento no fluxo contínuo da vida, não o seu ponto final. É no relacionamento entre as espécies, nas comunidades atuais e anteriores, que encontramos a verdadeira natureza do mundo em que vivemos."

— RICHARD LEAKEY

O equivalente a 99,9% de todas as espécies que existiram ora estão extintas.[1] Em função das cinco principais formas de extinção que levaram a biologia do mundo todo às raias da total destruição, quase trinta milhões dentre as mais de trinta bilhões de espécies que houve na terra se foram para sempre. Este último capítulo apresenta a mais importante de todas as aplicações práticas dos cinco princípios do prazer — o conceito de *aloha 'aina*, ou o zelo amoroso e o novo encantamento da terra. Somos uma parte frágil e dependente da terra e, em última análise, todo prazer saudável depende de acolher uma nova ecopsicologia para a alegria coletiva e conectiva do planeta em equilíbrio.

O modo como dedicamos amor a nosso parceiro, a nossa família e a nosso trabalho, e a maneira como sobrevivemos às crises pessoais dependem tanto de como vemos nosso planeta e lidamos com ele quanto da forma pela qual vemos a nós mesmos. Um *kahuna* disse, "Em vez de só apanhar flores para nossos *leis*, deveríamos nos considerar como flores que são partes do *lei*. Precisamos da terra muito mais do que ela de nós. Devemos ter muito mais amor pela nossa casa, ou terminaremos sem um lar".

Uma Advertência Terrível e Uma Esperança Magnífica

Termino este livro com uma advertência e com uma esperança. A primeira é que, se continuarmos a devastar nosso planeta sugando-lhe as reservas como se ele estivesse separado de nós, e se continuarmos a esgotar as riquezas do planeta para amealhar a riqueza pessoal, não haverá nenhuma forma de vida para usufruir. Os polinésios ensinam que toda saúde e felicidade advêm de *'aina* e do ato de respeitar, proteger e usufruir tudo isso de modo equilibrado. Infelizmente, em nossa precipitação rumo à satisfação pessoal, estamos destruindo a fonte máxima dessa gratificação. Até mesmo nossas necessidades fundamentais – alimentação, vestuário e abrigo para a população da terra – não serão mais satisfeitas se continuarmos a abater mais de 2% das florestas da terra a cada ano, a desperdiçar nossos oceanos, a fazer do clima um caos em função do calor gerado pelo homem, além de causar dano de um ponto de vista biológico por meio da invasão e da destruição de hábitats muito antigos em nome do "progresso". Advertiu um *kahuna*, "Ninguém entre nós é de fato um turista em nenhum canto da terra. Pertencemos todos a este lugar e vivemos aqui, além de necessitarmos deste lugar para vivermos. Independentemente de sabermos disso ou não, sempre estamos em casa onde quer que nos encontremos". A receita do prazer requer de nós que possamos agir dessa forma.

O leitor viu em todo este livro que o Terceiro Caminho para o Bem-estar indicado pela receita do prazer acena com grandes esperanças para uma vida saudável e feliz. Lamentavelmente, assim como o *aloha* polinésio nos oferece muitas lições sobre uma vida maravilhosa, ele também nos faz um alerta assustador: o que chamamos de Paraíso – as ilhas do oceano Pacífico – está morrendo.

Em primeiro lugar, devido à influência do Ocidente e do Oriente, mas também em conseqüência de algumas práticas desinformadas por parte dos próprios polinésios, há agora pelo menos uma forma de extinção conhecida por ano nas ilhas havaianas.[2] Detesto imaginar quantas outras e desconhecidas formas de extinção ocorrem em todas as ilhas da Meganésia. Metade dos pássaros das ilhas havaianas foram extintos desde os primeiros contatos com os humanos. Sobras de materiais radioativas das armas do Oriente e do Ocidente poluem a terra, o ar e a água. Enquanto escrevo estas palavras, testes nucleares se abatem sobre as ilhas, lançando ao ar os peixes e matando as plantas, os animais e os seres humanos que ignoram os conflitos continentais no território.

Minha casa em Mauí tem vista sobre a ilha de Kaho'olawe. Seu antigo nome é Kanaloa, em função de um deus primordial da Antigüidade que foi a divindade do oceano, de todos os animais que há nele, da água doce e de toda forma de crescimento na terra e no mar.[3] Até alguns anos atrás, os militares usavam a ilha de Kaho'olawe para praticar técnicas de bombardeio. Eu ouvia as explosões de dia e de noite, que às vezes chegavam a fazer com que nossa casa tremesse. Eu via as baleias desorientadas encalhando na praia. Eu via uma espessa camada de dinamite fazer ir pelos ares todas as fontes naturais de água da ilha. Enquanto eu me sentava, observando a ilha em seu sofrimento através da Baía de Honokahua, eu a ouvia chorar. Os ocidentais podem achar difícil acreditar que uma pessoa pode ouvir uma ilha gritar, mas aqueles dentre nós que *aloha 'aina* Havaí sabem que sentimos a dor da terra e a ouvimos gemer.

Minha mulher, Celest Kalalani, acampou em Kaho'olawe com o Kaho'olawe 'Ohana de Proteção, um grupo de havaianos que tenta curar esta terra ferida. Enquanto acampavam, Celest e o grupo sentiram a presença dos ancestrais, que também lamentavam por esse lugar; mas todos dizem que raramente sentiram um potencial tão grande para a cura e para a felicidade quanto o que viveram quando foram para lá. Esta lição – fazer parte da cura jubilosa da Terra – é o verdadeiro prazer terreno.

Apesar de tudo o que se diz sobre auto-ajuda, saúde e felicidade, o Terceiro Caminho ensina que criar a saúde por meio da ajuda dada ao planeta é o verdadeiro caminho para o bem-estar. Se continuarmos a procurar o prazer egoísta e a curto prazo a expensas de sofrimento para *'aina* ou o Planeta Terra, o prazer potencial da dádiva da vida se perderá para sempre. E nós só teremos a nós mesmos para nos recriminar.

A Ecopsicologia do Prazer Saudável

Há um campo da psicologia relativamente novo chamado de ecopsicologia, o qual considera a saúde como planetária em vez de pessoal. Esse ramo enfatiza a importância de uma terra feliz e saudável em vez de pessoas felizes e saudáveis. Sugere que, do modo como também salienta o ecologista Richard Leakey, nós, seres humanos, somos os únicos sobreviventes de sorte de mais de vinte crises bióticas, das quais cinco quase destruíram toda a vida na terra. Ele adverte que, se continuarmos a nos deitar no divã do terapeuta para nos lamentar sobre nossas crises pessoais, não descobriremos a causa última de todo sofrimento: o planeta em sofrimento. A não ser que comecemos a tentar transmitir mais prazer saudável a nosso planeta, terminaremos como alunos que se manifestam estragando a escola, ou como espíritos arrogantes que destroem seu paraíso.

Essa perspectiva de relação mútua não é estranha aos cientistas. O biólogo Edward Wilson chega ao ponto de chamar os seres humanos de "aberrações ambientais que não podem durar para sempre".[4] Ele escreve: "É possível que a inteligência na espécie errada [os seres humanos] tenha sido arranjada previamente de modo a ser uma combinação fatal para a biosfera. Talvez seja uma lei da evolução que a inteligência comumente se elimine a si mesma".[5] Se Wilson estiver certo – e nossa concentração atual sobre a psicologia do *ego* em vez de sobre a *eco*psicologia sugere que ele está certo – então a próxima espécie a ser extinta será a última – a sexta extinção que cria um planeta estéril e morto.

Temos de dar ouvidos ao alerta dos nativos da ilha que vivem num microcosmo de nosso planeta paradisíaco, flutuando no mar cósmico. Esses nativos sentem os perigos que deparamos de modo mais imediato do que nós porque suas ilhas são menores do que nossas ilhas continentais e do que a ilha que é todo o planeta. Vêem o futuro da terra em seu lar oceânico a cada dia.

Eco-imunidade: o Sistema Imunológico da Terra

Um *kahuna* adverte que, como os seres humanos, a terra também apresenta um sistema imunológico. E a terra ora está no momento preparando suas defesas contra o maior antígeno ou ameaça a sua sobrevivência: nós mesmos. Na forma de doença planetária imune a si mesma, nós mesmos estamos começando a ser rejeitados pelo planeta.

Os sinais dessa defesa imunológica estão em toda parte. Os antibióticos não são mais tão eficientes quanto antes. Novas viroses mortais surgem das florestas tropicais e se espalham pelo mundo nos aviões, que acabam se tornando bombas virais. Bactérias novas, mais fortes e com mais condições de adaptação nos estão matando em número crescente, e velhas doenças tais como a malária e a tuberculose têm-se tornado mais fortes e estão nos matando outra vez. Novos e mais fatais vírus da gripe nos desafiam a cada ano, e os epidemiologistas sabem que é só questão de tempo para que um vírus que mata um porco na região da China mate milhões de pessoas em todo o mundo. Um livro sobre o caminho agradável para o bem-estar seria irresponsável se não enfatizasse o problema de levar alegria ao mundo como um requisito prévio para o prazer saudável.

Eis aqui o último teste a ser feito neste livro. Trata-se do mais importante de todos os testes de pergunta e resposta que você fez, porque ele estima o grau em que o seu coração e sua alma sao protegidos e beneficiados por você e pelo *aloha* equilibrado de sua família – a abordagem ecopsicológica da vida. Parafraseando um político ocidental de há muito tempo, ou aprendemos a usufruir o paraíso de nosso planeta juntos, ou morreremos separados, um por um, à medida que o formos destruindo.

Teste do Prazer no Planeta

Corresponde a nós = 2
Às vezes corresponde a nós = 1
Jamais corresponde a nós = 0

1. A sua família desperdiça pouco, deixa pouco refugo e usa a maior parte do que compra?

2. Sua família faz reciclagem de lixo?
3. Sua família tenta poupar combustíveis fósseis diminuindo o termostato no inverno e usando muito pouco o ar condicionado no verão?
4. Sua família procura usar transportes de massa como ônibus e trens sempre que possível?
5. Sua família evita desperdiçar energia apagando as luzes e adaptando o termostato quando ninguém está em casa?
6. Sua família reserva tempo para limpar o ambiente, recolhendo o lixo dos outros, purificando os rios e os córregos e trabalhando nos dias de limpeza da comunidade?
7. Sua família ama a natureza e procura não perturbá-la?
8. Sua família pensa na terra como em um organismo vivo e respirante, mais do que como algo que se usa e em que se vive?
9. Sua família tenta ter menos "coisas", e procura dar coisas aos outros, em vez de adquirir mais?
10. Sua família é capaz de dar pelo menos um exemplo do que fez hoje conjuntamente e que ajudou a curar e a proteger a terra?

Contagem Total do Prazer no Planeta: _____

16-20 = irradiando prazer ao planeta
12-15 = necessidade de transmitir mais prazer ao planeta
11 e abaixo de 11 = necessidade premente de transmitir energia de prazer ao planeta

Enquanto você termina este último capítulo e considera o modo como pôr em prática esta receita na sua vida, eis aqui cinco expedientes finais para o prazer que o ajudarão a fazer do mundo um lugar como nós queremos.

Primeiro Expediente para o Prazer no Planeta: Diminuir a Marcha. A Pressa Mata o Planeta.

Viver correndo, quer enquanto se dirige, se consome ou só se atravessa o dia num ritmo veloz, acaba por privar o planeta de sua energia.

Um planeta mais paciente: Ahonui e o planeta. O ritmo acelerado da vida moderna direta ou indiretamente esgota as riquezas naturais da terra. Um turista disse a um guia havaiano, "Queria ter mais tempo para aproveitar este lugar". Sem esperar uma resposta, o havaiano perguntou com humor, "Mais ou menos de quanto tempo acha que precisaria?"; mas o turista respondeu, "Mais dois dias. Aluguei um jipe, uma motocicleta e um barco de pesca. Gostaria de andar de planador ou de *jet-ski* antes de ir embora". As férias para que esse turista "relaxasse" foram passadas com galões de combustível, geraram muita poluição e mataram centenas de criaturas no mar. O guia turístico me disse, "Um motivo pelo qual todos que visitam o Havaí querem voltar é que, embora tenham estado aqui, de fato não estiveram. Continuam andando em busca do paraíso mesmo quando estão nele".

Para os seres humanos e para terra, a velocidade mata. Se diminuirmos a marcha, daremos à terra a oportunidade de descansar e de se regenerar. Uma abordagem mais paciente da vida não só resulta em mais alegria pessoal, como também é uma prática ecológica excelente. Como você leu em todo este livro, a paciência retém a energia e coloca menos ênfase em todos os sistemas corporais. De modo semelhante, pressionando menos o planeta, acabamos por dar-lhe condições de respirar – ter mais seu próprio *aloha*, o qual partilha conosco. Um sinal de advertência sobre a vida saudável e o planeta saudável poderia ser "Diminua o passo! A vida está em seu desenvolvimento".

Segundo Expediente para o Prazer no Planeta: Os Pronomes Possessivos Indicam o Sofrimento do Planeta

Não use o "eu, o meu nem o para mim", tantas vezes, e comece a usar mais o "para nós".

Partilhar a terra: Lokahi e o planeta. Um *kahuna* disse, "Você há de notar que há muito poucas cercas na Polinésia. Se há muros e cercas, eles em geral foram postos lá por *haoles* ou por causa da lei *haole*. Não há barreiras entre os campos para cultivo do inhame, não há muros no mar, tampouco cercas entre a terra e o céu. Devemos aprender que a terra não nos pertence para que a possamos dividir. Mais cedo ou mais tarde, a terra tentará curar-se dos cortes que lhe fizemos. Um tufão porá abaixo os muros e um *tsunami* os levará".

Uma das decisões mais importantes que você e a sua família tomarão sobre sua saúde e felicidade diz respeito a se vocês usarão a terra ou serão uma parte de proteção da terra. Se o objetivo de vocês for possuir, controlar, edificar e desenvolver, você e todos nós por fim sofreremos muito com a destruição do equilíbrio natural. Se aprendermos a viver numa casa pequena em vez de numa "mansão", numa série de casas cada vez maiores, se aprendermos a ter um carro em vez de dois e a partilhar a terra alegremente com todos os seus habitantes, nós receberemos a paga de uma vida feliz e saudável.

Terceiro Expediente para o Prazer no Planeta: A Competição e o Conflito Matam o Planeta

Pare de tentar conseguir o supra-sumo do planeta e comece a ajudar os outros a criar um planeta mais saudável.

A colaboração que cura: 'Olu'olu e o planeta. Milhões de pessoas foram mortas em guerras por causa de territórios. Viajei pelo mundo várias vezes, e, diferentemente do meu lar, o Havaí, a maior parte do que vi foi devastada pelas guerras. Os monumentos aos heróis das guerras estão em toda parte, bem como as cicatrizes do massacre. O ponto de vista polinésio é o de que toda a natureza é o monumento máximo, de forma que os nativos não lutam para controlar nem esgotar os recursos da terra. Pelo fato de os polinésios não serem tão voltados à idéia de território quanto os habitantes do continente, os forasteiros que vão para a Polinésia tiveram condições de erguer muros e cercas e de reclamar para si alguma "propriedade". Assim, tantos hotéis pontilham a costa de Honolulu e das ilhas vizinhas, que o esgoto escorre para o mar, matando o coral e transformando a fina areia da praia em pedra áspera. O mau cheiro do esgoto se espalha nos ventos alísios, neutralizando o olor delicado das plantas nativas, cada vez mais raras. Como disse um polinésio, "O Havaí está se tornando o lugar onde os afluentes encontram seus próprios efluentes".

Apesar de afirmações de que a competição é natural, é a colaboração amável e a cooperação o que leva a pessoas e a um planeta mais saudáveis e, em última instância, mais felizes.

Quarto Expediente para o Prazer no Planeta: Queira o que Você Tem em Vez de Tentar Conseguir o que Quer

Trabalhar para ter menos e evitar ter mais à custa dos outros é uma chave para o prazer saudável.

Desistir das metas: Ha'aha'a e o planeta. O Oriente e o Ocidente são impelidos por objetivos. O Ocidente entesoura bens, propriedades e *status*. O Oriente enfatiza a iluminação de si mesmo e a "libertação" do espírito. O caminho oceânico pratica a vida sem objetivos.

Viver sem objetivos não significa viver sem sentido nem orientação. Significa levar uma vida de graça, isenta do impulso exterior rumo à aquisição e do impulso interior de criar um eu "melhor". Significa viver plenamente o agora, em parceria com a natureza. Implica fazer uma pausa para ver o pôr-do-sol, passear calmamente pela floresta, conversando calmamente com as flores e ajudando a criar uma comunidade que valoriza o amor altruísta, o trabalho dedicado, uma definição ampla e generosa da família, além da cura coletiva em vez de exclusivamente pessoal.

Quinto Expediente para o Prazer no Planeta: Aja como se Fosse o Pai do Planeta

Trate a terra como se ela fosse uma criança frágil e em desenvolvimento, que necessita do amor incondicional todos os dias.

Cuidar da terra como se fôssemos mães e pais: *Akahai* e o planeta. Talvez mais do que qualquer outra coisa, o prazer saudável no planeta paraíso seja uma forma de amor generoso, terno e partilhado no que respeita à oportunidade de estarmos aqui unidos. Quando nos esquecemos de que já estamos no paraíso, tornamo-nos nostálgicos — mesmo que já estejamos em casa. Espero que este livro lhe dê a oportunidade de começar de novo a descobrir a alegria da vida diária com aqueles que você ama, e de irradiar o seu *aloha*, para que ele seja absorvido pelos seres humanos, plantas e animais. As pesquisas que apresentei neste livro mostram que semelhante ecopsicologia da vida é uma forma de chegar à saúde e à alegria. Antigas doutrinas dos polinésios nos lembram de que todas as coisas velhas podem se renovar.

Alan Thein Durning, anteriormente pesquisador do World-Watch Institute e atualmente diretor do Northwest Watch em Seattle, Washington, chama a atenção para o fato de que levarmos uma vida de prazer e saúde depende de as cinco nações mais ricas da terra sentirem que por fim satisfizeram suas necessidades materiais e que estão dispostas a voltar suas preocupações para fontes não-materiais de satisfação.[6] Ele pergunta se seremos capazes de adotar uma economia da permanência em vez de consumismo.

Como as gerações de polinésios têm ensinado há mais de dois mil anos, Durning pergunta se seremos capazes de encontrar a alegria de estarmos de novo em casa unidos. A definição que ele dá de voltar para a casa é semelhante à de receita do prazer. Um lar alegre é um retorno à "... ordem antiga da família [*'ohana*], da comunidade [*lokahi*], do bom trabalho [*po'okela*], e de uma boa vida [*akahai*], a certa reverência pela capacidade, pela criatividade e pela criação [*ha'aha'a*], a um ritmo diário lento o bastante a ponto de podermos assistir ao pôr-do-sol ou vadearmos à beira da água [*ahonui*], a comunidades dignas de que passemos a vida nelas [*'olu'olu*] e a locais repletos das lembranças das gerações [*aloha 'aina*]".[7]

Mahalo nui loa (muito obrigado) por ter-se disposto a considerar um novo caminho para o bem-estar. *Aloha kakahiaka kaua*! (Bom dia!).

Notas

Introdução

1. Essas histórias foram recolhidas de L. Hancock, et. al., "Breaking Point", *Newsweek*, 6 de março de 1995, 56-62.
2. R. J. Bulger, "Narcissus, Pogo, and Lew Thomas' Wager", *Journal of the American Medical Association*, 245, nº.14, 1981, 1450-1454. *Ver também* L. Dossey, "In Praise of Unhappiness", *Alternative Therapies in Health and Medicine*, 2(1), 1995, 7-10.
3. D. Ling, como foi citado em "Sunbeams", *The Sun*, 1995, 235, 40.
4. Essa sabedoria é exemplificada nas viagens da canoa polinésia, Hokulea, que reconstituiu a história das viagens dos primeiros polinésios. *Ver* B. Finney, *Voyage of Rediscovery*, Berkeley, CA: University of California Press, 1994.

Capítulo 1. Tomar Fôlego e Salvar Sua Vida

1. L. Hancock, et. al., "Breaking Point", *Newsweek*, 6 de março de 1995, 56-61.
2. *Ver* J. M. Mossey e E. Shapiro, "Self-rated Health: A Predictor of Mortality Among the Elderly", *American Journal of Public Health*, 72, 1982, 800-807.
3. J. Kabat-Zinn, *Full Catastrophe Living: Using the Wisdom of Your Body and Mind to Face Stress, Pain, and Illness*, Nova York: Delta, 1990, 17.
4. Pelo fato de a cultura polinésia não ser familiar a muitas pessoas, há estereótipos ou equívocos sobre ela. Por exemplo, a maior parte das pessoas reconhece o hula como uma dança tradicional havaiana, mas não entende que não é uma dança criada para o entretenimento; ela é uma forma de oração, uma tradição antiga e sagrada. Neste livro, espero que você descubra e aprecie a verdadeira cultura da Polinésia, em toda a sua riqueza, profundidade e sabedoria.
5. As pressões que envolvem agir de acordo com as advertências da saúde e com a idéia do "santo doente e do réprobo saudável" são analisadas em L. Dossey, *Healing Words*, Nova York: HarperCollins, 1993.
6. J. McCormick, *Lancet,* agosto de 1994.
7. Para uma análise mais aprofundada da obra de McCormick e Stone, consultar as minhas séries de *tapes*, *The Pleasure Principle: Discovering a New Way to Health*, Morton Grove, IL: Nightingale-Conant, 1995.
8. Para uma resenha de como as circunstâncias objetivas não estão relacionadas à felicidade, ver D. G. Myers, *The Pursuit of Happiness*, Nova York: William Morrow, 1992.
9. Como foi relatado em D. Lynch, "Conventional Wisdom on Cancer and Health is Driving Us to Wrong Conclusions", *The Maui News*, segunda-feira, 25 de julho de 1994, A9.
10. D. Lynch, "Conventional Wisdom on Cancer and Health is Driving Us to Wrong Conclusions".
11. L. Dossey, *Healing Words*, 7. [*As Palavras Curam*, publicado pela Editora Cultrix, São Paulo, 1996.]
12. A "Hipótese Gaia" sugere que a terra é um organismo vivo e respirante que funciona como um todo. Essa idéia foi primeiramente proposta por J. E. Lovelock, *Gaia: A New Look at Life on Earth*, Oxford, UK: Oxford University Press, 1979.
13. *Ver* N. Silver, "Do Optimists Live Longer?", *American Health*, novembro de 1986. Para uma descrição de outros fatores-chave que prognosticam a saúde e a cura que estão além dos números tradicionais do exame médico, *ver* H. Dreher, *The Immune Power Personality*, Nova York: Dutton Books, 1995.

14. A maior parte dos casos de pressão alta é passageira. Até mesmo a pressão alta por tempo prolongado pode ser tratada com doses diárias de prazer. Os exames médicos não são tão confiáveis quanto pensamos. Para uma descrição mais equilibrada do bom cuidado médico e do risco de uma reação exagerada às descobertas clínicas, *ver* R. Ornstein e D. Sober, *Healthy Pleasures, Discover the Proven Medical Benefits of Pleasure and Live a Longer, Healthier Life*. Reading, MA: Addison-Wesley, 1989. Para os dados concernentes ao sal e à pressão alta, *ver* L. Dahl, "Salt and Hypertension", *The American Journal of Clinical Nutrition*, 25, nº 231, 1972.
15. Se você ler os jornais, parecerá que a maioria das coisas provoca câncer. As pesquisas muitas vezes usam "risco relativo", uma estatística descritiva, para seus estudos. Isso é um tipo de taquigrafia numérica que descreve a doença em grandes grupos. Uma associação estatística, contudo, não prova as causas. Talvez um termo melhor para câncer possa ser "doença da célula". Esse termo parece provocar menos medo em meus pacientes e pode ser usado com referência a todos os tipos de câncer, reduzindo assim o tamanho de um "Grande C" para diversos "Pequenos Cs". Para uma abordagem nova e bem-sucedida do câncer relacionado com a prescrição do prazer, *ver* Linville, "Self-Complexity and Affective Extremity: Don't Put All Of Your Eggs in One Cognitive Basket", *Social Cognition*, 3, nº 1, 1985, 94-120.
16. Assim como a psicologia só recentemente estudou a natureza e a função da felicidade e de outras emoções positivas, os psiconeuroimunologistas só agora estão concentrados no impacto sobre a imunidade das experiências positivas. *Ver* N. Lehrman, "Pleasure Heals: The Role of Social Pleasure – Love in the Broadest Sense – in Medical Practice", *Archives of Internal Medicine*, 153, 26 de abril de 1993, 929-934. O psicólogo Aaron Antonovsky estudou "recursos de resistência generalizada" e o que ele chama de fatores de vida "salutogênicos" em vez de "patogênicos", e o que leva à saúde em vez do que causa a doença. *Ver* A. Antonovsky, *Unraveling the Mystery of Health*, San Francisco: Jossey-Bass, 1987.
17. Para uma análise completa do problema do *stress* e de sua função importante na saúde equilibrada, *ver* R. M. Sapolsky, *Why Zebras Don't Get Ulcers*, Nova York: W. H. Freeman, 1994.
18. *Ver* A. Montgomery, "Cholesterol Tests: How Accurate Are They?" *Nutrition in Action*, maio de 1988, 4-7. *Ver também* A. Bonanome e S. M. Grundy, "Effect of Dietary Stearic Acid on Plasma Cholesterol and Lipoprotein Levels", *New England Journal of Medicine*, 1988, 313, nº 19, 1244-1248. No American College of Cardiology de 1981, o Dr. James Several, da University of Michigan, relatou uma queda de vinte por cento no colesterol depois de um regime alimentar à base de resina de alfarroba, um aditivo usado comumente no sorvete. Para dados sobre a reação exagerada aos riscos do colesterol, *ver* J. Palumbo, "National Cholesterol Education Program: Does the Emperor Have Any Clothes", *MaYo Clinic Proceedings*, 1988, 63, 88-90. A reação exagerada às fibras como um fator de saúde está sintetizada em J. W. Anderson e N. J. Gustafson, "High-Carbohydrate, High-Fiber Diet: Is It Practical and Effective in Treating Hyperlipidemia?", *Postgraduate Medicine*, 1987, 82, nº 4, 400-455.
19. De J. Robbins, *Diet for a New America*, Walpole, NH: Stillpoint Press, 1987.
20. Para o passo evolutivo e a importância dos sintomas na promoção da saúde e da cura, *ver* R. M. Nesse e G. C. Williams, *Why We Get Sick: The New Science of Darwinian Medicine*, Nova York: Times Books, 1994.
21. M. E. Seligman, "Research in Clinical Psychology: Why Is There So Much Depression Today?", in I. S. Cohen (org.), *The G. Stanley Hall Lecture Series*, Washington DC: American Psychological Association, 1989, 75-96.
22. Para uma análise clara e bem fundamentada da natureza da depressão, *ver* M. Seligman, *Learned Optimism*, Nova York: Random House, 1991.

23. Muitos dados indicam que o corpo em forma de pera é muito menos um fator de risco do que o corpo em forma de maçã. *Ver* G. A. Bray, *Obesity in America*, National Institute of Health Publication, nº 79-359, novembro de 1979, 6. De um modo geral, contudo, a forma do corpo apenas não é um fator-chave de risco à saúde. *Ver* G. Schwartz, "Disregulation and Systems Theory: A Biobehavioral Framework for Biofeedback and Behavioral Medicine" in N. Biraumer e H. D. Kimmel (orgs.), *Biofeedback and Self-Regulation*, Hillsdale, NJ: Erlbaum Publishers, 1984.
24. J. Freedman, *Happy People*, Nova York: Harcourt Brace Jovanovich, 1978.
25. *Ver* M. Seligman, *What You Can Change and What You Can't*, Nova York: Alfred A. Knopf, 1994. *Ver também* D. Hales e R. E. Hales, "How Much Is Enough?", *American Health*, julho/agosto de 1983, 37-45. *Ver* R. E. LaPorte, et. al., "Cardiovascular Fitness: Is It Really Necessary?" *The Physician and Sports Medicine*, 13, nº 3, 1983, 145-150.
26. *Ver* R. Shekelle, J. Billings, e N. Borhanni, "The MRFIT Behavior Patterns Study II. Type A Behavior and Incidence of Coronary Heart Disease", *American Journal of Epidemiology*, 122, nº 599, 1985.
27. S. L. Syme, "Social Support and Risk Reduction", *Mobius*, 1984, 4, nº 4, 44-54.
28. O trabalho do cardiologista Dean Ornish mostra que uma ligação alegre, a par de um regime alimentar com baixas calorias e de exercícios regulares, é um fator-chave para ajudar verdadeiramente a desbloquear artérias entupidas sem cirurgia. *Ver* D. Ornish, *Dr. Dean Ornish's Program for Reversing Heart Disease*, Nova York: Random House, 1988.
29. Apesar das invenções psicológicas acerca da doença do coração e das personalidades geradoras de câncer, não há evidências seguras de que existe uma relação assim. *Ver* K. R. Pelletier, *Sound Mind, Sound Body: A New Model for Lifelong Health*, Nova York: Simon and Schuster, 1994.
30. B. Bower, "Blood Pressure Lower for Working Women", *Science News*, 1 de julho de 1995, 148, 6.
31. B. Bower, "Anxiety Before Surgery May Prove Healthful', *Science News*, 20 de junho de 1992, 141, 407.
32. L. A. Sagan, "Family Ties: The Real Reason People Are Living Longer", *The Sciences*, março/abril de 1988, 21-29.
33. H. C. Mitchell, "The Periodic Health Exam: Genesis of a Myth", *Annals of Internal Medicine*, 95, 1981, 733-735.
34. B. Bower, "Depressing News for Low-Cholesterol Men", *Science News*, 143, 16 de janeiro de 1993, 137.
35. "Exercise Health Links Need Hard Proof, Say Researchers Studying Mechanisms", *Journal of the American Medical Association*, 265, nº 22, 1991, 298.

Capítulo 2. Prazer — O Sétimo Sentido

1. M. K. Dudley, *Man, Gods, and Nature*, Honolulu: Na Kane O Ka Malo Press, 1990, 121.
2. A. R. Damasio, *Descartes'Error: Emotion, Reason, and the Human Brain*, Nova York: Avon Book, 1994.
3. R. Restak, *The Brain Has a Mind of Its Own*, Nova York: Harmony Books, 1991, 13.
4. Para uma análise mais aprofundada da teoria da "mente egoísta", *ver* A. M. de la Pena, *The Psychobiology of Cancer*, South Hadley, Ma: J. F. Bergin Publishers, 1983.
5. Para uma análise de *vocatio* e de nutrir a mente, *ver* T. Moore, *Care of the Soul*, Nova York: HarperPerennial, 1992.
6. J. Hillman, *a Blue Fire: Selected Writings by James Hill*, T. Moore, org., Nova York: Harper and Row, 1989.
7. C. G. Jung, *Memories, Dreams, Reflections*, R. Winston e C. Winston (trads.), Nova York: Vintage Books, 1963.

Capítulo 3. O Teste de Aloha

1. Para uma descrição fascinante da maneira pela qual os polinésios recentemente demonstraram a validade das reivindicações da arte de navegar dos oceânicos, *ver* B. Finney, *Voyage of Rediscovery*, Berkeley, CA: University of California Press, 1994.
2. Médicos ocidentais e pesquisadores freqüentemente usam uma metáfora militar para a imunidade em vez de uma metáfora de *aloha* ou de amor e sensualidade. *Ver* S. Sleek, "Rallying the Troops Inside Our Bodies", *The American Psychological Association Monitor*, dezembro de 1995, 26, nº 12, 1-25.
3. A maioria das lições da Polinésia neste livro foi apresentada no modo havaiano. Este é o modo que eu conheço mais e a maneira pela qual a maior parte dos leitores será capaz de pôr em prática essas lições em seu dia-a-dia. Tradicionalmente, o conhecimento na Polinésia não está na forma escrita. O material de Pilahi Paki deriva de minha participação em reuniões com *kupuna* (anciãos) do Havaí. As informações sobre a Polinésia em todo este livro derivam de minhas entrevistas com *kupuna, kahuna* e *kumu* polinésios.
4. L. R. Brody e J. A. Hall, "Gender and Emotion". *In* M. Lewis e J. Havilland (orgs.), *Handbook of Emotions*, Nova York: Guilford Press, 1993.

Capítulo 4. Seu Convite para o Paraíso

1. Para uma resenha abrangente da pesquisa que lida com uma orientação saudável para a vida cotidiana, *ver* G. E. Valliant, *The Wisdom of the Ego*, Cambridge, MA: Harvard University Press, 1993.
2. Para um exemplo da pesquisa sobre os fatores saudáveis da personalidade dos "Cinco Grandes", *ver* R. R. McCrae e P. T. Costa, "Adding Liebe and Arbeit: The Full Five-Factor Model and Well-Being", *Personality and Social Psychology Bulletin*, 17 (1991), 227-232.
3. M. Friedman e R. H. Roseman, *Type A Behavior and Your Heart*, Nova York: Ballantine, 1974.
4. As complexidades que envolvem entender o problema da pressão do tempo e a personalidade de Tipo A são analisadas em R. Shekelle, J. Billings, e N. Borhanni, "The MRFIT Behavior Pattern Study II. Type A Behavior and Incidence of Coronary Heart Disease", *American Journal of Epidemiology*, 122 (1985). *Ver também* J. C. Barefoot, et. al., "Type A Behavior and Survival. A Follow-up Study of 1,467 Patients with Coronary Artery disease", *American Journal of Cardiology*, 64 (1989).
5. Para uma análise da física do tempo e do conceito de eternidade como "agora", *ver* P. Coveney e R. Highfield, *The Arrow of Time*, Nova York: Fawcett Columbine, 1991.
6. J. Ogilvy, *Living Without Goals*, Nova York: Currency/Doubleday, 1995, 17.
7. M. Csikszentmihalyi, *Flow: The Psychology of Optimum Experience*, Nova York: Harper and Row, 1990.
8. R. R. McCrae e P. T. Costa, "Adding Liebe and Arbeit".
9. O grupo sem fins lucrativos, Viva Aloha, promove essa abordagem da vida. Para doações, adesivos de pára-choque estão disponíveis com a frase "Viva Aloha" inscrita em flores de *'oli'a lehua*. Essas flores estão entre as primeiras flores a surgir na paisagem vulcânica rochosa. Sua beleza singela e sua resistência são simbólicas de sua capacidade de recuperação, graça e gosto pela vida na diversidade do Havaí e da Polinésia.
10. T. O'Conner, "Therapy for a Dying Planet", *in* T. Roszak, M. Gomes, e A. Kanner, *Ecopsychology*, San Francisco: Sierra Club Books, 1995.
11. Por exemplo, *ver* D. S. Ones, C. Viswesvaran, e F. L. Schmidt, "Comprehensive Meta-analysis of Integrity Test Validities. Findings and Implications for Personnel Selection and Theories of Job Performance", *Journal of Applied Psyshology*, 78 (1993), 679-703.
12. R. Williams e V. Williams, *Anger Kills*, Nova York: HarperPerennial, 1993, 4.

13. R. S. Eliot e D. Breo, *Is It Worth Dying For?* Toronto: Bantam, 1984, 85.
14. Por exemplo, *ver a obra de* J. W. Pennebaker, *Opening Up: The Healing Power of Confiding in Others*, Nova York: Morrow, 1990.
15. B. H. Kaplan, "The Power of Forgiveness: A Comment on *Anger Kills*", *Advances: The Journal of Mind-Body Health*, 10:2 (Primavera de 1992), 3-14.
16. Williams e Williams, *Anger Kills*.
17. H. S. Friedman (org.), *Personality and Disease*, Nova York: John Wiley, 1990. P. T. Costa, et. al., "Agreeableness Versus Antagonism: Explication of a Potential Risk Factor for CHD", *in* A. W. Siegman e T. Dombrowski (orgs.) *In Search of Coronary-Prone Behavior*, Hillsdale NJ: Erlbaum Publishers, 1989, 41-64.
18. A. Kohn, *No Contest*, Boston: Houghton Mifflin, 1986, 45.
19. Kohn, *No Contest*.
20. J. H. Hertz (org.), *Sayings of the Fathers*, Nova York: Behrman House, 1945.
21. A. Luks, *The Healing Power of Doing Good*, Nova York: Fawcett Columbine, 1992.
22. Por exemplo, *ver* H. S. Friedman (org.), *Hostility, Coping, and Health*, Washington DC: American Psychological Association, 1992.
23. M. Csikszentmihalyi, *Flow: The Psychology of Optimum Experience*, Nova York: Harper and Row, 1990, 29-30.
24. Muitos filósofos e professores fizeram essas mesmas perguntas de maneiras diferentes. *Ver* J. Kornfield e J. Goldstein, *Seeking the Heart of Wisdom*, Boston: Shambhala, 1987.
25. Esse número é uma estimativa obtida por um estudo informal que deixei a cargo dos meus alunos "de crise pré-vida". Cento e cinqüenta universitários no primeiro ano realizaram a contagem. A média foi cento e sessenta e três mudanças de cena num período de três minutos. O cômputo mais alto foi duzentos e doze, o mais baixo sessenta e oito.
26. J. Kornfield, *A Path with Heart*, Nova York: Bantam, 1993. [*Um Caminho com o Coração*, publicado pela Editora Cultrix, São Paulo, 1995.]
27. A. Maslow, *The Farther Reaches of Human Nature*, Nova York: Penguin, 1971.
28. G. I. Engel, "Sudden and Rapid Death During Psychological Stress: Folk Lore or Folk Wisdom?", *Annals of Internal Medicine*, 74, 1971,771-782.
29. R. Walsh, "The Psychologies of East and West: Contrasting Views of the Human Condition and Potential", *in* R. Walsh e D. H. Shapiro (orgs.), *BeYond Health and Normality: Explorations in Exceptional Psychological Well-Being*, Nova York: Van Nostrand Reinhold, 1983, 39-63.
30. L. Dossey, *Healing Words: The Power of Prayer and the Practice of Medicine*, Nova York: HarperCollins, 1993.
31. D. J. Benor, *Healing Research: Holistic Energy Medicine and Spirituality, Volume I*, Munique, Alemanha: Helix Verlag, 1992.
32. J. S. Levin, "How Prayer Heals: A Theoretical Model", *Alternative Therapies*, janeiro de 1996, 2, nº 1, 66-73.
33. Para uma análise da orientação da "presença-de-Deus" para a oração, *ver* B. Lawrence, R. J. Edmundson (trad.) e H. M. Helms (org.), *The Practice of the Presence of God: 1692*, Orleans, MA: Paraclete Press, 1985.
34. S. Hossein Nasr, um erudito islâmico proeminente, fez uma conferência na Harvard Medical School e advertiu sobre "usar" a oração e o modo ocidental da reação de relaxamento e meditação. Como mencionado em R. C. Dujardin, "Faith in Medicine. Experts Explore the Link Between Spirituality and the Healing Arts", *Detroit Free Press*, terça, 26 de dezembro de 1995, 6D-7D.
35. R. C. Dujardin, "Faith in Medicine. Experts Explore the Link Between Spirituality and the Healing Arts", 7D.
36. Estes e muitos outros estudos foram apresentados na conferência da Harvard Medical School, citada na nota 20. *Ver também* L. Dossey, *Healing Words*, e R. C. Dujardin, "Faith in Medicine. Experts Explore the Link Between Spirituality and the Healing Arts".

Capítulo 5. O Reencantamento da Vida Cotidiana

1. M. Csikszentmihalyi, *The Evolving Self*, Nova York: HarperCollins, 1993.
2. Para uma análise completa de nossa preferência evolucionária natural da negatividade, *ver* M. Csikszentmihalyi, *The Evolving Self*.
3. *Ibid.*
4. J. Henry, *Stress, Health, and the Social Environment*, Nova York: Springer-Verlag, 1977.
5. S. C. Kobasa, "Stressful Life Events, Personality, and Health: An Inquiry Into Hardiness" *Journal of Personality and Social Psychology*, 37, 1979, I-II. Quaisquer relações de pesquisa entre o câncer e o *stress* foram estabelecidas a partir de tumores provocados em animais pelas viroses, não a partir do estudo com seres humanos. A maior parte desses estudos é de taxa de crescimento de tumores, de modo que sabemos pouco acerca de como os tumores começam em primeiro lugar. *Ver* M. Fitzmauric, "Physiological Relationships Among Stress, Viruses, and Cancer in Experimental Animals", *International Journal of Neuroscience*, 39, nº 307, 1985.
6. R. M. Sapolsky, *Why Zebra's Don't Get Ulcers*, Nova York: W. H. Freeman, 1994, 15-16.
7. "The psychologies of East and West: Contrasting Views of the Human Condition and Potential", *in* R. Walsh e D. H. Shapiro (orgs.), *BeYond Health and Normality: Explorations in Exceptional Well-Being*, Nova York: Van Nostrand Reinhold, 1983, 54-55.
8. B. G. Maslow, *Abraham Maslow: A Memorial Volume*, Monterey, CA: Brooks-Cole, 1972.
9. O físico Larry Dossey fala sobre as fronteiras cada vez mais indistintas entre o divino e o eu em seu artigo intitulado "Modern Medicine and the Relationship Between Mind and Matter", *in* B. Rubick (org.), *The Interrelationship Between Mind and Matter, Proceedings of a Conference Hosted by the Center for Frontier Sciences*, Filadélfia, PA: The Center for Frontier Sciences, Temple University, 1992, 149-162. *Ver também seus livros*, *Healing Words*, Nova York: HarperSanFrancisco, 1993, e *Meaning and Medicine: A doctor's Tales of Breakthrough and Healing*, Nova York: Bantam Books, 1991. A distinção proposta entre Era III e uma Era IV é feita por J. S. Levin, "How Prayer Heals: A Theoretical Model", *Alternative Therapies*, 2, nº 1, janeiro de 1996, 66-73.
10. A. Einstein, "Religion and Science", *in Ideas and Opinions*, Nova York: Crown Publishers, 1954, 36-40.
11. D. Chopra, *Angeles Body, Timeless Mind*, Nova York: Harmony Books, 1993, 156-157.
12. David Barnhart, editor da Barnhart Dictionary Companion, diz que de 10.000 a 20.000 novas palavras são criadas em inglês todo ano, mas só cerca de 200 entram nos dicionários. Outras palavras novas, que refletem a orientação de deficiência em termos de prazer, típica de nossa sociedade, incluem *classe ansiosa* [*anxious class*] com referência às pessoas de classe média às voltas com preocupações sobre estabilidade financeira; *parto pede-passagem* [*drive-through delivery*], com referência ao vaivém na hora dos procedimentos de parto num hospital; *substituição de comida caseira*, querendo dizer *fastfood*; e *24-7*, com referência a trabalhar 24 horas por dia, sete dias por semana. Relatado em "Explosion of New Words Simply Waymazin", *The Oakland Press*, sábado, 30 de dezembro de 1995, A-9.
13. J. Shapiro e D. H. Shapiro, Jr., "Well-Being and Relationship", in R. Walsh e D. H. Shapiro (orgs.), *BeYond Health and Normality: Explorations of Exceptional Psychological Well-Being*, Nova York: Van Nostrand Reinhold, 1983, 207-214.

Capítulo 6. "Pontos G" do Crânio: A Psiconeurologia do Prazer

1. J. Olds e Milner, "Positive Reinforcement Produced by Electrical Stimulation of Sptal Area and Other Regions of Rat Brain", *Journal of Comparative Physiology and Psychology*, 47, nº 419, 1954.

2. R. G. Heath (org.), *The Role of Pleasure in Behavior*, Nova York: Harper and Row, 1964.
3. P. MacLean, "On the Evolution of Three Mentalities", *in* S. Arieti e G. Chrzanowke (orgs.), *New Dimensions in Psychiatry: A World View*, Volume II, Nova York: John Wiley, 1977.
4. Há muitas interpretações do pensamento polinésio antigo. Ele só pode ser entendido se você atentar para a sua mente nativa e compreender de que modo a experiência dos polinésios considera o mundo muito diferentemente da mente oriental ou ocidental. Para uma boa descrição do sistema de crenças polinésio, *ver* M. K. Dudley, *Man, Gods, and Nature*, Honolulu: Na Kane O Ka Malo Press, 1990.
5. Para uma análise de como as emoções nos incitam a agir e como elas podem determinar nossos modelos de reação em situações sociais, *ver* Eckman, "An Argument for Basic Emotions", *Cognition and Emotion*, Vol. 6, 1992, 169-200.
6. M. Sarter e H. J. Markowitsch, "Involvement of the Amygdala in Learning and Memory. A Critical Review, with Emphasis on Anatomical Relations", *Behavioral Neuroscience*, 99, 1985, 342-380.
7. E. Thomas, E. Yadin, e C. E. Strickland, "Septal Unit Activity During Classical Conditioning. A Regional Comparison", *Brain Research*, Vol. 103, 1988, 193-210.
8. R. J. Davidson, "Emotion and Affective Style, Hemispheric Substrates", *Psychological Science*, 3, 1992, 39-43.
9. Até mesmo o que chamamos "sintomas" da doença pode se destinar a algum grau de prazer. Por exemplo, é possível aproveitar um bom resfriado de vez em quando no aconchego da cama e de um cobertor, sentindo a temperatura cálida, de cura, durante a febre moderada, à medida que ela incita ao funcionamento o seu sistema imunológico, e deleitar-se com o espirro forte, que limpa as fossas nasais. Para mais informações sobre isso, *ver* R. M. Nesse e G. C. Williams, *Why We Get Sick: The New Science of Darwinian Medicine*, Nova York: Times Books, 1994.
10. C. B. Pert., et. al., "Opiate Agonists and Antagonists Discriminated by Receptor Binding in the Brain", *Science*, Vol. 182, nº 4119, 1973.
11. R. Ornstein e D. Sobel, *Healthy Pleasures*, Reading, MA: Addison-Wesley, 1989, 25-26.
12. Há diversas fontes que documentam de que maneira o prazer equivale à saúde. Ver B. Justice, *Who Gets Sick: Thinking and Health*, Houston, TX: Peak Press, 1987. *Ver também* J. D. Matarazzo, et. al. (orgs.), *Behavioral Health*, Nova York: John Wiley, 1984. *Também* Pearsall, *Superimmunity: Master Your Emotions and Improve Your Health*, Nova York: Fawcett Books, 1987.
13. Quando nos sentimos tristes por chorar, nos comportamos de acordo com o que os psicólogos chamam de teoria da emoção de James-Lange – sentimo-nos do modo como nos comportamos. *Ver* R. W. Levenson, "Autonomic Nervous System Differences Among Emotions", *Psychological Science*, Vol. 3, 1992, 23-27.
14. C. Darwin, *The Expression of the Emotions in Man and Animals*, Nova York: Philosophic Library, 1872.
15. G. B. Duchenne, *The Mechanisms of Human Facial Expression, or Electro-Physiological Analysis of the Expression of the Emotions*, R. A. Cuthberton (trad.), Nova York: Cambridge University Press, 1990.
16. R. McCraty, et al., "The Effects of on Short Term Heart Rate Variability Using Power Spectrum Analysis", *American Journal of Cardiology*, 76, 1995, 1089-1093.
17. *Ver* R. E. Kleiger, et. al., "Time Rate Measurements of Heart Rate Variability", *Ambulatory Electrocardiology*, 10, 1992, 487-498.
18. R. McCraty, M. Atkinson, W. A. Tiller. "New Electrophysiological Correlates Associated with Intentional Heart Focus", *Subtle Energies*, Vol. 4, 1995, 251-268.
19. D. L. Childre, *Freeze Frame: Fast Action Stress Relief*, Boulder Creek, CA: Planetary Publications, 1994.

20. Para uma análise mais inteligível das endorfinas, *ver* D. Beck e J. Beck, *The Pleasure Connection: How Endorphins Affect Our Health and Happiness*, San Marcos, CA: Synthesis Press, 1987.
21. J. Gorman, *The Man with No Endorphins and Other Reflections on Science*, Nova York: Penguin Books, 1988, 52-53.
22. *Ver* E. Diener e R. S. Cropronzono, "Cognitive Operations Associated with Individual Differences in Affect Intensity", *Journal of Personality and Social Psychology*, outubro, 1987, 53, nº 4, 767-774.
23. R. L. Solomon, "The Opponent Process Theory of Acquired Motivation. The Costs of Pleasure and the Benefits of Pain", *American Psychologist*, Vol. 35, 1980, 691-712.
24. J. Hooper, "The Brain's Rivers of Rewards", *American Health*, dezembro de 1987, 36-41.
25. H. J. Campbell, *The Pleasure Areas: A New Theory of Behavior*, Nova York: Delacorte Press, 1973.
26. A teoria do caminho do prazer é verdadeiramente complexa. *Ver* Milner, "The Discovery of Self-Stimulation and Other Stories", *Neuroscience and Biobehavioral Review*, Vol. 13, nº 61, 1989. Uma resenha completa do caminho do prazer e das teorias concorrentes do caminho se encontra em Milner, "Brain-Stimulation Reward: A Review", *Canadian Journal of Psychology*, 45, nº 1, 1991.
27. As principais descobertas e rupturas no campo da psiconeuroimunologia estão nos textos clássicos: R. Ader (org.), *Psychoneuroimmunology*, Nova York: Academic Press, 1981, e R. Ader, D. L. Felten, e N. Cohen (orgs.), *Psychoneuroimmunology II*, Nova York: Academic Press, 1991.
28. Como foi mencionado em H. Dreher in *The Immune Power Personality*, Nova York: Dutton, 1995, 15.
29. A pesquisa sobre neuropeptídeos e receptores do Dr. Candace Pert está relatada em Pert, et. al., "Apiate Agonists and Antagonists Discriminated by Receptor Binding in the Brain", 1359-1361.
30. Para uma resenha desse novo campo, ver meu livro, *Superimmunity*, mencionado na nota 10.
31. R. M. Sapolsky, *Why Zebra's Don't Get Ulcers*, Nova York: W. H. Freeman, 1994, 159.
32. Para uma análise fascinante do mito universal das idades de ouro perdidas, *ver* R. Heinberg, *Memories and Visions of Paradise*, Los Angeles: Jeremy Tarcher, 1989.
33. M. Beckwith, *Hawaiian Mythology*, Honolulu: University of Hawaii Press, 1970.
34. K. Ring, *Healing Toward Omega*, Nova York: Morrow, 1985, 197.
33. Como mencionado em M. Kinder, *Going Nowhere Fast*, Nova York: Prentice Hall, 1990, 3.
35. O. Fred Donaldson, "Play to Win and Every Victory is a Funeral", *Somatics*, primavera/verão de 1984, 29.
36. R. Heinberg, *Memories and Visions of Paradise*, 249.

Capítulo 7. O Prazer da Paciência — O Estilo Aloha do Sucesso

1. Como a morte de Vincent Foster e de outros se relaciona com o perfeccionismo intenso é apresentado em S. J. Blatt, "The Destructiveness of Perfectionism", *American Psychologist* 50, 12 de novembro de 1995, 1003-1020.
2. Uma discussão pormenorizada dos ideais e do perfeccionismo do Senhor Foster pode ser encontrada em D. Von Drehle. "The Crumbing of a Pillar in Washington", *The Washington Post*, 15 de agosto de 1993, A20-21.
3. R. J. Samuelson, *The Good Life and Its Discontents*, Nova York: Times Books, 1996.
4. Do modo com foi relatado em *The Evening News*, American Broadcasting Company, terça, 23 de janeiro de 1996.
5. Essa citação é de um trecho de R. J. Samuelson, *The Good Life. Ver também*, "Great Expectations", *Newsweek*, 8 de janeiro de 1996, 24-33.

6. K. R. Jamison, "Maniac-Depressive Illness and Creativity", *Scientific American*, fevereiro de 1995, 62-67.
7. P. Brickman, "Adaptation Level Determinants of Satisfaction with Equal and Unequal Distributions in Skill and Chance Situations", *Journal of Personality and Social Psychology*, 32, 1975, 191-198.
8. J. Kagan, *Galen's Prophecy: Temperament in Human Nature*, Nova York: HarperCollins, 1994.
9. J. Kagan, *Galen's Prophecy*, 165.
10. R. S. Weiss, *Staying the Course; the Emotional and Social Lives of Men Who do Well at Work*, Nova York: Fawcett-Columbine, 1990. *Ver também* S. Covey, *The Seven Habits of Highly Successful People*, Nova York: Simon and Schuster, 1989.
11. D. C. McClelland, *the Achieving Society*, Princeton, NJ: Van Nostrand, 1971.
12. S. Covey, *The Seven Habits of Highly Effective People*, Nova York: Simon and Schuster, 1989.
13. F. Herzberg, *Work and the Nature of Man*, Cleveland, OH: World Publishers, 1971.
14. E. L. Deci, J. Nezleck, e L. Sheinman, "Characteristics of the Rewarder and Intrinsic Motivation of the Rewardee", *Journal of Personality and Social Psychology*, Vol. 40, 1981, 1-10.
15. K. R. Pelletier, *Healthy People in Unhelathy Places*, Nova York: Delacorte Press/Seymour Lawrence, 1984.
16. J. M. Rhodes, *When Is Overwork Not Overwork?* Conferência feita na Annual Meeting of the Academy of Psychosomatic Medicine, 17 de novembro de 1978. *Ver também*, J. I. Walker, "Prescription for the Stressed Physician", *Behavioral Medicine*, setembro de 1980, 12-17.

Capítulo 8. O Ciclo da Ligação — Como Superar a Ilusão da Separação

1. Para uma descrição breve do xamanismo havaiano, *ver* S. K. King, *The Urban Shaman*, Nova York: Simon and Schuster, 1990.
2. Como mencionado em J. Borysenko e M. Borysenko, *the Power of the Mind to Heal*, Carson, CA: Hay House, 1994.
3. Não há mais nenhuma dúvida de que estar ligado é uma das melhores coisas que você pode fazer para a sua saúde. Para uma seleção excelente de algumas das pesquisas nessa área, *ver* D. Goleman e J. Gurin (orgs.), *Mind/Body Medicine*, Yonkers, NY: Consumer Reports Books, 1993. *Ver também* J. Borysenko e M. Borysenko, *The Power of the Mind to Heal.*
4. A. Maslow, *Motivation and Personality*, Nova York: Harper and Row, 1970.
5. B. L. Goebel e D. R. Brown, "Age Differences in Motivation Related to Maslow's Need Hierarchy", *Developmental Psychology*, Vol. 17, 1981, 809-815.
6. O autor e médico Henry Dreher escreveu um livro excelente, que resume numa linguagem fácil de ler sete das descobertas modernas da psiconeuroimunologia, que confirmam os antigos princípios polinésios apresentados em todo este livro e que se relacionam com eles. A citação de Gary Schwartz está como foi mencionada em H. Dreher, *The Immune Power Personality*, Nova York: Dutton, 1995, 49.
7. L. Jamner, G. e. Schwartz, e H. Leigh, "The Relationship Between Repressive and Defensive Coping Styles and Monocyte, Eosinophile, and Serum Glucose Levels. Support for the Opiod Peptide Hypothesis of Repression", *Psychosomatic Medicine*, 1988, 50, 567-575.
8. W. Ruberman, et. al., "Psychosocial Influences on Mortality After Myocardial Infarction", *New England Journal of Medicine*, 311, nº 9, 1984, 186-204.
9. L. Berkman e S. Syme, "Social Networks, Host Resistance, and Mortality. A Nine-year Follow-up Study of Alameda Residents", *American Journal of Epidemiology*, 109, 1982, 186-204.
10. J. House, C. Robbins e H. Metzner, "The Association of Social Relationships and Activities with Mortality Prospective Evidence from the Tecumseh Study", *American Journal of Epidemiology*, nº 116, 1982, 123-140.
11. Para um exame mais científico da saúde da relação, *ver* J. House, K. R. Landis e D. Umberson, "Social Relationships and Health", *Science*, 241, 1988, 540-545.

12. Até recentemente, esse apoio vinha da pesquisa com babuínos na selva, mas houve confirmações recentes da relação psicofisiológica envolvendo "solidão = *stress*" nos seres humanos. *Ver* R. M. Sapolsky, "Stress in the Wild", *Scientific American*, janeiro de 1990, 116-123.
13. C. D. Jenkins, "Psychological and Social Precursors of Coronary Disease", *New England Journal of Medicine*, Vol. 284, 1971, 144-155.
14. O problema da "transcendência conectiva" do modo como foi usado nesse capítulo é analisado em F. Capra e D. Steindl-Rast, *Belonging to the Universe: Explorations from the Frontiers of Science and Spirituality*, Nova York: HarperSanFrancisco, 1991. [*Pertencendo ao Universo: Explorações nas Fronteiras da Ciência e da Espiritualidade,* publicado pela Editora Cutrix, São Paulo, 1993.]
15. Citado em F. Capra e D. Steindl-Rast, *Belonging to the Universe*, 8-9.
16. F. Capra e D. Steindl-Rast, *Belonging to the Universe*, 98.
17. Essa citação é encontrada *in* J. Lee e K. Willis, *People of the Night Rainbow*, Honolulu: Night Rainbow Publishing, 1994.
18. R. Sheldrake, *Seven Experiments That Could Change the World*, Nova York: Riverhead Books, 1995.
19. R. Sheldrake, *The Presence of the Past: Morphic Resonance and the Habits of Nature*, Nova York: Times Books, 1988.
20. Seu novo livro, *Seven Experiments That Could Change the World*, é resenhado por Larry Dossey, o editor do jornal *Alternative Therapies*, janeiro de 1996, 102-104.

Capítulo 9. O Poder da Amabilidade — Nenhuma Felicidade, Nenhuma Conquista

1. Existem muitos inventários de taxação da raiva. Escolhi alguns itens nesse parágrafo retirados de *The Anger Inventory* desenvolvido por C. Spielberger em colaboração com G. Jacobs et al. e do modo como foi alterado por M. Seligman em *What You Can Change and What You Can't*. Nova York: Alfred A. Knopf, 1994, 118-119.
2. Nem todos os cinqüenta itens sobre o subteste de Hostilidade do Minnesota Multiphasic Personality Inventory são bons indicadores da doença e da morte. Vinte e sete deles são os melhores indicadores. Muitas outras pesquisas sobre esse componente importante da saúde são necessárias. *Ver* J. C. Barefoot, K. A. Dodge, I. Bercedis, W. G. Dahlstrom, e R. B. Williams, "The Cook-Medley Hostility Scale. Item content and Ability to Predict Survival", *Psychosomatic Medicine*, 1989, 46-57.
3. R. Williams e V. Williams, *Anger Kills*, Nova York: HarperPerennial, 1993, 4-14.
4. Expressar a raiva, não senti-la, aumenta a sua pressão sangüínea e diminui a eficácia do bombeamento de sangue do seu coração em cinco por cento. A pesquisa sobre a expressão da hostilidade está resumida em R. Williams e V. Williams, *op. cit.*
5. M. Seligman, *What You Can Change*, 124.
6. J. Hokanson e M. Burgess, "The Effects of Status, Type of Frustration, and Aggression on Vascular Processes", *Journal of Abnormal and Social Psychology*, 655, 1962, 232-237.
7. Essa pesquisa foi feita na Mayo Clinic em Rochester, Minnesota, e publicada no boletim médico *Lancet*, fevereiro de 1996. Para uma resenha, *ver* "Heart Patients' Pent-Up Emotions Shorten Life Span", *Body/Mind, The Detroit Free Press*, terça, 27 de fevereiro de 1996, 10E.
8. Para a descrição da minha própria experiência com câncer, quimioterapia, radiação e transplante de medula óssea, *ver* Pearsall, *Making Miracles*, Nova York: Avon Books, 1991.
9. Para uma resenha completa e atualizada dos dados sobre PCTA (Padrão de Comportamento Tipo A), DCC (Doença Cardíaca Coronária) e o fator-chave que substituiu o grupo de Tipo A — hostilidade — *ver* M. M. Burg, "Anger, Hostility, and Coronary Heart Disease: A Review", *Mind/Body Medicine*, I, nº 9, 1995, 159-174.

10. Há controvérsia entre antropólogos sobre se nossos mais antigos ancestrais se pareciam ou não com as espécies delicadas e musicais de *Contatos Imediatos do Terceiro Grau*, ou com os predadores selvagens de *Alien*. A maior parte das pesquisas indica, contudo, que descendemos de uma longa linhagem de matadores sem par, e pouco de nosso mundo moderno haverá de nos convencer de outra forma. *Ver* R. Ardrey, *The Territorial Imperative*, Nova York: Atheneym, 1966.
11. *Ver* R. M. Sapolsky, *Why Zebras Don't Get Ulcers*, Nova York: W. H. Freeman, 1994.
12. *Ver* D. Kumar e D. Wingate, "Irritable Bowel Syndrome". In D. Kumar e S. Gustavson (orgs.), *An Illustrated Guide to Gastrointestinal Motility*, Chichester, John Wiley, 1988.
13. Em estudos cuidadosamente levados a efeito sobre os macacos e o impulso de raiva ou de premência gerando doença nas artérias (síndrome calcifilática), descobriu-se que alguns primatas são animais de reação "positiva": o sistema simpático deles reage mais rápida e intensamente do que o de outros primatas. *Ver* J. Kaplan, "Social Behavior and Gender in Biomedical Investigations Using Monkeys. Studies in Atherogenesis", *Laboratory Animal Science*. No prelo. Resenha preliminar em R. Sapolsky, *Why Zebras Don't Get Ulcers*, 45.
14. A teoria do câncer da personalidade do tipo C está em L. Temoshok e H. L. Dreher, *the Type C. Connection: The Behavioral Links to Cancer and Your Health*, Nova York: Random House, 1992.
15. Ao se estudar algo tão complexo quanto o câncer, existe uma técnica chamada de "correlação parcial" que pode ajudar a nos dizer qual o real ingrediente – raiva, repressão, falta de espírito combatente, desamparo etc. – que pode contribuir para uma taxa mais alta de câncer. Essa técnica não é usada nos estudos de Tipo C. Na condição de psiconeuroimunologista, sei que poucos pesquisadores na área do câncer tiveram a experiência dessa doença, e talvez não entendam muitas de suas dimensões. Como antigo paciente de câncer, meu palpite é que a falta de prazer partilhado é o fator-chave na imunidade enfraquecida, desequilibrada ou alterada que por vezes faz com que o câncer piore ou se alastre. A causa inicial e o processo da formação do tumor ainda são desconhecidos.
16. Um estudo demonstrou que há mais câncer tanto para pessoas que "explodem" [*exploders*] como para as que não fazem isso. *Ver* S. Greer e T. Morris, "Psychological Attributes of Women Who Develop Breast Cancer", *Journal of Psychosomatic Research*, 19, 1975, 147-153. As descobertas combinadas e que tiveram prosseguimentos, com respeito às pessoas do "Tipo C", indicam que não se trata de um constructo [*construct*] para compreender a etiologia do câncer.
17. C. Ironson, et. al., "Effects of Anger on Left Ventricle Rejection Fraction in Coronary Artery Disease", *American Journal of Cardiology*, 70, 1992, 281-285.
18. M. Weissman e E. Paykel, *The Depressed Woman*, Chicago: University of Chicago Press, 1974, 138-153.
19. S. Nolen-Hoeksma, J. Girgus, e M. Seligman, "Depression in Children of Families in Turmoil", manuscrito não publicado. *Ver também* H. Friedman, et. al., "Psychosocial and Behavioral Predictors of Longevity", *American Psychologist*, fevereiro de 1995, 50, nº 2, 69-78.
20. J. Wallerstein e S. Blakeley, *Second Chances: Men, Women, and Children a Decade After Divorce*, Nova York: Ticknor and Fields, 1989.
21. S. Feshbach, "The Catharsis Hypothesis and Some Consequences of Interaction with Aggression and Neutral Play Objects", *Journal of Personality*, 24, 1956, 449-462. *Ver também* C. Tavris, *Anger: The Misunderstood Emotion*, Nova York: Touchstone, 1989.
22. J. Friedman, *op. cit.*
23. M. E. Seligman, *What You Can Change*.
24. Isso uma vez mais está relacionado com a teoria do ACE do psicólogo Gary Schwartz. *Ver* N. Birbaumer e H. D. Kimmel (orgs.), *Biofeedback and Self-Regulation*, Hillsdale, NJ: Erlbaum Publishers, 1984.
25. D. Goleman, *Emotional Intelligence*, Nova York: Bantam, 1995, 139.

Capítulo 10. A Magia da Modéstia — Silenciar o Eu, Salvar a Alma

1. L. Thomas, *The Atlanta Constitution*, 3 de maio de 1980, 1-3, como foi citado em R. J. Bulger, "Narcissus, Pogo, and Lew Thomas' Wager", *Journal of the American Medical Association*, 245, nº 14, 1981, 1450-1454.
2. S. Covey, *The Seven Habits of Highly Effective People*, Nova York: Simon and Schuster, 1989, 4-5.
3. Como foi mencionado em J. Lawlor, "Clan of the Seven Habits", *USA Weekend*, 12-14 de janeiro de 1996, 4-5.
4. J. Lawlor, "Clan of the Seven Habits", 4.
5. M. Csikszentmihalyi, *Flow: The Psychology of Optimum Experience*, Nova York: Harper and Row, 1990.
6. V. Frankl, *Man's Search for Meaning*, Nova York: Oxford University Press, 1991.
7. S. Heller, "Bowling Alone: A. Harvard Professor Examines America's Dwindling Sense of Community", *The Chronicle of Higher Education*, 1 de março de 1996, A10-11.
8. J. L. Collier, *The Rise of Selfishness in America*, Nova York: Oxford University Press, 1991.
9. Como foi mencionado em J. Winokur, *The Portable Curmudgeon*, Nova York: New American Library, 1987.
10. Para uma resenha excelente da felicidade por meio de um eu menos "consumista e consumido", *ver* A. T. Durning, "Are We Happy Yet?", *in* L. R. Brown e J. Hillman (orgs.), *Ecopsychology: Restoring the Earth/Healing the Mind*, San Francisco: Sierra Club Books, 1995.
11. Para uma resenha dos dados sobre a psicologia da felicidade, e para estatísticas sobre o grau da felicidade em populações diferentes, *ver* D. G. Myers, *The Pursuit of Happiness*, Nova York: William Morrow, 1992.
12. *Ver* A. Campbell, *The Sense of Well-Being in America*, Nova York: McGraw-Hill, 1981.
13. J. Powell, *Happiness Is an Inside Job*, Valencia, CA: Tabor Press, 1989.
14. Como foi mencionado em A. T. Durning, "Are We Happy Yet?"
15. Como foi mencionado em A. T. Durning, "Are We Happy Yet?", 71.
16. Henry Dreher descreve os mitos de Hidra e de Proteu e resume a pesquisa na imunidade e na saúde do modo como estão relacionadas as teorias ocidentais que esses mitos representam em seu livro, *The Immune Power Personality*, Nova York: Dutton, 1995.
17. P. W. Linville, "Self-Complexity as a Cognitive Buffer Against Stress-Related Illness and Depression", *Journal of Personality and Social Psychology*, 1987, 52, nº 4, 663-676.
18. R. Lipton, *The Protean Self: Human Resilience in an Age of Fragmentation*, Nova York: Basic Books, 1993.

Capítulo 11. O Dom de Dar — Tentar Pequenos Gestos de Ternura

1. L. Dossey, *Meaning and Medicine*, Nova York: Bantam Books, 1991, 117.
2. D. A. Sadoff, "Values of the Human Body". Carta para o Editor, *New England Journal of Medicine*, 308, nº 25, 1983, 1543.
3. G. Murchie, *The Seven Mysteries of Life*, Boston: Houghton Mifflin, 1978, 320.
4. Nosso corpo é intrinsecamente musical, até o nosso DNA. A pesquisa do Dr. Susumu Ohno, um geneticista do Beckman Research Institute of the City of Hope em Duarte, Califórnia, mostrou de que modo os quatro nucleotídeos do DNA, a adenina, a guanina, a citosina e a timina, poderiam ter os seus equivalentes nas seguintes notas musicais: *dó* (citosina), *ré* e *mi* (adenina), *fá* e *sol* (guanina), *lá* e *si* (timina). Ele e sua mulher, maestrina, executaram composições usando o DNA como partitura. *Ver* S. Ohno e M. Ohno, "The All Pervasive

Principle of Repetitious Recurrence Governs Not Only Coding Sequence Construction but also Human Endeavor in Musical Composition", *Immunogenetics*, 24, 1986, 71-78.

5. M. K. Pukul e S. H. Elbert, *Hawaiian Dictionary*, Honolulu: University of Hawaii Press, 1986, 276.
6. Para uma análise mais completa do conceito polinésio de uma família de amor e carinho, *ver* M. K. Pukul, E. W. Haertig, e C. A. Lee, *Nana I Ke Kumu* (Look to the Source), Honolulu: Hui Hanai Publishers, 1972. *Ver principalmente* 166-174.
7. Essa citação e os conceitos que estão por trás dela estão desenvolvidos em meu livro, *The Ten Laws of Lasting Love*, Nova York: Avon Books, 1993.
8. R. Eisler, *Sacred Pleasure*, Nova York: HarperCollins, 1996.
9. Algumas das pesquisas de concepção mais elaborada e completa sobre os relacionamentos foram realizadas por John Gottman e por seus colegas da Universidade de Washington. Baseei muitas das minhas recomendações nesse capítulo sobre essa obra. *Ver* J. Gottman, *Why Marriages Succeed or Fall*, Nova York: Simon and Schuster, 1994.
10. Para uma resenha excelente do ciclo de "lamentação-crítica-transbordamento-inflexibilidade-crítica" nos relacionamentos, *ver* J. Gottman, *What Predicts Divorce: The Relationships Between Marital Processes and Marital Outcomes*, Hillsdale, NJ: Lawrence Erlbaum Associates, 1993.
11. Há uma diferença entre "taxa" e "risco". A taxa de divórcio é o número total de divórcios num dado ano. O risco se refere à oportunidade de que um casal se unindo num dado ano termine seu casamento em divórcio.
12. *Ver* Gottman, *Why Marriages Succeed or Fall.*
13. A pesquisa sobre as expressões faciais e seu impacto emocional e físico foi dirigida por Rubern C. Gur da University of Pennsylvania Medical School e descrita por D. Goleman em *Emotional Intelligence*, Nova York: Bantam, 1995. *Ver também* a obra de Gottman *op. cit.*
14. P. Ekman e W. Frieson, *Unmasking the Face*, Englewood Cliffs, NJ: Prentice Hall, 1975.
15. J. W. Howard e R. M. Dawes, "Linear Prediction of Marital Happiness", *Personality and Social Psychology Bulletin*, 2, 1976, 478-480.
16. H. B. English, *A Comprehensive Dictionary of Psychological and Psychoanalytic Terms*, Nova York: David McKay, 1958.
17. A pesquisa mais abrangente na área de confiança é de J. W. Pennebaker, *Opening Up: The Healing Power of Confiding in Others*, Nova York: William Morrow, 1990.
18. J. W. Pennebaker, C. Hughes, e R. C. O'Heeron, "The Psychophysiology of Confession: Linking Inhibitory and Psychosomatic Processes", *Journal of Personality and Social Psychology*, 52, 1987, 212-244.
19. J. W. Pennebaker, "Confession, Inhibition, and Disease", *Advances in Experimental Social Psychology*, 22, 1989, 212-244.
20. Pennebaker, "The Psychophysiology of Confession: Linking Inhibitory and Psychosomatic Processes".
21. H. S. Firedman, et. al., "Psychosocial and Behavioral Predictors of Longevity", *American Psychologist*, fevereiro de 1995, 50, nº 2, 69-78.
22. L. M. Terman e M. H. Oden, *Genetic Studies of Genius: The Gifted Children Grow Up*, 4, Stanford, CA: Stanford University Press, 1947.
23. Friedman, et. al., "Psychosocial and Behavioral Predictors of Longevity', 71.
24. C. Tennant, "Parental Loss in Childhood: Its Effects in Adult Life", *Archives of General Psychiatry*, 45, 1988, 1045-1050.
25. Dados do National Institute for Health Care Research, Rockville, Maryland. Esse estudo, ainda em andamento, também mostra que os homens divorciados em dezesseis países desenvolvidos apresentaram taxas de mortalidade mais altas do que outros homens, adolescentes de pais divorciados apresentam mais propensão para se envolver com compor-

tamentos nocivos e homens divorciados apresentam dez vezes mais possibilidades, em comparação com as mulheres, que apresentam cinco vezes, de ter problemas psiquiátricos e médicos graves.

26. R. R. McCrae e P. T. Costa, "Adding Liebe and Arbeit: The Full Five-Factor Model of Well-Being", *Personality and Social Psychology Bulletin*, 17, 1991, 227-232.
27. Friedman, et. al., "Psychosocial and Behavioral Predictors of Longevity".
28. Friedman, et. al., "Psychosocial and Behavioral Predictors of Longevity", 76-77.
29. J. Panksepp, N. Najam e F. Soares, "Morphine Reduces Social Cohesion in Rats", *Pharmacology, Biochemistry and Behavior*, 11, 1979, 131-134.
30. Essa e outras recomendações sobre praticar o altruísmo se baseiam sobretudo na pesquisa de Alan Luks. Uma outra fonte é R. Dass e Gorman, *How Can I Help?*, Nova York: Alfred A. Knopf, 1986.
31. C. A. Anderson e L. H. Arnault, "An Examination of Perceived Control, Humor, Irrational Beliefs, and Positive Stress as Moderators of the Relation Between Negative Stress and Health", *Basic and Applied Social Psychology*, 10, 1989, 101-117.
32. A. M. Nezu, C. M. Nezu e S. Blisset, "Sense of Humor as a Moderator of the Relation Between Stressful Events and Psychological Distress: A Prospective Analysis", *Journal of Personality and Social Psychology*, 54, 1988, 520-525.
33. Todos esses efeitos do humor e do riso foram descobertos em estudos realizados com todo o cuidado. A obra sobre a função do humor na compreensão e no enfrentamento da morte e da perda foi realizada por J. A. Thorson, "A Funny Thing Happened on the Way to the Morgue: Some Thoughts on Humor and Death, and a Taxonomy of the Humor Associated with Death", *Death Studies*, 9, 1985, 210-216.
34. K. M. Tilton e M. C. Totten, "Psychological Factors, Immunocompetence, and Health of Breast-Feeding Mothers and Their Infants", *Journal of Genetic Psychology*, 2, 1980, 155-162.
35. J. L. Carroll, "The Relationship Between Humor Appreciation and Perceived Physical Health", *Psychology: A Journal of Human Behavior*, 27, 1990, 34-37.

Capítulo 12. Criar uma Parceria Agradável

1. J. Gottman, *Why Marriages Succeed or Fall*, Nova York: Simon and Schuster, 1994.
2. D. Byrne, C. R. Ervin e J. Lamberth, "Continuity Between Two Experimental Studies of Attraction and Real-Life Couples Dating", *Journal of Personality and Social Psychology*, 16, 1970, 157-165.
3. E. Fromm, *the Art of Loving*, Nova York: Harper and Row, 1956.
4. Z. Rubin, *Liking and Loving: An Invitation to Social Psychology*, Nova York: Holt, 1973.
5. R. Driscoll, K. E. Davis e M. E. Lipetz, "Parental Interference and Romantic Love. True Romeo and Juliet Effect", *Journal of Personality and Social Psychology*, 24, 1972, 1-10.
6. C. Rubenstein, "The Modern Art of Courting Love", *Psychology Today*, julho de 1983, 40-49.
7. A autora Riane Eisler apresenta uma análise clara e bem documentada da dor predominante e da orientação da parceria de prazer para os relacionamentos em *Sacred Pleasure*, Nova York: HarperCollins, 1996.
8. Gottman, *Why Marriages Succeed or Fall*, 28.
9. H. E. Fisher, *Anathomy of Love*, Nova York: W. W. Norton, 1992.
10. W. M. Sotile, *Heart Illness and Intimacy: How Caring Relationships Aid Recovery*, Baltimore: Johns Hopkins University Press, 1992.
11. Para um livro que analisa a permanência nos relacionamentos e a visão de que duas pessoas são um microcosmo da comunidade, *ver* H. Prather e G. Prather, *I Will Never Leave You*, Nova York: Bantam Books, 1996.
12. P. Pearsall, *A Healing Intimacy*, Nova York: Crown, 1995.

Capítulo 13. Criar Famílias Felizes em Tempos de Pressão

1. D. Hubel, T. Weisel e S. Levay, "Plasticity of Ocular Columns in Monkey Striate Cortex", *Philosophical Transaction of the Royal Society of London*, 278, 1977.
2. F. M. Jacobson, et. al., "Seasonal Affective Disorder: A Review of the Syndrome and Its Public Health Implications", *American Journal of Public Health*, 77, 1987, 57-60.
3. W. London, "Full-spectrum Light and Sickness in Pupils", *Lancet*, 21 de novembro de 1987, 205-206.
4. T. A. Wehur, D. A. Sack e N. E. Rosenthal, "Seasonal Affective Disorder with Summer Depression and Winter Hypomania", *American Journal of Psychiatry*, 144, 1987, 1602-1603.
5. B. Kulb, "Brain Development, Plasticity, and Behavior", *American Psychologist*, 44, 1989.
6. R. Davidson, "Symmetric Brain Function, Affective Style, and Psychopathology: The Role of Early Experience and Plasticity", *Development and Psychopathology*, 6, 1994, 741-758.
7. J. Gottman, *What Predicts Divorce: The Relationships Between Marital Processes and Marital Outcomes*, Hillsdale, NJ: Erlbaum Associates, 1993.
8. Como foi descrito e mencionado em D. Goleman, *Emotional Intelligence*, Nova York: Bantam Books, 1995, 227.
9. Para uma análise e uma apresentação excelentes da pesquisa nessa área, *ver* D. Goleman, *Emotional Intelligence*.
10. K. F. Stone e H. Q. Dillehunt, *Self-Science: The Subject is Me*, Santa Monica, CA: Goodyear Publishing, 1978.
11. M. J. Meaney, et. al., "Effect of Neonatal Handling on Age-Related Impairments Associated with the Hippocampus", *Science*, 239, 1988, 755-768.
12. J. Prescott, "Phylogenetic and Ontogenetic Aspects of Human Affectional Development", *in* R. Gemme e C. Wheeler (orgs.), *Selected Proceedings of the 1976 International Congress of Sexology*, Nova York: Plenum Publishers, 1977.

Capítulo 14. Trabalhar com Amor: Cura e Equilíbrio no Local de Trabalho

1. Essas primeiras oito citações de grandes homens e mulheres são encontradas em C. Wade e C. Tavris, *Psychology, Fourth Edition*, Nova York: HarperCollins College Publishers, 1996, 426-427.
2. S. W. Rabkin, F. A. L. Mathewson, e R. B. Tate, "Chronobiology of Cardiac Sudden Death in Men", *Journal of the American Medical Association*, 244, nº 12, 1980, 1357-1358.
3. MIT Press, *Work in America: Report of a Special Task Force to the Secretary of Health, Education, and Welfare*, Cambridge, MA: MIT Press, 1973.

Capítulo 15. Amar os Tempos Difíceis e Aprender com Eles

1. Essa premissa é o ponto de partida para um dos livros mais populares de todos os tempos, *The Road Less Traveled*, de M. Scott Peck, Nova York: Simon and Schuster, 1978.
2. Para uma análise excelente do sofrimento por causa de uma crise e do sofrimento na vida cotidiana, *ver* M. A. Budd, "Human Suffering: Road to Illness or Gateway to Leaning?", *Advances*, 9, nº 3, 1993, 28-35.
3. H. R. Markus e S. Kitayama, "Culture and the Self. Implications for Cognition, Emotion, and Motivation", *Psychological Review*, 98, 1991, 224-253.
4. F. M. Rothbaum, et. al., "Changing the World and Changing the Self: A Two-Process Model of Achieving Control", *Journal of Personality and Social Psychology*, 42, 1982, 5-37.

5. W. Berland, "Unexpected Cancer Recovery. Why Patients Believe Thye Survive", *Advances*, 11, nº 4, outono de 1995, 5-19.
6. Berland, "Unexpected Cancer Recovery", 13.
7. H. Azuma, "Secondary Control as a Heterogeneous Category", *American Psychologist*, 39, 1984, 970-971.
8. Como foi mencionado em Berland, "Unexpected Cancer Recovery", 13.
9. S. E. Taylor, R. R. Lietman e J. V. Wood, "Attributions, Beliefs About Control, and Adjustment to Breast Cancer", *Journal of Personality and Social Psychology*, 46, 1984, 489-502.

Capítulo 16. Alegria para o Mundo: Zelar pelo Nosso Planeta Encantado

1. As estatísticas usadas nesse capítulo foram tiradas de uma análise cuidadosa, documentada e ponderada da ameaça à sobrevivência em nosso planeta, da autoria de R. Leakey juntamente com R. Lewin, *The Sixth Extinction: Patterns of Life and the Future of Humankind*, Nova York: Doubleday, 1995.
2. S. Pimm, extraído de um manuscrito do modo como foi citado em Leakey, *The Sixth Extinction.*
3. Para uma descrição sensível e exata dessa ilha e da vida ao seu redor, *ver* C. K. Maxwell, Sr., "The Kohola in Hawai'i", *Na Poe Hawai'i* (The Hawaiian Magazine), inverno de 1996, 6-7.
4. E. O. Wilson, "Is Humanity Suicidal?", *New York Times Magazine*, 30, maio de 1993, 26.
5. E. O. Wilson, "Is Humanity Suicidal?", 26. *Ver também* E. O. Wilson, *The Diversity of Life*, Nova York: W. W. Norton, 1992, 192.
6. A. T. Durning, "Are We Happy Yet?", in L. R. Brown e J. Hillman (orgs.), *Ecopsychology: Restoring the Earth and Healing the Mind*, São Francisco: Sierra Club Books, 1995, 68-76.
7. A. T. Durning, "Are We Happy Yet?", 76.

Glossário Polinésio

As que se seguem são algumas das palavras havaianas e polinésias usadas em todo o texto. Muitas outras ilhas polinésias apresentam suas próprias palavras e expressões. Com vistas à simplicidade e à brevidade, este livro usa sobretudo palavras e mitos havaianos como um exemplo das línguas sonoras e belas da Polinésia. As definições são baseadas no *The Hawaiian Dictionary*, de M. K. Pukui e S. H. Elbert (Honolulu: University of Hawai'i Press, 1986), e se esclareceram ainda mais com as entrevistas que fiz com *kupuna* (anciãos), *kahuna* (curadores) e *kumu* (mestres) no Havaí.

A língua dos havaianos tem o menor alfabeto do mundo – doze letras. De modo extremamente simplificado, eis um guia simples para a pronúncia correta das palavras havaianas:

vogais	**consoantes**
a, como *a* em *above*	*p*, *k*, mais ou menos o mesmo som do inglês, mas com menos aspiração
e, como *e* em *bet*	*h*, *l*, *m*, *n*, mais ou menos os mesmos sons do inglês
i, como *y* em *city*	*w*, depois de *i* e *e* comumente como *v*; depois de *u* e *o* comumente como *w*; no início e depois de *a* como *v* ou *w*
o, como *o* em *sole*	', um obstáculo da glote (*'okina*), semelhante ao som entre as interjeições do tipo oh no inglês, como "oh-oh"
u, como *oo* em *moon*	–, macron (*kahako*) sobre a vogal, que tem o som prolongado

Ahonui: Paciência, resistente e tolerante.
A'i: Pescoço.
'Aka 'aka: Rir.
Akahai: Gentil, amável, terno.
Aloha: Compaixão, amor, cuidado, simpatia, delicadeza e muitos outros sentidos relacionados ao ato de se partilhar a alegria na vida.
Aloha 'aina: Amor da terra significando viver com grande respeito pelas coisas, partilhando-as e protegendo-as.
Aumakua: Deuses da família ou das pessoas, ancestrais afrontados que poderiam assumir a forma de tubarões ou de outros peixes e animais.
Ha'ina: Confissão.
Ha'aha'a: Humilde, despretensioso, sem ambição.
Ha'awina: Lição, ensinamento, tarefa, dádiva.
Hanai: Educar, alimentar, amar e cuidar de uma criança entregue pelos pais naturais aos cuidados de uma outra pessoa ou família.
Hava'iki: Terra sagrada dos ancestrais.
Hei mai: Venha aqui.
Ho'i mai: Volte.

Holo'oko'a: Inteiro.
Ho'okipa: Generosidade, doação, cuidado, partilha.
Ho'oponopono: Sistema sagrado para restabelecer o equilíbrio e a saúde numa família que sofre.
Hula: Dança polinésia que exprime a ligação entre os *'aina*, ancestrais, e *'ohana*.
Kalo: O inhame, a substância da vida na Polinésia.
Kahiko: Antiga forma tradicional de *hula*.
Kahuna: Padre, curador, feiticeiro; "aquele que guarda o segredo" de uma vida saudável e feliz.
Ke Akua: Deus, o Ser Supremo.
Keiki: Criança, prole, descendente.
Kohola: Baleia.
Kokua: Ajudar.
Kumu: Mentor.
Kupuna: Ancião, avô ou parente.
Lamalama ka'ili: Irradiar saúde.
Lokahi: Unidade, concordância, harmonia.
Lolo: Cérebro, medula.
Makua: Pai.
Malama: Cuidar, guardar, proteger, conservar
Malamalama: Luz do conhecimento, iluminação, clareza de raciocínio.
Mana: Poder ou energia sobrenatural e divina, por vezes milagrosa na natureza.
Mana'o: Pensamento, idéia, crença, opinião.
Na'auao: Versado, iluminado, inteligente, sábio.
'Ohana: Família, parente, parentesco no sentido mais amplo, incluindo amiúde os ancestrais.
'Oli'a lehua: Uma das primeiras flores a brotar no silêncio da paisagem vulcânica, que se diz é favorecida por *Hi'iaka i ka poli Pele* (a irmã de Pele, deusa do vulcão).
'Olu'olu: Agradável, passível de concordância, apropriado.
Pa'anai: Expor-se alegremente ao sol das maravilhas do mundo cotidiano.
Pahaku: Rocha ou pedra.
Paio: Duelar ou lutar.
Pana'i: Reciprocidade, recompensa, desforra.
Pu'uwai aloha: Dar do coração.
Pele: Deusa do vulcão.
Pili: Unir-se, acrescentar, tornar-se íntimo.
Poi: O cajado havaiano da vida, feito com inhame; considerado símbolo da vida, da família e dos ancestrais.
Pololei: Ligado ou unido de modo correto e apropriado.
Pono: Equilíbrio, retidão, honestidade, correção; a "maneira" pela qual a vida deveria se pautar.
Po'okela: Excelente, destacado; realizado por meio de uma vida de valores e não de objetivos.
Pule: Uma oração ou bênção que expressa a ligação com os *'aina*, ancestrais, e o Criador.
Uhane: Alma, espírito, porém mais semelhante em sentido ao conceito ocidental de "ego".
Unihipili: Espírito de uma pessoa morta representado em seus ossos e cabelos e resguardado com amor, porém mais semelhante em sentido ao conceito ocidental de "id".
Waiwai: Grande riqueza; derivada da palavra que designa a água, significando muitas riquezas em função do tratamento respeitoso e do gosto pelas dádivas da natureza.

Bibliografia

Ader, R. (org.). *Psychoneuroimmunology*. Nova York: Academic Press, 1981.

Ader, R., D. L. Felten e N. Cohen (orgs.). *Psychoneuroimmunology II*. Nova York: Academic Press, 1991.

Anderson, C. A. e L. H. Arnault. "An Examination of Perceived Control, Humor, Irrational Beliefs, and Positive Stress as Moderators of the Relation Between Negative Stress and Health." *Basic and Applied Social Psychology* 10 (1989), 101-117.

Anderson, J. W. e N. J. Gustafson. "High-Carbohydrate, High-Fiber Diet: Is It Practical and Effective in Treating Hyperlipidemia." *Postgraduate Medicine*, 82:4 (1987), 400-455.

Antonovsky, A. *Unraveling the Mystery of Health*. San Francisco: Jossey-Bass, 1987.

Ardrey, R. *The Territorial Imperative*. Nova York: Atheneum, 1966.

Aristotle. *Nicomachean Ethics: Book I and Book IX*.

Azuma, H. "Secondary Control as a Heterogeneous Category". *American Psychologist* 39 (1984), 970-971.

Barefoot, J. C., et. al. "The Cook-Medley Hostility Scale. Item Content and the Ability to Predict Survival". *Psychosomatic Medicine* (1989), 46-57.

______.et al. "Type A Behavior and Survival. A Follow-up Study of 1,467 Patients with Coronary Artery Disease". *American Journal of Cardiology* 64 (1989).

Barnhart, D. "Explosion of New Words Simply Waymazin". *The Oakland Press*, sábado, 30 de dezembro de 1995, A-9.

Beck, J. e D. Beck. *The Pleasure Connection: How Endorphins Affect Our Health and Happiness*. San Marcos, CA: Synthesis Press, 1987.

Beckwith, M. *Hawaiian Mythology*. Honolulu: University of Hawaii Press, 1970.

Benor, D. J. *Healing Research: Holistic Energy Medicine and Spirituality, I*. Munique, Alemanha: Helix Verlag, 1992.

Berkman, L. e S. Syme. "Social Networks, Host Resistance, and Mortality. A Nine-year Follow-up Study of Alameda Residents". *American Journal of Epidemiology* 109 (1982), 186-204.

Berland, W. "Unexpected Cancer Recovery. Why Patients Believe They Survive." *Advances* 11:4 (1995), 5-19.

Birbaumer, N. e H. D. Kimmel (orgs.). *Biofeedback and Self-Regulation*. Hillsdale, NJ: Erlbaum Publishers, 1984.

Blatt, S. J. "The Destructiveness of Perfectionism." *American Psychologist* 50 (novembro de 1995), 1003-1020.

Bonanome, A. e S. M. Grundy. "Effect of Dietary Stearic Acid on Plasma Cholesterol and Lipoprotein Levels." *New England Journal of Medicine* 313:19 (1988), 1244-1248.

Borysenko, J. e M. Borysenko. *The Power of the Mind to Heal*. Carson, CA: Hay House, 1994.

Bower, B. "Anxiety Before Surgery May Prove Healthful." *Science News* 20 de junho de 1992, 141, 407.

______. "Blood Pressure Lower for Working Women." *Science News*, 1° de julho de 1995, 148, 6.

______. "Depressing News for Low-Cholesterol Men." *Science News* 16 de janeiro de 1993, 137, 143.

Bray, G. A. *Obesity in America*. Washington DC: National Institute of Health Publication n° 79-359, novembro de 1979.

Brickman, P. "Adaptation Level Determinants of Satisfaction with Equal and Unequal Distributions in Skill and Chance Situations". *Journal of Personality and Social Psychology* 32 (1975), 191-198.

Brody, L. R. e J. A. Hall. "Gender and Emotion". In Lewis, M. e J. Haviland (orgs.). *Handbook of Emotions*. Nova York: Guilford Press, 1993.

Bruhn, J. et. al. "Psychological Predictors of Sudden Death in Miocardial Infarction". *Journal of Psychosomatic Research* 18 (1974).

Budd, M. A. "Human Suffering Road to Illness or Gateway to Learning?" *Advances* 9:3 (1993), 28-35.

Bulger, R. J. "Narcissus, Pogo, and Lew Thomas' Wager." *Journal of the American Medical Association* 245:14 (1981), 1450-1454.

Burg, M. M. "Anger, Hostility and Coronary Heart Disease: A Review." *Mind/Body Medicine* 1:9 (1995), 159-174.

Byrne, D., C. R. Ervin e J. Lamberth. "Continuity Between Two Experimental Studies of Attraction and Real-Life Couples Dating". *Journal of Personality and Social Psychology* 16 (1970), 157-165.

Campbell, A. *The Sense of Well-Being in America*. Nova York: McGraw-Hill, 1981.

Campbell, H. J. *The Pleasure Areas: A New Theory of Behavior*. Nova York: Delacorte Press, 1973.

Campbell, J., e B. Meyers, *The Power of Myth*. Nova York: Anchor, 1988.

Capra, E. e D. Steindl-Rast. *Belonging to the Universe: Explorations from the Frontiers of Science and Spirituality*. Nova York: HarperSanFrancisco, 1991. [*Pertencendo ao Universo – Explorações nas Fronteiras da Ciência e da Espiritualidade,* publicado pela Editora Cultrix, São Paulo, 1993.]

Carroll, J. L. "The Relationship Between Humor Appreciation and Perceived Physical Health." *Psychology: a Journal of Human Behavior* 27 (1990), 34-37.

Chopra, D. *Ageless Body, Timeless Mind*. Nova York: Harmony Books, 1993.

Childre, D. L. *Freeze-Frame: Fast Action Stress Relief*. Boulder Creek, CA: Planetary Publications, 1994.

Collier, J. L. *The Rise of Selfishness in America*. Nova York: Oxford University Press, 1991.

Costa, T. R. R. McCrae, e T. Dembroski. "Agreeableness Versus Antagonism: Explication of a Potential Risk Factor for CHD". In A. W. Siegman e T. M. Dombroski (orgs.). *In Search of Coronary-Prone Behavior*. Hillsdale, NJ: Erlbaum Publishers, 1989, 41-64.

Coveney, e R. Highfield. *The Arrow of Time*. Nova York: Fawcett Columbine, 1991.

Covey, S. *The Seven Habits of Higly Effective People*. Nova York: Simon and Schuster, 1989.

Csikszentmihalyi, M. *The Evolving Self*. Nova York: HarperCollins, 1993.

____. *Flow: The Psychology of Optimum Experience*. Nova York: Harper and Row, 1990.

Dahl, L. "Salt and Hypertension." *Error: Emotion, Reason, and the Human Brain*. Nova York: Avon Book, 1994.

Darwin, C. *The Expression of the Emotions in Man and Animals*. Nova York: Philosophic Library, 1872.

Dass, R. e Gorman. __. *How Can I Help?* Nova York: Alfred A. Knopf, 1986.

Davidson, R. "Symmetric Brain Function, Affective Style, and Psychopathology: The Role of Early Experience and Plasticity". *Development and Psychopathology* 6 (1994), 741-758.

Davidson, R. J. "Emotion and Affective Style. Hemispheric Substrates." *Psychological Science* 3 (1992), 39-43.

Deci, E. L., J. Nezleck, e L. Sheinman, "Characteristics of the Rewarder and Intrinsic Motivation of the Rewardee."*Journal of Personality and Social Psychology* 40 (1981), 1-10.

de la Pena, A. M. *The Psychobiology of Cancer*. South Hadley, MA: J. F. Bergin, 1983.

Diener, E. e R. S. Cropronzono. "Cognitive Operations Associated with Individual Differences in Affect Intensity". *Journal of Personality and Social Psychology* 53:4 (1987), 767-774.

Donaldson, O. Fred. "Play to Win and Every Victory is a Funeral." *Somatics* (primavera/verão de 1984).

Dossey, L. *Healing Words*. Nova York: HarperCollins, 1993. [*As Palavras Curam,* publicado pela Editora Cultrix, São Paulo, 1996.]

_______ ."In Praise of Unhappiness". *Alternative Therapies in Health and Medicine* 2 (1995), 7-10.

_______ . *Meaning and Medicine: A Doctor's Tales of Breakthroughs and Healing*. Nova York: Bantam Books, 1991.

_______ . "Modern Medicine and the Relationship Between Mind and Matter", *in* B. Rubick (org.). *The Interrelationship Between Mind and Matter, Proceedings of a Conference Hosted by the Center for Frontier Sciences*. Filadélfia: The Center for Frontier Sciences, Temple University, (1992), 149-168.

_______ . Resenha do livro de R. Sheldrake, *Seven Experiments That Could Change the World*. In *Alternative Therapies* (janeiro de 1996), 102-104.

Dreher, H. *The Immune Power Personality*. Nova York: Dutton Books, 1995.

Driscoll, R. K. e. Davis e M. E. Lipetz. "Parental Interference and Romantic Love, True Romeo and Juliet Effect." *Journal of Personality and Social Psychology* 24 (1972), 1-10.

Duchenne, G. B. *The Mechanisms of Human Facial Expression, or Electro-Physiological Analysis of the Expression of the Emotions*. R. A. Cuthberton (trad.). Nova York: Cambridge University Press, 1990.

Dudley, M. K. *Man, Gods, and Nature*. Honolulu: Na Kane O Ka Malo Press, 1990.

Dujardin, R. C. "Faith in Medicine. Experts Explore the Link Between Spirituality and the Healing Arts." *Detroit Free Press 26*, dezembro de 1995, 6D-7D.

Durning, A. T. "Are We Happy Yet?", *in* L. R. Brown e J. Hillman (orgs.) *Ecopsychology: Restoring the Earth/Healing the Mind*. San Francisco: Sierra Club Books, 1995.

Eckman, "An Argument for Basic Emotions." *Cognition and Emotion* 6 (1992), 169-200.

Einstein, A. "Religion and Science", *in Ideas and Opinions*. Nova York: Crown Publishers, 1954, 36-40.

Eisler, R. *Sacred Pleasure*. Nova York: HarperCollins, 1996.

Ekman, P. e W. Frieson. *Unmasking the Face*. Englewood Cliffs, NJ: Prentice Hall, 1975.

Eliot, R. S. e D. Breo. *Is It Worth Dying For?,* Toronto: Bantam Books, 1984.

Engel, G. I. "Sudden and Rapid Death During Psychological Stress: Folk Lore or Folk Wisdom?" *Annals of Internal Medicine* 74 (1971), 771-782.

English, H. B. e A. C. English. *A Comprehensive Dictionary of Psychological and Psychoanalytical Terms. A Guide to Usage*. Nova York: David McKay, 1958.

Erikson, E. *Identity*. Londres: Faber and Faber, 1958.

Feshbach, S. "The Catharsis Hypothesis and Some Consequences of Interaction with Aggression and Neutral Play Objects". *Journal of Personality* 24 (1956), 449-462.

Finney, B. *Voyage of Rediscovery*. Berkeley, CA: University of California Press, 1994.

Fisher, H. E. *Anatomy of Love*. Nova York: W. W. Norton, 1992.

Fitzmauric, M. "Physiological Relationships Among Stress, Viruses, and Cancer in Experimental Animals". *International Journal of Neuroscience* 39:307 (1985), 22-34.

Frankl, V. *Man's Search for Meaning*. Nova York: Oxford University Press, 1991.

Freedman, J. *Happy People*. Nova York: Harcourt Brace Jovanovich, 1978.

Friedman, H. S. (org.). *Hostility, Coping, and Health*. Washington DC: American Psychological Association, 1992.

_______ . (org.) *Personality and Disease*. Nova York: John Wiley, 1990.

_______ . et. al. "Psychosocial and Behavioral Predictors of Longevity". *American Psychologist* 50:2 (fevereiro de 1995), 69-78.

Friedman, M. e R. H. Roseman. *Type A Behavior and Your Heart*. Nova York: Ballantine Books, 1974.

Fromm, E. *The Art of Loving*. Nova York: Harper and Row, 1956.

Goebel, B. L. e D. R. Brown. "Age Differences in Motivation Related to Maslow's Need Hierarchy". *Developmental Psychology*, 17 (1981), 809-815.

Goleman, D. *Emotional Intelligence*. Nova York: Bantam, 1995.

______. e Gurin, J. (orgs.) *Mind/Body Medicine.* Yonkers, NY: Consumer Reports Books, 1993.
Gorman, J. *the Man with No Endorphins and Other Reflections on Science.* Nova York: Penguin Books, 1988.
Gottman, J. *Why Marriages Succeed or Fail.* Nova York: Simon and Schuster, 1994.
______. *What Predictis Divorce: The Relationship Between Marital Processes and Marital Outcomes.* Hillsdale, NJ: Erlbaum Associates, 1993.
Greer, S. e T. Morris. "Psychological Attributes of Women Who Develop Breast Cancer." *Journal of Psychosomatic Research* 19 (1975), 147-153.
Hales, D. e R. E. Hales. "How Much Is Enough?" *American Health* (julho/agosto de 1983), 37-45.
Hancock, L. et. al. "Breaking Point". *Newsweek*, 6 de março de 1995, 56-62.
"Heart Patients' Pent Up Emotions Shorten Life Span". *Body/Mind, Detroit Free Press*, terça, 27 de fevereiro de 1996, 10F.
Heath, R. G. (org.). *The Role of Pleasure in Behavior.* Nova York: Harper and Row, 1964.
Heller, S. "Bowing Alone: A Harvard Professor Examines America's Dwindling Sense of Community." *The Chronicle of Higher Education.* 1 de março de 1996, A10-11.
Henry, J. *Stress, Health, and the Social Environment.* Nova York: Springer-Verlag, 1977.
Hertz, J. H. (org.). *Sayings of the Fathers.* Nova York: Behrman House, 1945.
Herzberg, F. *Work and the Nature of Man.* Cleveland, OH: World Publishers, 1971.
Hillman, J. *A Blue Fire: Selected Writings by James Hill.* T. Moore (org.). Nova York: Harper and Row, 1989.
Heinberg, R. *Memories and Visions of Paradise.* Los Angeles: Jeremy Tarcher, 1989.
Hokanson, J. e M. Burgess. "The Effects of Status, Type of Frustration and Aggression on Vascular Processes." *Journal of Abnormal and Social Psychology* 655 (1962), 232-237.
Hooper, J. "The Brain's Rivers of Rewards". *American Health* (dezembro de 1987), 36-41.
House, J., K. R. Landis, e D. Umberson. "Social Relationships and Health". *Science* 241 (1988), 540-545.
House, J., C. Robbins, e H. Metzner. "The Association of Social Relationships and Activities with Mortality. Prospective Evidence from the Tecumseh Study". *American Journal of Epidemiology* 116 (1982), 123-140.
Howard, J. W. e R. M. Dawes. "Linear Prediction of Martial Happiness." *Personality and Social Psychology Bulletin* 2 (1976), 478-480.
Hubel, D., T. Weisel, e S. Levay. "Plasticity of Ocular Columns in Monkey Striate Cortex." *Philosophical Transactions of the Royal Society of London* 278 (1977).
Ironson, C. et. al. "Effects of Anger on Left Ventricle Rejection Fraction in Coronary Artery Disease." *American Journal of Cardiology* 70 (1992), 281-285.
Jacobson, F. M. et. al. "Seasonal Affective Disorder: A Review of the Syndrome and Its Public Health Implications." *American Journal of Public Health* 77 (1987), 57-60.
Jamison, K. R. "Manic-Depressive Illness and Creativity." *Scientific American*, fevereiro de 1995, 62-67.
Jamner, L., G. E. Schwartz e H. Leigh. "The Relationship Between Repressive and Defensive Coping Styles and Monocyte, Eosinophile, and Serum Glucose Levels. Support for the Opioid Peptide Hypothesis of Repression." *Psychosomatic Medicine* 50 (1988), 567-575.
Jenkins, C. D. "Psychological and Social Precursors of Coronary Disease." *New England Journal of Medicine* 284 (1971), 244-255.
Jung, C. G. *Memories, Dreams, Reflections.* R. Winston e C. Winston (trad.). Nova York: Vintage Books, 1963.
Justice, B. *Who Gets Sick: Thinking and Health.* Houston: Peak Press, 1987.
Kabat-Zinn, J. *Full Catastrophe Living: Using the Wisdom of Your Body and Mind to Face Stress, Pain, and Illness.* Nova York: Delta Press, 1990.
Kagan, J. *Galen's Prophecy: Temperament in Human Nature.* Nova York: HarperCollins, 1994.

Kaplan, B. H. "Social Health and the Forgiving Heart." *Journal of Behavioral Medicine* 15 (1992), 3-14.

______. "The Power of Forgiveness: A Comment on *Anger Kills*." In *Advances: The Journal of Body-Mind Health* 10:2 (primavera de 1994), 61-63.

Kaplan, J. "Social Behavior and Gender in Biomedical Investigations Using Monkeys. Studies in Artherogenesis." *Laboratory Animal Science*. No prelo.

Kinder, M. *Going Nowhere Fast*. Nova York: Prentice Hall, 1990.

King, S. K. *The Urban Shaman*. Nova York: Simon and Schuster, 1990.

Kirchoff, B. K. "A Holistic Aesthetic for Science." *Journal for Scientific Exploration* 9 (1995), 565-578.

Kleiger, et. al. "Time Rate Measurements of Heart Rate Varibility". *Ambulatory Electrocardiology* 10 (1992), 487-498.

Kobasa, S. C. "Stressful Life Events, Personality and Health: An Inquiry Into Hardiness." *Journal of Personality and Social Psychology* 37 (1979), 1-11.

Kohn, A. *No Contest*. Boston: Houghton Mifflin, 1986.

Kornfield, J. *A Path with Heart*. Nova York: Bantam, 1993. [*Um Caminho com o Coração*, publicado pela Editora Cultrix, São Paulo, 1995.]

Kornfield, J., e J. Goldstein. *Seeking the Heart of Wisdom*. Boston: Shambhala, 1987.

Kulb, B. "Brain Development, Plasticity, and Behavior." *American Psychologist* 44 (1989), 12-56.

Kumar, D. e D. Wingate. "Irritable Bowel Syndrome." *An Illustrated Guide to Gastrointestinal Motility*. Chichester: John Wiley: 1988.

Kumar, J. "Social Behavior and Gender in Biomedical Investigations Using Monkeys. Studies in Atherogenesis." *Laboratory Animal Science*. No prelo.

LaPorte, R. E., S. Dearwater, e J. A. Cauley. "Cardiovascular Fitness: Is It Really Necessary?" *The Physician and Sports Medicine* 13:3 (1983), 145-150.

Lawlor, J. "Clan of the Seven Habits." *USA Weekend* (12-14 de janeiro de 1996), 4-5.

Lawrence, B. e R. J. Edmundson (trad.) e H. M. Helms (org.). *The Practice of the Presence of God: 1692*. Orleans: Paraclete Press, 1985.

Leakey, R. juntamente com R. Lewin. *The Sixth Extinction: Patterns of Life and the Future of Humankind*. Nova York: Doubleday, 1995.

Lee, J. e K. Willis. *People of the Night Rainbow*. Honolulu: Night Rainbow Publishing Company, 1994.

Lehrman, N. "Pleasure Heals: The Role of Social Pleasure – Love in the Broadest Sense – in Medical Practice." *Archives of Internal Medicine* 153, 26 de abril (1993), 929-934.

Levenson, R. w. "Autonomic Nervous System Differences Among Emotions." *Psychological Sciences* 3 (1992), 23-27.

Levin, J. S. "How Prayer Heals: A Theoretical Model." *Alternative Therapies* 2:1 (1996), 66-73.

Lipton, R. *The Protean Self: Human Resilience in an Age of Fragmentation*. Nova York: Basic Books, 1993.

Liliuokalani (Hawaii's Queen). *Hawaii's Story*. Honolulu: Mutual Publishing Company, 1990.

Ling, D. "Sunbeams." *The Sun* 235 (1995).

Linville, P. W. "Self-Complexity and Affective Extremity: Don't Put all Of Your Eggs in One Cognitive Basket." *Social Cognition* 3:1 (1985), 663-676.

London, W. "Full-spectrum Light and Sickness in Pupils". *Lancet* (21 de novembro de 1987), 205-206.

Lovelock, J. E. *Gaia: A New Look at Life on Earth*. Oxford, U. K.: Oxford University Press, 1979.

Luks, A. *The Healing Power of Doing Good*. Nova York: Fawcett Columbine, 1992.

Lynch, D. "Conventional Wisdom on Cancer and Health is Driving Us to Wrong Conclusions". *The Maui News*, segunda, 25 de julho de 1994, A9.

McLean, P. "On the Evolution of Three Mentalities." In S. Arieti e G. Chrzanowke (orgs.). *New Dimensions in Psychiatry: A World View*. II, Nova York: John Wiley, 1977.

Maier, S. "Figures Show Decline in Divorce." *The Oakland Michigan Press*, 29 de dezembro de 1995, A14.

Markus, H. R. e S. Kitayama. "Culture and the Self: Implications for Cognition, Emotion, and Motivation." *Psychological Review* 98 (1991), 224-253.

Maslow, A. *Motivation and Personality*. Nova York: Harper and Row, 1970.

______. *The Farther Reaches of Human Nature*. Nova York: Penguin, 1971.

Maslow, B. G. *Abraham Maslow: A Memorial Volume*. Monterey: Brooks-Cole, 1972.

Matarazzo, J. D., et. al. (org.). *Behavioral Health*. Nova York: John Willey, 1984.

Maxell, C. K., Sr. "The Kohola in Hawai'i". *Na Poe Hawai'i* (The Hawaiian Magazine) (inverno de 1996), 6-7.

McClelland, D. C. *The Achieving Society*. Princeton, NJ: Van Nostrand, 1971.

McCormick, J. *Lancet* (agosto de 1994).

McCrae, R. R. e P. T. Costa. "Adding Liebe and Arbeit: The Full Fice-Factor Model of Well-Being". *Personality and Social Psychology Bulletin* 17 (1991), 227-232.

McCraty, R., M. Atkinson, e W. A. Tiller. "New Electrophysiological Correlates Associated with Intentional Heart Focus." *Subtle Energies* 4 (1995), 251-268.

______. et. al. "The Effects of Short-Term Heart Rate Variability Using Power Spectrum Analysis". *American Journal of Cardiology* 76 (1988), 1089-1093.

Meaney, M. J. et al. "Effect of Neonatal Handling on Age-Related Impairments Associated with the Hippocampus". *Science* 239 (1988), 755-768.

Meyers, D. G. *the Persuit of Happiness*. Nova York: William Morrow, 1992.

Milner, "Brain Stimulation Reward: A Review." *Canadian Journal of Psychology* 45:1 (1991).

______. "The Discovery of Self-Stimulation and Other Stories." *Neuroscience and Biobehavioral Review* 13:61 (1989).

Mitchell, D. Kilolani. *Resource Unites in Hawaiian Culture*. Honolulu: Kamehameha Schools Press, 1992.

Mitchell, H. C. "The Periodic Health Exam: Genesis of a Myth". *Annals of Internal Medicine* 95 (1981), 733-735.

Monte, T. *World Medicine: The East-West Guide to Healing Your Body*. Nova York: ________, 1993.

Montgomery, A. "Cholesterol Tests: How Accurate Are They?" *Nutrition in Action* (maio de 1988), 4-7.

Moore, T. *Care of the Soul*. Nova York: HarperPerennial, 1992.

Mossey, J. M. e Shapiro, E. "Self-rated Health: A Predictor of Mortality Among the Elderly." *American Journal of Public Health* 72 (1982), 800-807.

Murchie, G. *The Seven Mysteries of Life*. Boston: Houghton Mifflin, 1978.

Nesse, R. M. e G. C. Williams. *Why We Get Sick: The New Scicence of Darwinian Medicine*. Nova York: Vintage, 1994.

Nezu, A. M., C. M. Nezu e S. Blissett. "Sense of Humor as a Moderator of the Relation Between Stressful Events and Psychological Distress: A Prospective Analysis". *Journal of Personality and Social Psychology* 54 (1988), 520-525.

Nolen-Hoeksma, S., J. Girgus e M. Seligman. "Depression in Children of Families in Turmoil". Manuscrito não-publicado.

O'Connor, T. "Therapy for a Dying Planet." *in* T. Roszak, M. Gomes, e a. Kanner (orgs.). *Ecopsychology*. San Francisco: Sierra Club Books, 1995.

Ogilvy, J. *Living Without Goals*. Nova York: Currency/Doubleday, 1995.

Ohno, S. e M. Ohno. "The All Pervasive Principle of Repetitious Recurrence Govern Not Only Coding Sequence Construction But Also Human Endeavor in Musical Composition." *Immunogenetics* 24 (1986), 71-78.

Olds, J. e Milner. "Positive Reinforcement Produced by Electrical Stimulation of Septal Area and Other Regions of Rat Brain." *Journal of Comparative Physiology and Psychology* 47:419 (1954).

Ones, D. S., C. Viswesvaran e F. L. Schmidt. "Comprehensive Meta-Analysis of Integrity Test Validities. Findings and Implications for Personnel Selection and Theories of Job Performance." *Journal of Applied Psychology* 78 (1993), 679-703.

Ornish, D. *Dr. Dean Ornish's Program for Reversing Heart Disease*. Nova York: Random House, 1988.

Ornstein, R. e D. Sobel. *Healthy Pleasures: Discover the Proven Medical Benefits of Pleasure and Live a Longer, Healthier Life*. Reading, MA: Addison-Wesley, 1989.

Palumbo, J. "National Cholesterol Education Program: Does the Emperor Have Any Clothes." *Mayo Clinica Proceedings* (1988), 63, 88-90.

Panksepp, J., N. Najam e F. Soares. "Morphine Reduces Social Cohesion in Rats." *Pharmacology, Biochemistry, and Behavior* 11 (1979), 131-134.

Pearsall, *A Healing Intimacy. The Power of Loving Connections*: Nova York: Crown, 1994.

______. *Making Miracles*. Nova York: Avon Books, 1991.

______. *The Pleasure Principle: Discovering a New Way to Health*. Série de Audiotapes. Morton Grove, IL: Nightingale-Conant Corporation, 1995.

______. *Superimmunity: Master Your Emotions and Improve Your Health*. Nova York: McGraw-Hill, 1987.

______. *The Ten Laws of Lasting Love*. Nova York: Avon Books, 1993.

Peck, M. S. *The Road Less Traveled*. Nova York: Simon and Schuster, 1978.

Pelletier, K. R. *Healthy People in Unhealthy Places*. Nova York: Delacorte Press/Seymore Lawrence, 1984.

______. *Sound Mind, Sound Body: A New Model for Lifelong Health*. Nova York: Simon and Schuster, 1994.

Pennebaker, J. W., C. Hughes e R. C. O'Heeron. "The Psychophysiology of Confession. Linking Inhibitory and Psychosomatic Processes." *Journal of Personality and Social Psychology* 52 (1987), 781-793.

______. *Opening Up: the Healing Power of Confiding in Others*. Nova York: William Morrow, 1990.

Pert. C. B., G. Pasternak e S. H. Snyder. "Opiate Agonists and Antagonistis Discriminated by Receptor Binding in the Brain." *Science* 182:4119 (1973), 1359-1361.

Pimm, S. Manuscrito do modo como foi citado em R. Leakey. *The Sixth Extinction*. Nova York: Doubleday, 1995.

Powell, J. *Happiness is an Inside Job*. Valencia, CA: Tabor Press, 1989.

Prather, H. e G. Prather. *I Will Never Leave You*. Nova York: Bantam, 1996.

Prescott, J. "Phylogenetic and Ontogenetic Aspects of Human Affectional Development." *in* R. Gemme e C. Wheeler (orgs.). *Selected Proceedings of the 1976 International Congress of Sexology*. Nova York: Plenum, 1977.

Pukui, M. K. e Elbert. S. H. *Hawaiian Dictionary*. Honolulu: University of Hawaii Press, 1986.

Pukui, M. K. e. W. Haertig, e C. A. Lee. *Nana I Ke Kumu* (Ver Fontes). Honolulu: Hui Hanai Publishers, 1972.

Rabkin, S. W., F. A. L. Mathewson e R. B. Tate. "Chronobiology of Cardiac Sudden Death in Men." *Journal of the American Medical Association* 244:12 (1980), 1357-1358.

Restak, R. *The Brain Has a Mind of Its Own*. Nova York: Harmony Books, 1991.

Rhodes, J. M. *When Is Overwork Not Overwork?* Conferência realizada no Annual Meeting of the Academy of Psychosomatic Medicine, 17 de novembro de 1978.

Ring, K. *Healing Toward Omega*. Nova York: Morrow, 1985.

Robbins, J. *Diet for a New America*. Walpole, NH: Stillpoint Press, 1987.

Rothbaum, F. M., et al. "Changing the World and Changing the Self: A Two-Process Model of Achieving Control". *Journal of Personality and Social Psychology* 42 (1982), 5-37.

Rubenstein, C. "The Modern Art of Courting Love." *Psychology Today* (julho de 1983), 40-49.

Ruberman, W., et. al. "Psychosocial Influences on Mortality After Miocardial Infarction". *New England Journal of Medicine* 311:9 (1984), 186-204.

Rubin, Z. *Liking and Loving: An Invitation to Social Psychology*. Nova York: Holt, 1973.

Sadoff, D. A. "Values of the Human Body". Carta ao Revisor. *New England Journal of Medicine* 308:25 (1983), 1543.

Sagan, L. A. "Family Ties: The Real Reason People Are Living Longer." *The Sciences* (março/abril de 1988), 21-29.

Samuelson, R. J. "Great Expectations." *Newsweek*, 8 de janeiro de 1996, 24-33.

______. *The Good Life and Its Discontents*. Nova York: Times Books, 1996.

Sapolsky, R. M. "Stress in the Wild." *Scientific American* (janeiro de 1990), 116-123.

______. *Why Zebras Don't Get Ulcers*. Nova York: W. H. Freeman, 1994.

Sarter, M. e H. J. Markowitsch. "Involvement of the Amygdala in Learning and Memory. A Critical Review, with Emphasis on Anatomical Relations." *Behavioral Neuroscience* 99 (1985), 342-380.

Schwartz, G. "Disregulation and Systems Theory: A Biobehavioral Framework for Biofeedback and Behavioral Medicine." In N. Biraumer e H. D. Kimmel (orgs.). *Biofeedback and Self-Regulation*. Hillsdale, NJ: Erlbaum Publishers, 1984.

Seligman, M. *Learned Optimism*. Nova York: Random House, 1991.

______. "Research in Clinical Psychology: Why Is There So Much Depression Today?" *in* I. S. Cohen (org.). *The G. Stanley Hall Lecture Series*. Washington DCL: American Psychological Association, 1989, 75-96.

______. *What You Can Change and What You Can't*. Nova York: Alfred A. Knopf, 1994.

Shapiro, J. e D. H. Shapiro, Jr. "Well-Being and Relationship", *in* R. Walsh e D. Shapiro (orgs.). *Beyond Health and Normality: Explorations of Exceptional Psychological Well-Being*. Nova York: Van Nostrand Reinhold, 1983.

Shekelle, R., J. Billings, e N. Borhanni. "The MRFIT Behavior Pattern Study II. Type A Behavior and Incidence of Coronary Heart Disease." *American Journal of Epidemiology* 122:599 (1985).

Sheldrake, R. *Seven Experiments That Could Change the World*. Nova York: Riverhead Books, 1995.

______. *The Presence of the Past: Morphic Resonance and the Habits of Nature*. Nova York: Times Books, 1988.

Silver, N. "Do Optimists Live Longer?" *American Health* (novembro de 1986).

Sleek, S. "Rallying the Troops Inside Our Body." *The American Psychological Association Monitor* 26:12 (dezembro de 1995), 1-25.

Solomon, R. L. "The Opponent Process Theory of Acquired Motivation. The Costs of Pleasure and the Benefits of Pain." *American Psychologist* 35 (1980), 691-712.

Sotile, W. M. *Heart Illness and Intimacy: How Caring Relationships Aid Recovery*. Baltimore: Johns Hopkins University Press, 1992.

Stone, K. F. e H. Q. Dillehunt. *Self-Science: The Subject Is Me*. Santa Monica, CA: Goodyear Publishing, 1978.

Stor, A. *Shurchill's Black Dog, Kafka's Mice*. Nova York: Ballantine Books, 1988.

Syme, S. L. "Social Support and Risk Reduction." *Mobius* 4:4 (1984), 44-54.

Tavris, C. *Anger: The Misunderstood Emotion*. Nova York: Touchstone, 1989.

Taylor, S. E., R. R. Lictman e J. V. Wood. "Attributions, Beliefs About Control, and Adjustment to Breast Cancer." *Journal of Personality and Social Psychology* 46 (1984), 489-502.

Temoshok, L. e H. L. Dreher. *The Type C Connection: The Behavioral Links to Cancer and Your Health*. Nova York: Random House, 1992.

Tennant, C. "Parental Loss in Childhood: Its Effects in Adult Life." *Archives of General Psychiatry* 45 (1988), 1045-1050.

Terman, L. M. e M. H. Oden. *Genetic Studies of Genius: The Gifted Children Grow Up, 4*. Stanford, CA: Stanford University Press, 1947.

Thomas, E., E. Yadin e C. E. Strickland. "Septal Unit Activity During Classical Conditioning. A Regional Comparison." *Brain Research* 103 (1988), 193-210.

Thomas, L. *The Atlanta Constitution* (maio de 1980), 1-3.

Thorson, J. A. "A Funny thing Happened on the Way to the Morgue: Some Thougts on Humor and Death, and a Taxonomy of the Humor Associated with Death." *Death Studies* 9 (1985), 210-216.

Tiller, W. A. et al. "Cardiac Coherence: A New, Noninvasive Measure of Autonomic Nervous System Order." *Alternative Therapies* 2 (janeiro de 1996), 52-65.

Tilton, K. M. e M. C. Totten. "Psychological Factors, Immunocompetence, and Health of Breast-Feeding Mothers and Their Infants." *Journal of Genetic Psychology* 2 (1980), 155-162.

Valliant, G. E. *The Wisdom of the Ego*. Cambridge, MA: Harvard University Press, 1993.

Von Drehle, D. "The Crumbling of a Pillar in Washington." *The Washington Post*, 15 de agosto de 1993, A20-21.

Wade, C. e C. Tavris. *Psychology, Fourth Edition*. Nova York: HarperCollins College Publishers, 1996.

Walker, J. I. "Prescription for the Stressed Physician." *Behavioral Medicine* (setembro de 1980), 12-17.

Wallerstein, J. e S. Blakeley. *Second Chances: Men, Women, and Children a Decade After Divorce*. Nova York: Ticknor and Fields, 1989.

Walsh, R. e D. H. Shapiro. *Beyond Health and Normality: Explorations in Exceptional Well-Being*. Nova York: Van Nostrand Reinhold, 1983.

Wehur, T. A., D. A. Sack e N. E. Rosenthal. "Seasonal Affective Disorder with Summer Depression and Winter Hypomania." *American Journal of Psychiatry* 144 (1987), 1602-1603.

Weiss, R. S. *Staying the Course: The Emotional and Social Lives of Men Who do Well at Work*. Nova York: Fawcett-Columbine, 1990.

Weissman, M. e E. Paykel. *The Depressed Woman*. Chicago: University of Chicago Press, 1974.

Williams, R. e V. Williams. *Anger Kills*. Nova York: HarperPerennial, 1993.

Wilson, E. O. "Is Humanity Suicidal?" *New York Times Magazine* 30 (maio de 1993) 26.

______. *The Diversity of Life*. Nova York: W. W. Norton, 1992.

Winokur, J. *The Portable Curmudgeon*. Nova York: New American Library, 1987.

Work in America: Report of a Special Task Force to the Secretary of Health, Education, and Welfare. Cambridge, MIT Press, 1973.